Sarah Cohen-Scali

PHOBIE

Direction éditoriale : Paola Grieco
Conception graphique : Jeanne Mutrel et Tiphaine Rautureau
Recherche iconographique : Floria Guiheneuf
Maquette et relecture éditoriale : Caroline Merceron
Correction : Romain Allais et Maud Bataille

WWW.GULFSTREAM.FR

Couverture : Mike Dobel / Arcangel Images

ISBN : 978-2-35488-459-8

Gulf stream éditeur

Sarah Cohen-Scali

PHOBIE

ÉLECTROGÈNE
THRILLER

Pour Marie-Lou

Parce que tu fus la première à me dire, (je cite) :
« Ça fiche la trouille, ton truc ! »,
un jour où je te racontais le synopsis de ce roman et que,
assaillie de doutes, j'étais prête à en abandonner l'écriture.

PROLOGUE

Les yeux grands ouverts dans l'obscurité. Écarquillés jusqu'à en avoir mal aux paupières. Fixés sur le placard… Quelque chose à l'intérieur.

La porte du placard. Elle bouge. Tout doucement. Centimètre par centimètre. Me boucher les oreilles pour ne pas entendre le crissement des gonds. Ça fait comme un grincement de dents. Après, il y aura des gloussements, des ricanements. Ou alors un râle, un rugissement, un cri…

J'ai envie de vomir. Ça fait mal.

Plaquer mes mains sur mes oreilles. Devenir sourde… Mes mains… sous la couverture. Peux pas les bouger… Détourner les yeux, alors. Ne pas regarder. Pour ne pas le voir quand il apparaîtra…

Trop tard. Le voilà.

D'abord la tête. Inclinée sur le côté, elle se glisse par l'entrebâillement de la porte. Poilue. Des yeux rouges. Incandescents comme deux morceaux de braise, deux points lumineux qui percent l'obscurité. Il voit mieux dans le noir qu'en plein jour. Il sort toujours quand il fait noir ! Des oreilles pointues, velues elles aussi. Un nez aplati, narines dilatées, deux trous d'ombre. Et la bouche. La bouche ! Énorme, fendue sur un horrible rictus, les lèvres bavantes, écumantes. Il veut manger, il a faim.

C'est moi, son repas. Le monstre va me manger, me dévorer toute crue !

Crie ! Crie ! Appelle papa ! Papa est plus fort que le monstre ! Papa fait toujours disparaître le monstre !

Pas de voix. Plus de voix. Coincée dans la gorge où elle fait un gros nœud. Respiration coupée. Vais étouffer.

Il pousse la porte d'un coup d'épaule. Des épaules larges, puissantes, aussi velues que sa tête et le reste de son corps. Mi-homme, mi-animal, c'est une bête, un monstre, un ogre, c'est…

Le croque-mitaine.

Longs bras terminés par des griffes osseuses pour mieux agripper sa proie. Jambes aussi solides que des troncs d'arbre. Pieds fourchus. Et ses dents ! Ses dents ! Longues, pointues, aiguisées comme des couteaux. Pour mordre, cisailler la chair, aspirer le sang. Son haleine, je la sens d'ici. Elle est infecte. Elle pue ! Parce qu'il mange de la chair morte, de la chair pourrie… Il peut sauter, bondir, grimper, se faufiler partout. Y compris sous mon lit.

Papa !

Trop faible. Même pas le début d'un cri. À peine un chuchotement. Est-ce que papa réussira à m'entendre depuis sa chambre ? Le monstre dit que non. Le monstre dit que, de toute façon, même si papa vient, il ouvrira le placard sans le voir, car les monstres ne sont visibles que des enfants comme moi, c'est leur pouvoir magique. Alors, après m'avoir assuré qu'il n'y a rien dans le placard, papa repartira, peut-être même qu'il me grondera pour l'avoir réveillé. Et ensuite, le monstre sera libre d'approcher. Plus près. Toujours plus près !

Non ! Non ! Papa restera dormir dans ma chambre si je pleure. Il reste quand je pleure très fort.

« Ah oui ? Tu crois ça, petite ? C'est vrai qu'hier ton papa est resté près de toi, ainsi qu'avant-hier, et tu as pu te rendormir, rassurée par sa présence, plongeant dans tes rêves d'enfant, de doux rêves de princesse…

Mais ce soir c'est différent, ce soir ton papa n'est plus là. Figure-toi que j'avais tellement faim que j'ai dû le dévorer ! Je l'ai avalé, englouti, aspiré ! Il ne reste plus rien de lui. Je suis repu pour un temps… Mais lorsque j'aurai de nouveau le ventre vide, je reviendrai te chercher. Toi. Tu seras mon dessert, petite princesse ! Oh ! Je ne reviendrai sans doute pas tout de suite. J'attendrai que tu grandisses, que tu mûrisses, que ta chair soit plus juteuse, plus goûteuse, comme celle d'un fruit qui doit arriver à maturation. Pour l'instant, tu es trop maigre. Je reviendrai quand tu ne t'y attendras plus… Chut ! Chut ! Ne pleure pas ! Ça ne sert à rien de pleurer. Qui va t'entendre, maintenant ? Il n'y a plus personne… »

CHAPITRE 1

Respire ! Respire ! Ouvre les yeux ! Ce n'est que ce fichu, ce satané cauchemar. Il n'y a pas de monstre dans le placard, il n'y a même pas de placard dans ta chambre, tu le sais bien. Lorsque tu ouvriras les yeux, tu ne seras pas dans l'obscurité, ta lampe de chevet sera allumée comme elle l'est toutes les nuits, et à l'autre bout du couloir tu entendras une voix ensommeillée grommeler : « Anna, ça va ? » Celle de maman, habituée à t'entendre gémir. Une fois que tu auras repris tes esprits, tu lui répondras : « Oui, oui, c'est bon ! Tout va bien ! Rendors-toi ! » Et demain au petit-déjeuner, on n'en parlera même pas. On aura oublié, toutes les deux.

Réveille-toi ! Réveille-toi ! MAINTENANT !

Ça y est. J'ai fini par ouvrir les yeux.

Mais à quel prix ! Comme s'il avait fallu que je décolle mes paupières l'une de l'autre. Comme si j'avais dû émerger d'un gouffre, ou d'un puits dont j'aurais escaladé à mains nues les parois abruptes et glissantes. J'ai l'impression d'avoir été immergée sous l'eau et d'avoir nagé, nagé sans respirer pour remonter vers une surface qui s'éloignait au lieu de se rapprocher. J'ai mal partout.

C'est de plus en plus difficile. La prochaine fois, je n'y arriverai pas. Je resterai plongée dans le sommeil. Submergée. Paralysée.

Hé ! Quelque chose ne va pas.

Ce n'est pas comme d'habitude.

D'habitude, je me redresse d'un bond sur mon lit. En nage, tee-shirt (celui qui me sert de chemise de nuit) collé à la peau, cheveux trempés de sueur plaqués sur mon front et mes joues, j'ai du mal à respirer, ma poitrine est oppressée comme avant une crise d'asthme, mais, pour désagréable qu'elle soit, la sensation se dissipe rapidement. Le premier regard porté sur le décor familier de ma chambre me rassure immédiatement. J'avale ensuite un verre d'eau, je m'étends à nouveau et j'attends que ma respiration se calme. Que les images du cauchemar se dissipent. Que la peur passe.

Mais cette nuit, le cauchemar persiste. Il continue, alors que je suis réveillée. Un cauchemar lucide. C'est possible ?

J'ai beau avoir les yeux ouverts, je ne reconnais rien du décor de ma chambre.

Mon regard accroche en premier lieu une ampoule. Nue, pendue à un fil. Tout autour, le noir. Complet. Je cligne des paupières. Plusieurs fois de suite, rapidement, nerveusement, comme si j'avais un tic. Comme si ce simple battement de cils pouvait chasser la vision de cette ampoule sordide, qui n'a pas lieu d'être dans ma chambre. Dans ma chambre, l'éclairage vient de quatre spots, ainsi que de la lampe de chevet, à côté du lit, ou de celle du bureau, au fond de la pièce.

CHAPITRE 1

Que se passe-t-il ? Est-ce que le cauchemar est en train, non seulement de se poursuivre, mais de changer, d'évoluer, après être demeuré identique pendant des années ?

La lumière dispensée par l'ampoule est à la fois faible et éblouissante. Je tente de déplacer mon regard. Juste mon regard, car il m'est impossible de me redresser, pas même de lever la tête. Lorsque j'essaie de le faire, j'éprouve une douleur fulgurante dans la nuque, qui se répercute jusqu'en bas du dos. Mes bras et mes jambes eux aussi sont endoloris, courbaturés, comme si je venais de courir un marathon, ou comme si on m'avait rouée de coups.

Une forte odeur d'humidité me saisit, me donne envie de vomir. Ça pue le moisi, la pourriture. Une odeur de chair morte.

Mes yeux parcourent ensuite le plafond. Doucement, la lumière de l'ampoule me fait toujours aussi mal. Je découvre un réseau de tuyauteries, de câbles électriques, parmi lesquels se découpe une planche qui ressemble à une sorte de trappe. Je devine un mur, à ma gauche : un ensemble de parpaings, marqués par endroits de traces de suie et de taches d'humidité. Un autre, à droite. Identique. En face de moi : des barreaux, très serrés, ainsi qu'une porte faite de planches de bois vermoulu qui contrastent avec la serrure, posée au milieu, dont le métal est flambant neuf.

Verrouillée, la serrure. Je vois distinctement le pêne enclenché. Et pas de clé.

Je suis enfermée.

Je veux crier. Impossible. Ma gorge est entravée par un énorme nœud, j'ai la sensation que mes cordes vocales ont été coupées.

L'ampoule qui se balance au-dessus de moi n'éclaire pas l'espace situé de l'autre côté des barreaux. Je n'y devine, en plissant les yeux pour aiguiser ma vue, qu'un ensemble d'ombres menaçantes.

Je déplace ma main droite, lentement d'abord, puis de plus en plus vite, je la fais courir sur le sol en agitant mes doigts de mouvements rapides, nerveux, paniqués, comme les pattes d'un insecte pris dans une toile d'araignée. De la terre battue. Je fais de même avec la main gauche : terre battue aussi, ainsi que du sable, de la sciure de bois. Je poursuis mon inspection en aveugle et comprends que je suis couchée sur un vieux matelas, posé à même le sol.

Dans une cave. Aménagée comme une cage.

Où je suis prisonnière.

Ma peur monte encore d'un cran. Je vois ma poitrine se soulever et s'abaisser à un rythme effréné, calé sur les battements affolés de mon cœur. Le cri que je n'arrive toujours pas à pousser m'étouffe, je tremble tellement que je peux quasiment entendre le claquement de mes mâchoires l'une contre l'autre… Oh, mais, c'est quoi, ça ? Cette sensation de chaleur et d'humidité poisseuse, là, dans ma culotte. Je crois que… Je viens de… de faire pipi sur moi ! Qu'est-ce que ça veut dire ? Qu'est-ce qui m'arrive ? !

Rien, il ne m'arrive rien. Je ne suis pas réveillée, c'est tout. Je ne suis pas enfermée dans une cave, je n'ai pas fait pipi sur moi. Je dois attendre. Attendre de pouvoir crier.

Le cri mettra fin au cauchemar.

J'ai beau attendre, non seulement je ne parviens pas à crier, mais je finis par comprendre ce qui se passe. JE NE DORS PAS. Je suis bel et bien réveillée, pleinement consciente. Je ne suis pas en train de faire mon cauchemar récurrent, celui qui revient systématiquement me hanter avec une régularité d'horloge. Il ne s'est pas non plus modifié, comme je l'ai cru tout d'abord.

C'est pire que cela.

Il s'est réalisé.

Le monstre, la bête, l'ogre… Le croque-mitaine. Après avoir dévoré mon père il y a onze ans, il a mis ses menaces à exécution, il est revenu me chercher ! Je suis enfermée dans sa tanière, dans son antre.

Crier, même si j'y parviens – ce qui n'est toujours pas le cas – ne servira à rien.

Mes paupières sont lourdes. Je sens que je vais me rendormir…

« Les monstres n'existent pas, Anna. »

Combien de fois me l'a-t-on affirmé ? À seize ans, il serait temps que je l'admette. Que je l'admette vraiment, sans faire semblant.

« Ton père n'a pas été dévoré par un ogre ou un croque-mitaine, quel que soit le nom que tu lui donnes, Anna ! C'est toi qui as inventé cette fable quand tu étais petite. Elle était en accord avec ton imaginaire d'enfant. Le départ d'un père est difficile à admettre pour une petite fille de cinq ans. Partir, c'est abandonner, ne plus aimer. Tu n'étais pas en mesure de l'accepter. Mais maintenant tu dois regarder la vérité en face. Ton père est réellement parti. Il avait des problèmes qu'il ne se sentait pas capable d'affronter. Ce sont des choses qui arrivent, Anna, dans beaucoup de familles. »

Les paroles des psychologues que j'ai consultés. Il y en a eu plusieurs, paraît-il. Je ne me souviens pas d'eux. À cinq ans, m'a dit ma mère, j'ai suivi une première psychothérapie. J'avais un sommeil agité, je faisais pipi au lit, j'avais du mal à me concentrer en classe. À sept ans, on m'a crue guérie. Mais ce n'était qu'une rémission, car un an après les cauchemars sont apparus. *Le* cauchemar.

Les psychothérapies n'ont servi à rien. Les améliorations successives n'ont pas réglé le problème de fond. J'ai toujours aussi peur du noir. Je suis incapable de dormir ailleurs que chez moi. Jamais je n'ai passé la nuit chez une amie, de crainte de me couvrir de ridicule en demandant qu'on laisse la lumière allumée ou, pire, en mouillant les draps. Jamais je ne suis partie en voyage scolaire, pour les mêmes raisons. C'est tout juste si je supporte l'obscurité d'une salle de cinéma… Quant à mon poids, je le surveille avec un scrupule obsessionnel, et ce n'est pas de l'anorexie, comme on me l'a toujours affirmé. Je veille à ne pas avoir trop de chair sur l'os, pour ne pas régaler le croque-mitaine.

Pourtant…

Pourtant je donnerais n'importe quoi pour être en ce moment même en entretien avec le psychologue que maman a rencontré récemment et qu'elle m'a forcée à voir. Ce n'est d'ailleurs pas un simple psychologue, mais un psychiatre. (Est-ce que ça signifie que je suis folle ?) Comment s'appelle-t-il déjà ?… Docteur Fournier. J'ai été surprise en le voyant la première fois. Petit, maigre, voûté. Si frêle et si vieux que j'avais l'impression qu'il avait du mal à tenir debout et que je pourrais le faire tomber en le poussant du doigt.

Je suis allée au rendez-vous que m'avait pris ma mère – sans mon consentement – avec la ferme intention de ne pas ouvrir la bouche et de ne pas donner suite. Mais ça ne s'est pas passé comme je l'avais prévu. Il ne m'a pas demandé de m'allonger sur un divan. Il ne m'a pas demandé de lui parler de mes phobies – la nuit, l'obscurité, les placards, tout ce qui me fait peur. Le visage éclairé d'un large sourire, il m'a longuement interrogée sur les jeux vidéo que je préférais. Je lui ai parlé de *The Whitcher, Divinity : Original Sin* et *Invisible.* Il m'a aussi demandé si je passais beaucoup de temps sur Facebook. Oui, bien sûr, je lui ai dit. J'ai cru que c'était un piège. Mais pas du tout. Alors que les adultes en général – ma mère la première – ne font que critiquer les jeux vidéo, lui, il m'a conseillé de continuer à y jouer, d'y passer autant de temps que j'en avais envie. Même chose pour Facebook. « Ça te détendra », m'a-t-il dit.

Lors du deuxième rendez-vous, j'ai apporté mes jeux préférés, comme il me l'avait demandé, et j'ai joué plusieurs parties devant lui. D'abord seule, ensuite avec deux de ses étudiants qui se trouvaient dans son bureau et qu'il m'avait présentés auparavant. C'était… surprenant. Marrant. Pour le troisième rendez-vous, il m'a demandé d'apporter cette fois deux objets de mon choix et d'inventer une histoire à partir d'eux. Les étudiants étaient de nouveau là, qui m'écoutaient, qui me proposaient des pistes quand j'étais en panne d'inspiration. On aurait dit un exercice d'improvisation dans un cours de théâtre. J'étais décontractée, confiante. Ensuite, Fournier a fait sortir ses étudiants et naturellement, sans que je sache vraiment comment, j'en suis venue à lui raconter mon cauchemar.

Mais je n'ai eu que trois rendez-vous avec lui. Trois, pas plus ! Si seulement j'avais eu le temps d'aller au quatrième ! Peut-être que c'était aujourd'hui, d'ailleurs… Quel jour sommes-nous ? Je n'en sais rien… J'ai la tête qui tourne.

J'ai l'impression par moments d'entendre la voix du docteur Fournier, comme s'il était là, près de moi. Il dit de me concentrer, de continuer à lui donner tous les détails de mon cauchemar… Si seulement il pouvait être vraiment là, maintenant, tout de suite, je lui dirais alors qu'il a changé, ce fichu cauchemar, qu'il devient plus menaçant, encore plus terrifiant. Qu'il faut absolument m'aider, trouver le moyen de le faire cesser !

Le sommeil me gagne, de plus en plus… Tant mieux. Tout sera rentré dans l'ordre quand je me réveillerai. Oui, oui, sûrement.

À moins que…

Non ! Tout à coup je me dis que non, il ne faut pas que je dorme. C'est mon corps qui me le fait savoir en premier lieu. Mon corps douloureux, raide, tendu comme un arc. Ce que j'éprouve est aussi étrange que désagréable. J'ai l'impression de chavirer dans le vide. Comme si je me tenais au bord d'un précipice et que l'attraction du vide était plus forte que la peur. J'ai la nausée, mon estomac est noué, les murs tanguent autour de moi. Je vais vomir. Ce n'est pas un sommeil ordinaire, c'est… un sort.

Un sort de paralysie que m'a jeté le croque-mitaine !

CHAPITRE 2

Dans mon sommeil, des tas d'images. Toutes incohérentes. Je me vois d'abord dans une chambre.

Pas la mienne. Je suis assise sur un grand lit où sont jetés en vrac une multitude de vêtements. Des blousons, des vestes, des manteaux, des écharpes. Deux tables de chevet encadrent le lit. Une photo est posée sur l'une d'elles, celle d'un couple, souriant devant l'objectif, en compagnie d'un petit garçon et d'une petite fille âgés de six et huit ans environ. Je ne les connais pas. Une autre photo orne la seconde table de chevet. Le même couple, plus jeune, sans les enfants. Un réveil indique qu'il est deux heures. Deux heures du matin. Car derrière les doubles-rideaux tirés, il fait nuit noire. Moquette beige au sol, épaisse, cossue. Dans le coin gauche de la pièce, une commode. Des produits de toilette et de maquillage y sont alignés. En face, un pantalon d'homme, posé sur un valet. « La chambre des parents. » Mais pas les miens. Moi, je vis seule avec ma mère.

Je ne suis pas chez moi. Où, alors ?

Une musique très sonore monte du rez-de-chaussée, mêlée à un brouhaha continu, des éclats de voix. Une forte odeur de tabac associée à un cocktail écœurant de parfums et d'alcool se glisse jusqu'à la chambre en dépit de la porte fermée. Il y a une fête, en bas.

« Fondu au noir ». Comme au cinéma.

L'image s'efface pour céder la place à une autre.

Je suis cette fois dans une grande pièce décorée de boules à facettes, éclairée par des spots multicolores, des projecteurs qui s'allument et s'éteignent par intermittence, créant l'ambiance d'une boîte de nuit. Dans un coin, un iPod branché à une table de mixage. D'énormes baffles diffusent une musique électro. L'endroit où se déroule la fête. Je ne connais – ne reconnais — personne. Les invités sont déguisés. C'est une soirée costumée. Sorcières, cadavres, vampires, gnomes, diables, toiles d'araignée, chauves-souris. J'ai beau me dire que ce ne sont que des déguisements, des décors, je frissonne, ma peau se hérisse, j'ai la chair de poule.

Halloween.

Je déteste cette période de l'année. Je déteste les déguisements et les masques. Je les ai toujours eus en horreur. Or, où que je pose mon regard, j'en vois un : Frankenstein, Dracula, Belphégor, l'incontournable figure de *Scream*… Ici un visage hideux, chauve, bouche en sang, là un autre dont les mâchoires gigantesques vomissent un crâne, à gauche une figure satanique, yeux jaunes, quasi phosphorescents, cheveux et barbe rouges, à droite un masque kabuki… Et ce ne sont pas des masques de pacotille achetés dans le premier magasin de farces et attrapes, ils sont tous très élaborés, conçus à partir de matériaux parfaitement choisis et onéreux. Ils font tellement vrai ! Je ne peux pas m'empêcher de frémir lorsque la cape de Dracula fait mine de m'envelopper. Je n'arrive pas à contrôler les battements de mon cœur quand je me retrouve nez à nez avec un loup-garou qui tente de m'entraîner sur la piste de danse.

Qu'est-ce que je fabrique ici ? Pourquoi suis-je venue ?

La musique est de plus en plus assourdissante. Je suis plantée, là, debout au milieu de cette foule d'étrangers grimés, étourdie par leurs cris, leurs rires, les yeux rougis par la fumée de cigarette, ne sachant que faire de ma personne. J'essaie de me frayer un chemin jusqu'au buffet, au fond de la pièce. J'ai besoin de boire de l'eau, ma bouche est sèche comme du papier de verre. Et puis, la seule personne qui ne soit pas déguisée ou maquillée, à part moi, c'est le garçon préposé au buffet. Oui, lui seul a un visage humain, malgré l'éclairage des spots qui donne à sa peau une nuance tour à tour verdâtre ou jaunâtre. Il faut que je réussisse à m'approcher de lui. Mais il y a tant de monde ! Je bute toujours sur quelqu'un. On m'invite à danser, on me propose un verre de champagne, on m'offre une cigarette, une main se glisse dans la mienne ou s'égare sur ma taille. Je m'en débarrasse d'un geste nerveux comme je chasserais un insecte. Le garçon, derrière le buffet, semble m'avoir repérée, il me jette des regards insistants…

Nouveau changement de décor. J'ai l'impression de visionner un film à l'envers.

Dans le métro. Je descends des escaliers. J'ai du mal à marcher. Mes chaussures sont neuves. C'est étrange, je ne me rappelle pas les avoir achetées. C'est un modèle très habillé, pas de mon âge. Je me fais l'effet d'une petite fille déguisée qui aurait piqué les chaussures de sa mère. Les talons sont trop hauts et rendent ma démarche maladroite. On me croirait ivre.

Changement à *Belleville*, puis à *Jaurès*. Dans les couloirs, je m'arrête tous les dix pas environ pour me retourner. J'ai l'impression qu'on me suit, j'ai envie de faire demi-tour, mais c'est comme si quelque chose ou quelqu'un – quoi ? qui ? – me poussait malgré moi.

Je descends à la station *Danube*. Dehors, je demande mon chemin en montrant un papier sur lequel une adresse est notée : *27 rue David-d'Angers*. C'est la prochaine rue à droite, me dit-on. Arrivée à destination, je me trouve devant la grille d'une maison. Un nom est inscrit sur l'interphone. Il ne me dit rien. Sur mon papier, il n'y a que l'adresse, c'est tout. Je m'apprête à sonner, puis décide de faire demi-tour.

Trop tard. Un groupe de jeunes arrive, pousse la grille, m'entraîne. Éclats de rire, plaisanteries... Nous pénétrons dans un jardin, montons les marches d'un perron, entrons dans la maison.

Noir.

Une semaine avant. Samedi matin. Cette fois je suis chez moi, devant la boîte aux lettres que je viens d'ouvrir. J'en ai retiré un paquet. Il n'y a pas de timbre, pas de cachet de la Poste, rien. Juste mon nom, inscrit sur une enveloppe scotchée au paquet. Il a été déposé.

Un cadeau ? En quel honneur ? Ce n'est pas mon anniversaire. En revanche, c'est celui de... la disparition de mon père. *Non, pas la disparition, le départ.* L'idée de savoir que quelqu'un – qui ? – s'est déplacé en personne pour venir ici, jusque chez moi, déposer ce paquet dans la boîte, me met mal à l'aise, mais la curiosité me pousse à arracher l'enveloppe et à l'ouvrir sans tarder. Elle enferme une carte dont le message, succinct, ne fait qu'augmenter mon malaise.

27 rue David-d'Angers, le 31 octobre au soir. La fête débutera vers vingt et une heures. On se reverra enfin.

Pas de signature.

Je marque un temps avant d'ouvrir le paquet. Puis je parviens à vaincre mon appréhension. De quoi ai-je peur ? Que le colis soit piégé ? C'est ridicule. Je me décide enfin et découvre une paire de chaussures.

Dans ma chambre. Chaque soir de la semaine suivante. Carte et chaussures sont cachées sous mon lit pour que ma mère ne les voie pas. Je ne lui ai pas soufflé mot de ce mystérieux cadeau. Il faut d'abord que je sache qui me l'a offert. Un copain ? Qui aurait voulu me faire une blague ? Un garçon de ma classe ? D'une autre ? Celui qui est en terminale – j'ai oublié son prénom – et qui, selon Lauryanne, me regarde avec insistance à la cantine ou au détour d'un couloir ?... *27, rue David-d'Angers.* Connais pas.

Pourquoi tant de mystère autour d'un cadeau et d'une invitation à une soirée ?

Les chaussures. Pas n'importe lesquelles. Je les ai déjà vues sur un site Internet. Le modèle fait partie de la collection d'une jeune designer australienne, Mary-Kyri, très en vogue. Les plus grandes stars hollywoodiennes en sont folles, paraît-il, Nicole Kidman, Cate Blanchett... En daim rouge, suffisamment pointues pour être élégantes sans inconfort, elles couvrent le pied, l'affinent, et sont ornées d'une double bride argent qui entoure la cheville. Les talons sont très hauts. C'est d'ailleurs le slogan de la collection : « Osez les talons hauts comme arme de séduction ». Elles sont magnifiques. Et hors de prix.

Un lycéen n'a pas les moyens d'un achat pareil.

On se reverra enfin.

Et si c'était ?...

Ça y est, ça recommence ! J'ai beau essayer de la chasser, l'idée fait son chemin dans mon esprit.

Si c'était mon père qui m'offrait ces chaussures ? Si, après onze ans d'absence, il se manifestait par le biais de ce cadeau ? Il est parti, il nous a abandonnées pour refaire sa vie ailleurs, m'a toujours affirmé maman, ainsi que les différents psychologues, avec des mots moins abrupts. En dehors des périodes où mon cauchemar me hante, j'ai fini par l'admettre, mais j'ai toujours nourri l'espoir secret que cet abandon ne serait pas définitif. Peut-être que maintenant mon père, pris de regrets, tente de reprendre contact avec moi sans passer par ma mère qui l'en empêcherait ?

J'enfile les chaussures et fais quelques pas avec. On dirait qu'elles ont été faites sur mesure. Elles sont parfaites pour la saison. L'accessoire rêvé pour optimiser n'importe quelle tenue, même un simple jean... Quelle idiote ! Qu'est-ce qui me prend ? Je ne porterai pas ces chaussures ! Je les retire et les balance à l'autre bout de la pièce en me jurant de les flanquer à la poubelle. Ce serait de la folie d'accepter ce cadeau anonyme. Et hors de question de répondre à l'invitation qui l'accompagne...

À moins que je garde les chaussures sans aller à la fête ? Je les porterai au lycée, à la rentrée des vacances de la Toussaint, et je verrai bien alors qui réagira en les voyant... Si personne ne se manifeste, alors cela voudra dire que le cadeau vient de mon père. Et s'il en a réellement envie, il trouvera bien le moyen de me contacter à nouveau.

CHAPITRE 2

Samedi soir. Devant la porte d'entrée, chez moi.

Je suis en train de dire au revoir à maman.

— Amuse-toi bien, ma chérie ! me dit-elle en m'embrassant. Je suis contente que tu te décides enfin à sortir, à t'amuser un peu. Une nuit ailleurs qu'à la maison, c'est une sacrée première ! C'est le docteur Fournier qui t'a aidée à franchir le pas ? Après trois entretiens seulement ? Eh bien ! Il aura été efficace ! Mais dis-moi, ma chérie…

— Quoi ?

— Tâche tout de même de ne pas rentrer trop tard !

— Hé, maman, qu'est-ce qui te prend ? Tu t'inquiètes ? Tu ne vas pas inverser les rôles, non ?

— Non, bien sûr que non, mais appelle-moi quand même demain de chez Lauryanne dès que tu seras réveillée, d'accord ?

— Promis !

Je quitte l'appartement et commence à dévaler les escaliers. Je porte les chaussures en daim rouge.

Retour à la fête qui bat son plein.

Personne n'a réagi en voyant mes chaussures. Et personne n'a retiré son masque en me disant : « Je suis ton père. » D'ailleurs, il n'y a pas de masque de Dark Vador parmi ceux des invités. Si je ne me sentais pas aussi mal, j'aurais piqué un fou rire. Comment est-ce que j'ai pu être assez stupide pour croire une seule seconde que mon père avait réapparu comme par enchantement et voulait me revoir ?

Je réussis à gagner le buffet, demande au garçon un grand verre d'eau que j'avale d'une traite, sans pour autant avoir l'impression d'étancher ma soif.

— Ça n'a pas l'air d'aller, mademoiselle. Est-ce que je peux vous aider ?

— Non, non, ça va, mais je…

Stop. Je ne vais pas raconter ma vie au premier venu. Je me sens déjà bien assez bête comme ça.

— J'aimerais me passer un peu d'eau sur la figure. Est-ce que vous savez où se trouve la salle de bains ?

— Oui, je crois que c'est en haut, par là…

Il m'indique un escalier, à droite dans le couloir.

Je monte, ouvre une porte, ce n'est pas la salle de bains, mais une chambre. C'est aussi bien. Je m'assois sur le lit, je vais me reposer un instant, après j'appellerai un taxi et je quitterai cet endroit. Je regarde autour de moi : la commode, les photos, le valet et…

Au fond de la pièce. Une grande armoire. La porte est entrouverte. Je déteste les placards et les armoires ! J'en ai une peur phobique. Chez moi il n'y en a pas, il n'y en a jamais eu. Maman a dû se plier à cette règle que je lui ai imposée depuis que je suis petite.

Les armoires ou les placards peuvent cacher des monstres.

Mon cœur cogne un grand coup dans ma poitrine. Je viens d'entendre la porte grincer. On dirait qu'elle bouge. Tout doucement…

Quelque chose à l'intérieur.

Je suis paralysée, tétanisée. Une tête se glisse par l'entrebâillement de la porte. Une tête velue, des yeux rouges, incandescents…

Ensuite plus rien. Les ténèbres.

On se reverra enfin !

L'invitation à cette soirée, elle venait de lui.

L'ogre, le croque-mitaine.

CHAPITRE 3

Nouvelle vague de terreur à mon réveil. Il faut absolument que j'arrive à la juguler. Si je laisse la peur prendre le dessus, mon cœur va exploser, je n'y survivrai pas.

Les monstres n'existent pas. Ils n'existent pas ! Pas plus le croque-mitaine qu'un autre.

Méthode Coué. Je dois croire à ces paroles que je me répète en boucle. Si j'avais un papier sous la main, j'écrirais cette phrase vingt fois, cent fois, pour qu'elle me rentre dans le crâne une bonne fois pour toutes, comme les punitions qu'on donne aux enfants.

Je tente l'effort de me redresser. Doucement, la tête me tourne. J'attends ensuite que mes yeux s'accoutument à la pénombre avant de faire une nouvelle inspection, complète, détaillée, minutieuse, aussi rigoureuse que possible, de l'endroit où je me trouve. Au plafond : le réseau de tuyauteries, de câbles électriques, l'emplacement de la trappe. À gauche et à droite, les parpaings. Devant moi, les barreaux, la porte en bois avec sa serrure. Derrière les barreaux, je distingue enfin ce que je n'ai pu que deviner tout à l'heure: un entassement de vieux meubles, recouverts de draps troués, des casiers contenant des bouteilles de vin, une chaudière à gaz.

Le croque-mitaine n'a pas de meubles. Le croque-mitaine n'a pas besoin de chauffer sa maison. Il vit dans la forêt. Il ne boit pas de vin, il se régale du sang des petites filles.

Je suis dans la cave d'une maison. Pas dans la gueule du croque-mitaine.

J'aspire une grande goulée d'air. Du calme. Du calme. Je dois reprendre mes esprits. Raisonner. Être logique. Trouver une explication. Mettre en pratique les conseils du docteur Fournier quand je lui parlais de mes attaques de panique. Les images que j'ai vues défiler dans mon sommeil, si je les place dans un ordre chronologique, elles auront un sens, elles me diront comment et pourquoi je suis arrivée là.

Image numéro un.

La boîte aux lettres, chez moi. Le paquet et l'invitation anonyme à une soirée.

Image numéro deux.

J'essaie les chaussures. Je crois que c'est mon père qui me les a offertes, que c'est lui qui m'invite à une soirée. Je décide de ne pas garder les chaussures, de ne pas aller à la soirée.

Image numéro trois.

Je suis revenue sur ma décision. Je dis à maman que je vais à une fête avec Lauryanne et qu'ensuite je dormirai chez elle. Je mens à maman qui ne se doute de rien. Au contraire, elle est ravie, elle se réjouit de me voir partir. Elle croit que je suis guérie, que je vais m'amuser.

Image numéro quatre.

Le métro et le 27 rue David-d'Angers. Je peux encore faire

demi-tour, mais non, je reste.

Image numéro cinq.

La fête dans la maison. Halloween. Les masques. Je réalise mon erreur. Mon père n'est pas parmi les invités.

Image numéro six.

Celle-ci traverse ma mémoire comme un flash et j'éprouve en même temps une violente douleur à la poitrine, comme un coup de couteau. Parce que l'image est complète, cette fois. Dans la chambre où j'ai trouvé refuge après avoir bu un verre d'eau au buffet, alors que je suis assise sur le lit, une silhouette, masquée, surgit tout à coup, se précipite sur moi et me maîtrise rapidement. Je n'ai pas le temps de me débattre ou de pousser le moindre cri, un bâillon m'en empêche… Non, pas un bâillon, c'est un mouchoir imprégné de chloroforme qui me fait perdre connaissance… Je découvre que mes poignets portent des marques violacées, même chose pour mes chevilles.

J'ai été droguée, puis ligotée. Les douleurs que j'ai éprouvées à mon réveil étaient sûrement dues au fait que j'ai voyagé pendant plusieurs heures, entravée, à l'arrière d'un véhicule, ou enfermée dans le coffre.

Cette fois le film qui retrace le déroulement de la soirée est parfaitement reconstitué. En dépit de ma peur, j'ai accepté une invitation anonyme. Je l'ai fait dans l'espoir de rencontrer mon père, ce fantôme qui me hante depuis l'enfance, mais c'était un piège. Quelqu'un – un être de chair et d'os, pas le monstre de mes cauchemars – a mis au point une mise en scène pour m'attirer dans ses filets. Ce quelqu'un savait que ma peur phobique des masques et des déguisements me rendrait vulnérable. Ce quelqu'un avait prévu que je m'isolerais dans une chambre. Et là, il s'est caché dans le placard pour me surprendre.

Le croque-mitaine n'aurait pas eu besoin de me droguer et de me ligoter. Le croque-mitaine m'aurait dévorée sur place. Je n'ai pas affaire au monstre de mon imaginaire, non...

Mais à une autre sorte de monstre. Un psychopathe, un détraqué, un fou. Tout aussi dangereux. Plus, peut-être. Les monstres, dans les histoires pour enfants – mon père m'en racontait quand j'étais petite, oh, oui, une chaque soir, c'est un des rares souvenirs que je garde de lui – sont toujours vaincus à la fin par le héros ! Alors que là, dans la vie, la vraie...

« Ne raconte à personne ton mauvais rêve, sans quoi il risque de se réaliser. » Je ne sais plus où j'ai lu ça. C'est une croyance populaire ou religieuse. « Choisis avec soin celui à qui tu confieras ton rêve. Tu ne dois le faire qu'en secret, comme il t'a été donné. »

Je n'ai raconté mon rêve qu'à maman et, récemment, au docteur Fournier... Je n'aurais pas dû lui faire confiance ! C'est à cause de lui que mon cauchemar s'est réalisé ! Alors... Alors maintenant, c'est à lui de venir me chercher, de me sortir de cette cave, de ce trou ! Qu'est-ce qu'il attend pour intervenir ?

Au secours ! Au secours !

Mon esprit s'emballe, mes idées se brouillent, la panique me gagne à nouveau. Je n'ai qu'une certitude, une seule : maman n'est au courant de rien. Elle croit que j'ai fait la fête, puis que je suis allée chez Lauryanne. Elle n'a aucune idée, à l'heure qu'il est, de ce qui m'arrive.

Je serai probablement morte avant qu'elle se rende compte de ma disparition.

Les larmes me montent aux yeux, j'ai une envie folle de sangloter, un spasme me creuse l'estomac comme si j'allais vomir. Mais non. NON ! Je dois juguler mes larmes.

Pleurer ne sert à rien. Appeler maman ne sert à rien. D'ailleurs, dans ton cauchemar, c'est papa que tu appelles, et papa est parti ! Ce sont les petites filles terrorisées par les monstres qui pleurent. Toi, tu es grande maintenant, et tu dois réagir !

Mon portable. On ne sait jamais. Peut-être que je l'ai encore ? Que mon ravisseur ne me l'a pas retiré ? (Parce que c'est bien de cela qu'il s'agit : je suis victime d'un enlèvement, et mon ravisseur m'a enfermée dans une cave.) Malgré le peu d'espoir que j'ai, je fouille la poche de mon jean…

Plus de jean. Plus de tee-shirt. Je suis vêtue d'une espèce de robe – de sac, plutôt – informe, très large, qui m'arrive aux chevilles, dont le tissu ressemble à une toile de jute. Et je suis pieds nus.

Il m'a déshabillée. Entièrement. Il a posé ses mains sur moi. Est-ce qu'il… a fait autre chose ?

Nouvelle bouffée d'angoisse. Ma peau se hérisse à l'idée que, peut-être… Non ! Non ! Je ne veux même pas y penser !

Le tissu de cette horrible robe – on dirait une robe de bure – est affreusement rêche, il m'irrite, me brûle ! Je me gratte violemment, jusqu'au sang. Plus je me gratte, plus ça me démange. Je vais m'écorcher, m'arracher la peau, cette peau qu'il a touchée, lui !

Pourquoi ? Pourquoi m'avoir retiré mes vêtements ? Pourquoi un tel accoutrement ? Est-ce un rituel ? Une préparation ? À quoi ?… Une sorte de… sacrifice ?

Foutre le camp d'ici, à tout prix !

Je me rue sur la porte, la martèle de coups de poing et de coups de pied. Je m'échine à introduire mes doigts dans le trou de la serrure pour tenter de faire jouer le pêne. Je ne parviens qu'à me blesser. J'essaie ensuite de me glisser entre deux barreaux, mais c'est à peine si je passe une épaule à travers le maigre interstice. De plus en plus terrorisée, je tente de trouver, quelque part sur les murs, une aspérité quelconque qui me permettrait de grimper jusqu'à un soupirail que je découvrirai peut-être, plus haut. Impossible. Mes ongles ripent et se cassent sur les parpaings.

Je crie – cette fois j'y arrive – je hurle, j'appelle au secours, je supplie qu'on vienne me délivrer.

J'entends un vague murmure. Pendant une fraction de seconde, j'ai l'impression que quelqu'un me répond. Mais ce n'est que l'écho de ma voix.

Le silence, en retour. Rien que le silence.

Je me laisse tomber par terre et j'éclate en sanglots.

Un plateau, posé près de la porte. Un verre d'eau, une pomme. Ce plateau n'était pas là, tout à l'heure.

J'ai mal au ventre, je sais que je n'ai pas faim, que seules la peur et l'angoisse me nouent les tripes. Mais l'eau me fait envie. J'ai terriblement soif. Ma bouche est sèche, ma gorge douloureuse, c'est à peine si j'arrive à déglutir. J'avale d'une traite le verre d'eau et quand, une fois vide, il glisse de mes mains, je comprends, mais trop tard, que j'ai été à nouveau droguée.

Vertige. Le sol vibre, bouge, il se gondole comme s'il allait craquer et s'ouvrir. Les murs se mettent à tanguer. Ils vont se refermer sur moi. M'enterrer vivante. Ma vue se brouille. Je n'y vois plus rien.

CHAPITRE 4

Combien de temps ai-je dormi ? Une heure ? Deux ? Un jour entier ? Une semaine ? Je n'en ai pas la moindre idée. Je n'ai plus aucune notion du temps.

Je bondis sur mes pieds. Mes membres ne me font plus mal. Je peux bouger les bras, les jambes, je peux marcher. Mon premier réflexe est de me jeter encore sur la serrure de la porte pour tenter de la faire céder, lorsque je me rends compte que… je ne suis plus vêtue de cette espèce de sac informe en toile de jute.

Je porte une robe. Une robe fourreau, longue, en satin noir, fendue sur les côtés à hauteur des genoux. Encolure Mao, fleurs brodées sur la partie droite de la poitrine, un modèle d'inspiration chinoise, accommodé par le talent d'un grand styliste. De la haute couture. Élégante, sobre, discrète, elle est parfaitement à ma taille, comme si elle avait été faite sur mesure. J'arrive à la détailler, même si, bien évidemment, je n'ai pas de miroir devant moi. Je plaque vivement mes mains sur mes seins et constate que je porte un soutien-gorge à armatures, légèrement rembourré, qui donne de la rondeur à ma poitrine, si plate d'ordinaire… Ensuite, même mouvement nerveux des mains – un miroir, si seulement j'avais un miroir ! – je découvre que je suis coiffée. Mes cheveux sont lissés, noués en queue de cheval basse sur la nuque, et tressés. Je suis probablement maquillée aussi. Exact. Je le vérifie en effleurant mes joues, j'y sens la texture d'un léger fond de teint, de la poudre libre qui y a été appliquée par-dessus. Je palpe mes cils, allongés par du mascara. Je porte les mêmes chaussures que pendant la soirée, mais dans une couleur différente. Celles-ci sont noires.

C'est quoi, ce cirque ?

Mes vêtements confisqués, remplacés d'abord par cet immonde sac en toile de jute, et maintenant par cette robe. Est-ce que je suis censée trouver une logique dans tout ça ? Est-ce que j'ai « mérité » cette robe ? En quoi ? Pour faire quoi ?

Je n'ai aucune réponse à ces questions. Le chaos règne dans mon esprit, j'éprouve des sentiments contradictoires. J'ai peur. Oh ! Oui, toujours aussi peur, horriblement peur ! Je pense aux mains qui m'ont déshabillée, puis rhabillée, deux fois de suite, qui ont touché mes cheveux, mon visage, mes seins, qui se sont promenées sur mon corps… Je pense à ce… Comment l'appeler ?… Ce type, cet inconnu, ce cinglé qui m'a enlevée, qui est là, quelque part, peut-être tout près, dissimulé dans l'ombre, derrière les barreaux, derrière un vieux meuble, à me guetter, à épier le moindre de mes mouvements… Et en même temps, je ne peux pas m'empêcher d'éprouver une certaine fierté. Même dans mes rêves les plus audacieux, je n'aurais imaginé porter une robe aussi belle.

Mais je m'en veux aussitôt d'avoir eu cette pensée. Pauvre conne ! Est-ce que le fait de porter une belle robe atténue l'horreur de cette cave où je suis prisonnière ? La séparation d'avec maman ? Non, en réalité, c'est pire ! Cette robe n'est qu'un foutu déguisement destiné à assouvir les fantasmes de mon ravisseur ! Il me manipule comme une vulgaire poupée qu'il se plaît à habiller et déshabiller à sa convenance. Il joue avec moi. Mais non, non ! Je ne me laisserai pas faire ! Je dénoue mes cheveux, je m'apprête à retirer cette saloperie de robe, quand je m'aperçois que…

La porte. Elle n'est plus verrouillée.

Je n'en crois pas mes yeux. C'est peut-être une hallucination, à cause de la drogue que j'ai absorbée ? Cœur battant comme un tambour, jambes tremblantes, j'avance. Très lentement. Fixant la serrure sans ciller, de crainte de la voir se refermer d'une seconde à l'autre sous l'effet d'un mécanisme secret. Une fois arrivée près de la porte, je pose la main sur la poignée et attends quelques secondes avant de l'abaisser.

Tu vas t'ouvrir, hein ? Dis, tu vas t'ouvrir ?

Oui.

Un miracle.

Je traverse la seconde partie de la cave. Comme elle n'est pas éclairée, je ne vois pas où je pose les pieds. Je bute sur plusieurs obstacles, me heurte aux murs, finis néanmoins par trouver un escalier. Je monte trop vite les premières marches. Ma robe, longue et ajustée, me gêne, les chaussures à talons hauts me ralentissent. Je m'en débarrasse et poursuis pieds nus. Est-ce que cet escalier – étroit, en colimaçon, il me semble interminable – va me mener à une issue extérieure ? À la liberté ? Si c'est le cas, il me faudra courir. Courir à toute vitesse. Courir comme jamais pour m'enfuir.

Pas de problème. Je cours vite. Très vite. Un des rares

avantages de mes peurs phobiques. Depuis que je suis toute petite, je m'entraîne à courir vite. Pour semer le monstre qui me prendrait en chasse.

Mais l'escalier ne mène à aucune issue extérieure. Juste à une deuxième porte.

Je m'arrête. La peur, encore. Et s'il était là, derrière ? Est-ce que je vais avoir le courage de le voir, de l'affronter ?... Pas de temps à perdre en questions inutiles. Soit j'ouvre cette porte, soit je redescends et je reste enfermée à la cave.

Une cuisine.

Le terme convient mal pour qualifier le luxe étonnant de cet endroit. Il s'agit plutôt d'un espace, totalement ouvert, faisant office de cuisine. Au sol, un revêtement blanc, aussi brillant qu'un miroir. Au fond, un mur peint dans un violet soutenu sur lequel se détache une série de placards laqués blancs contrastant, plus bas, avec un gigantesque plan de travail laqué noir. Tous les appareils, intégrés, disparaissent dans le miroir de la laque. À droite, un immense réfrigérateur américain, en inox brossé. À gauche, une table ovale entourée de quatre chaises. Au centre, un îlot avec évier. Inox et laque blanche. Devant, un autre élément, de même forme mais plus petit, laqué noir, comme le plan de travail. Deux récipients rectangulaires en Plexiglas y sont posés, parfaitement alignés, l'un plus grand que l'autre. Ils contiennent des biscuits, un assortiment de macarons.

Je cligne des yeux plusieurs fois. D'abord parce que la lumière, vive, contraste avec l'obscurité de la cave et m'aveugle, ensuite parce que je me demande si je ne suis pas – encore ! –en train de rêver. C'est tellement beau ! On dirait la couverture d'une revue de décoration. Je m'attendais à trouver une maison sale, miteuse, à l'abandon, une espèce de squat. Or je suis dans un… un palais !

Je me risque à faire quelques pas.

Pas une seule tache au sol ou ailleurs, pas une goutte d'eau près de l'évier, pas une miette. Et dans les récipients en Plexiglas, les macarons, je le vérifie en goûtant à l'un d'eux, sont faux. Du plastique.

Y a quelqu'un ?

Personne. Mes entrailles chavirent encore, mais cette fois c'est à cause de la faim. Je suis soudain prise d'une terrible fringale. Conséquence de la peur, peut-être, ou à cause de ces faux macarons qui m'ont mis l'eau à la bouche. J'ouvre les placards. Vides, propres, impeccables, comme s'ils n'avaient jamais renfermé la moindre nourriture. Il n'y a même pas de vaisselle. Le Frigidaire lui aussi est vide. Pas une bouteille d'eau, rien.

C'est un décor. C'est comme dans un film. Comme sur une scène de théâtre.

La cuisine donne directement sur un living. Là encore, l'espace est gigantesque. Impressionnant. Je m'y aventure. Doucement, sur la pointe des pieds, comme si je marchais sur des œufs. Je me retourne sans cesse de peur que quelqu'un – lui – ne surgisse dans mon dos. Du marbre au sol. Aux murs, une peinture blanche, immaculée. Le plafond est très haut, plus de trois mètres. Des éléments de bibliothèque occupent un pan de mur, des cubes où sont rangés des livres ainsi que divers bibelots. En face, quatre marches basses conduisent à un salon. Un tapis beige, une méridienne en cuir noir, un fauteuil et un repose-pied assortis, une table avec trois plateaux pivotants composent l'ameublement. Sur la table, un vase contenant une rose rouge.

C'est beau. C'est comme dans un rêve. Je me surprends à faire la comparaison avec le modeste trois-pièces que nous occupons, maman et moi. La superficie totale n'équivaut même pas au quart de cet espace. Est-ce que je dois me sentir rassurée par ce décor de rêve ?

Non, ce n'est pas un rêve. C'est toujours un cauchemar ! Ce luxe n'est qu'une façade, un leurre ! Juste en dessous, il y a la cave, humide et froide, le vieux matelas pourri sur lequel on m'a jetée et droguée. D'ailleurs, ici, où sont les fenêtres ? Les fenêtres par lesquelles je pourrais m'enfuir ? Il n'y en a pas. J'ai beau chercher, regarder partout, je n'en vois pas. Comment est-ce possible ? Ce n'est qu'en levant la tête – ou plutôt, en me dévissant le cou – que je découvre une sorte de verrière. Située à une hauteur inaccessible, que je suis incapable de chiffrer, elle ne laisse voir que l'immensité du ciel. Noir.

Cet endroit n'est rien d'autre qu'une prison dorée.

Poursuivant ma visite, je me dirige vers un escalier menant à une mezzanine posée sur une structure en béton et en verre. La salle à manger. Sur une longue table rectangulaire, à côté d'un vase contenant, comme en bas, une rose rouge – une signification particulière à ces deux roses, à leur couleur ? Couleur du sang – un couvert est posé. Un seul. Ainsi qu'un plateau contenant un repas. Vrai ou faux, comme les macarons ? Une salade de mâche, des clubs sandwichs, des fruits, une carafe remplie de lait. La buée sur le verre indique que le lait est frais. Comme si quelqu'un venait de le servir à l'instant même. De le sortir du réfrigérateur que j'ai moi-même ouvert il y a quelques minutes et que j'ai trouvé vide.

J'ai tellement faim que je grimpe l'escalier quatre à quatre. Toujours gênée par ma robe trop ajustée, je loupe une marche et me casse la figure. Arrivée en haut, je commence à manger sans prendre la peine de m'asseoir. Je saisis les feuilles de salade à pleines mains, enfourne en même temps un premier sandwich en ne le mâchant qu'à moitié. Ils sont vrais, ces sandwichs, pas en carton ou en plastique. Le premier est au poulet, le deuxième, que j'engloutis aussitôt après, est au saumon, l'autre je crois que c'est du jambon italien. Je me goinfre, je me bâfre comme j'ai l'habitude de le faire lorsque, après m'être imposé un régime drastique pendant plusieurs jours, j'éprouve le besoin de dévorer n'importe quoi. La bouche encore pleine, je me précipite sur la carafe de lait que je bois directement au goulot. Le lait coule sur mon menton, se mêle à la vinaigrette de la salade. Je vais tacher ma belle robe ! Il ne va pas aimer ça ! Tant pis ! Plus je bois, plus j'ai soif. Lorsque j'ai fini, je lèche les bords de la carafe pour récupérer la dernière goutte de lait.

Et puis je m'arrête. Net.

Il est en train de m'observer. Je sens son regard posé sur moi. Oui, il est là, quelque part, en bas de l'escalier, ou bien dans la cuisine. Ou ailleurs encore. Plus loin, sur la mezzanine, j'aperçois plusieurs portes. Il est sûrement derrière l'une d'elles. Je me dis soudain que je ne peux pas, que je ne dois pas continuer à manger comme ça, comme un glouton, comme une souillon. Ça jure avec le lieu, avec ma robe. Et puis je me suis décoiffée, échevelée, pieds nus, j'ai laissé mes belles chaussures en bas, dans la cave.

Ça va le mettre en colère. Qu'est-il capable de faire quand il est en colère ?

Raide, le buste aussi droit que s'il était maintenu par un corset, je m'assois. Ensuite, avec une lenteur calculée, je prends une serviette, posée sur la table, m'en tamponne les lèvres et le menton dans un geste affecté. Puis je m'efforce de poursuivre mon repas avec mesure et élégance, en me servant des couverts que je n'ai pas utilisés tout à l'heure. Mais ça ne passe plus. J'épluche une pomme – maladroitement, mes mains tremblent – et l'abandonne sur le bord de l'assiette. Ma faim est calmée. Pas ma peur. D'autant qu'une autre pensée me vient à l'esprit.

S'il me donne à manger, c'est pour m'engraisser avant de me dévorer.

Voilà que mes premières peurs reviennent. Voilà qu'à nouveau je pense à lui comme à l'ogre de mes cauchemars. « La raison doit toujours l'emporter sur la peur. » Qui m'a dit ça dernièrement ? Est-ce que c'est une citation sur laquelle je serais tombée dans un bouquin de français ? Est-ce que ce sont les paroles du docteur Fournier ? Je ne sais pas. Je ne suis plus sûre de rien.

Il n'y a plus de vrai que ce décor qui m'environne, que cette pièce, plongée dans le silence le plus total. Sinistre. Presque autant que la cave, en bas. Et sa présence à lui, sa présence invisible est insupportable.

Il faut qu'il se montre à la fin !

— Où êtes-vous ?

Les mots sont sortis malgré moi.

Qu'est-ce qui m'a pris, bon sang, qu'est-ce qui m'a pris ?

CHAPITRE 5

Je ne l'ai pas entendu. Aucun bruit de pas. Pas le moindre frémissement. Rien. Je n'ai pas vu d'où il a surgi. Pourtant il est là. Debout, au pied de l'escalier.

Les contours de sa silhouette, d'abord très flous, gagnent peu à peu en netteté. Est-ce parce que mes yeux sont embués de larmes ? Ou parce qu'il est entouré d'une espèce de halo magique qui se dissiperait progressivement ? J'ai l'impression de regarder une diapositive projetée sur un écran. Elle est trouble, puis quelqu'un fait la mise au point jusqu'à ce que l'image soit parfaite. Jusqu'à ce que je sois en mesure de distinguer chaque détail de son abominable figure.

Un long nez busqué. Des yeux rouges, petits, ronds, très rapprochés l'un de l'autre, comme s'ils cherchaient à franchir la barrière constituée par le nez. Des paupières immenses, auréolées de noir, qui semblent maquillées à grands traits de charbon. Criblées de ridules, tombantes, elles donnent aux yeux un regard perçant et inquiétant. La peau est jaunâtre, flétrie, on la croirait brûlée par endroits, prête à se détacher en lambeaux. Une peau parcheminée, un vieux cuir plissé et tanné. La bouche est si large qu'elle occupe tout le bas du visage. Les lèvres, d'un rouge rosé, sont fermées, les commissures abaissées. Un jeu de lumière, comme si la figure était éclairée de l'intérieur, accentue le teint jaunâtre, creuse encore davantage les rides, marquées profondément dans la chair comme des sillons, presque comme des cicatrices. Les cheveux sont longs, noirs, séparés au milieu par une raie. Lisses sur le crâne, formant une sorte de bandeau, ils changent peu à peu de texture et de couleur. Au niveau des oreilles, qu'ils couvrent entièrement, ils prennent l'apparence de poils frisés et roux. Le menton est enfoncé, comme s'il avait reçu un coup qui l'aurait déformé de manière irréversible, moucheté lui aussi de poils roux. Le corps est enveloppé d'une ample cape noire, les mains, croisées, sont gantées de noir également.

Il est là, devant moi, cela devait bien arriver à un moment ou un autre. Il est là, parce que je suis chez lui. Il est là, parce que je l'ai appelé. Qui est-il ? Un monstre ou un homme ?

J'oublie instantanément le raisonnement que j'ai échafaudé tout à l'heure dans la cave pour me convaincre que j'ai été enlevée par un homme. J'oublie la voix du docteur Fournier me disant, je m'en rappelle soudain, que je devrais, un jour ou l'autre, l'affronter, ce monstre, cet homme, quel qu'il soit. J'oublie la chaudière, les vieux meubles, les casiers à bouteilles, les marques sur mes chevilles, autant de preuves que… « Il porte un masque ! Un simple masque ! » me souffle une voix qui tente de me ramener à la raison, mais je la fais taire aussitôt.

Non ! C'est lui ! Lui ! Le croque-mitaine ! L'ogre !

Je ne peux pas supporter la vision de cette horrible figure jaune, le regard perçant de ces yeux rouges et incandescents.

CHAPITRE 5

J'ai l'impression qu'ils me traversent. Pire, s'ils continuent à me fixer ainsi, je vais prendre feu, m'embraser comme une torche.

Je savais qu'il me serait impossible de le voir. Je savais que le choc serait trop dur. Je voudrais être aveugle ! Je voudrais que les lumières s'éteignent pour que je me retrouve dans le noir, comme quand j'étais petite ! L'obscurité me faisait peur, mais elle me protégeait aussi, j'enfouissais mon visage sous la couverture et, même si je tremblais, même si j'étais terrorisée à l'idée que le monstre approche, au moins je ne le voyais pas !

Mon souhait est exaucé.

Je ne vois soudain plus rien. J'entends juste le bruit de la chaise qui se renverse lorsque je tombe.

CHAPITRE 6

Retour à la cave.

Je suis un pion. Une marionnette. Un pantin.

Pourquoi ? Pourquoi à nouveau la cave ?

Un bruit. Une ombre.

Il y a quelqu'un derrière les barreaux.

On dirait... Je ne suis pas sûre... Il fait si sombre que j'ai du mal à distinguer la silhouette qui bouge de manière imperceptible, là, entre les vieux meubles. Petite, fluette, coiffée de deux couettes hautes, on dirait... une fillette. Oui, c'en est une. Assise par terre en tailleur, elle est en train de jouer. Je crois que... Oh ! Si seulement j'y voyais un peu mieux ! J'ai l'impression qu'elle fabrique quelque chose, une sorte de figurine, avec de la pâte à modeler. Je m'approche aussitôt, passe un bras entre les barreaux pour tenter de l'atteindre, mais elle est trop loin.

— Hé ! Hé ! Je suis là ! Tu me vois ?

La petite fille ne répond pas. Très concentrée, elle continue de modeler sa figurine. Elle ne m'a peut-être pas entendue. Est-ce qu'elle a été enlevée, elle aussi ? J'ai bien conscience que c'est horrible pour elle, mais je ne peux pas m'empêcher de m'en réjouir. Je ne suis plus seule ! C'est formidable ! Inespéré ! À deux, la captivité sera moins dure à supporter. À deux, on peut se réconforter, se consoler mutuellement, se dire que tout va bientôt s'arranger. À deux, on peut tenter de s'enfuir !

— Comment tu t'appelles ? Quel âge as-tu ? Depuis quand es-tu là ?

Aucune réponse. Comme si elle était sourde. J'ai beau hausser le ton, rien n'y fait. Mes gestes non plus n'attirent pas son attention. Étrange… Si cette petite fille est elle aussi prisonnière, pourquoi se trouve-t-elle de l'autre côté des barreaux et non pas à côté de moi, dans la partie verrouillée ? Pourquoi joue-t-elle tranquillement dans l'obscurité, sans crier ou pleurer, sans même gémir ? D'ailleurs, comment arrive-t-elle à y voir quelque chose avec aussi peu de lumière ? Je remarque, à côté d'elle, un ours en peluche, ainsi que toute une série de pâtes à modeler de couleurs différentes, de grandes feuilles blanches, une collection de pastels et de tubes de peinture. Le matériel qu'on trouverait dans une salle de jeux. Pas dans une cave.

Ça ne va pas. Un signal d'alerte retentit dans mon cerveau. Quelque chose me dit que je me suis réjouie trop vite.

Sans lever la tête, alors que je désespère d'attirer son attention, la petite me répond enfin :

— Je m'appelle Anna, comme toi ! Normal, puisque je suis toi. Sauf que moi j'ai six ans. J'aurai toujours six ans, je l'ai décidé ! Je veux pas grandir !

— Mais qu'est-ce… Qu'est-ce que tu racontes ?

— Même si t'as les yeux ouverts, t'es en train de dormir.

CHAPITRE 6

Tu me vois en rêve. C'est parce que t'as été ensorcelée. Tu sais, le lait que t'as bu tout à l'heure ? Y avait une poudre magique dedans.

— Une poudre magique ? je répète bêtement, ahurie, alors que peu à peu je commence à comprendre ce qui se passe.

Cette petite fille n'est pas réelle. Cette petite fille n'est qu'une vision, une hallucination. Il y avait une drogue dans le lait, comme dans le verre d'eau, sur le plateau, auparavant. J'aurais dû m'en douter.

J'ai les yeux fermés, je suis allongée sur le matelas, j'arrive à bouger les mains et à sentir le contact du tissu éventré, de la terre autour, mélangée à la sciure de bois. Je dors, je rêve, et j'ai conscience de mon rêve.

Cet état de… comment l'appeler ?… « rêve éveillé », « rêve dirigé » n'est pas désagréable, je me sens bien, beaucoup mieux en tout cas que tout à l'heure. Pas de douleur, on dirait même que ma peur s'est apaisée, alors autant me laisser aller, me laisser porter. « Comme si tu flottais sur un lac, mieux, comme si tu pouvais marcher sur l'eau, tout est possible », me souffle une voix que je n'arrive pas à identifier.

En tout cas, cette vision, cette hallucination, je voudrais qu'elle dure le plus longtemps possible. Elle rompt ma solitude, met un frein à ma peur.

— Alors tu… Tu es un souvenir, c'est ça ? Un souvenir que la drogue qu'on m'a donnée fait resurgir ?

— « Drogue » ? « Resurgir » ? Connais pas ces mots. J'aime pas les mots compliqués !

— La drogue, c'est de la « poudre magique »… Tu veux bien qu'on parle un moment toutes les deux ?

— Je suis là pour ça.

— Qu'est-ce que tu fabriques avec ta pâte à modeler ?

— Tu le reconnais pas ? me rétorque-t-elle, étonnée.

Elle s'approche et me montre une espèce de poupée façonnée avec maladresse. Un grand corps, une toute petite tête, un ventre énorme, qu'elle ouvre d'un coup vif en se servant des dents d'un peigne. À l'intérieur du ventre se trouve une autre figurine, beaucoup plus petite, faite en pâte à modeler rose, alors que l'autre était noire.

— C'est papa ! me dit-elle. Papa dans le ventre de l'ogre. La dame des ennuis, elle m'a dit de jouer, de fabriquer ce que je voulais avec la pâte à modeler. Alors je fabrique l'ogre, et après je le détruis, je le tue !

Elle crie ces mots et, joignant le geste à la parole, elle déforme la figurine représentant l'ogre en malaxant la pâte à modeler, puis elle jette par terre le tas informe qui en résulte et le piétine avec rage. (Si seulement je pouvais en faire autant, moi, avec l'autre, là-haut !)

— Ici, chez la dame des ennuis, je peux faire tout ce qui est pas possible dans la réalité. Dans la réalité, le monstre, l'ogre qui me fait tellement peur et qui a avalé papa, je peux pas lui ouvrir le ventre, parce qu'il est plus fort que moi, alors qu'ici, oui.

— Qui est la « dame des ennuis » ?

— La dame qui soigne tes ennuis, tes peurs. C'est un docteur, sauf qu'elle fait pas de piqûres. Un docteur de la tête. Depuis un an, je vais la voir deux fois par semaine dans son cabinet… « Cabinet », c'est pas les toilettes où on fait caca, hein ? ajoute-t-elle en chuchotant et en pouffant de rire. C'est comme ça qu'on appelle la maison des docteurs.

D'accord, je commence à comprendre un peu mieux. Mon rêve me ramène à la première psychothérapie que j'ai suivie, juste après le départ de mon père. Je n'en ai gardé aucun souvenir. Je l'ai effacée de ma mémoire en grandissant.

CHAPITRE 6

La petite (je préfère l'appeler ainsi, j'ai du mal à dire « moi » ou « je ») observe un long moment la figurine piétinée qui gît par terre. L'éclair de joie qu'il y avait tout à l'heure dans ses yeux disparaît pour laisser place à de la tristesse lorsqu'elle se tourne vers moi.

— Elle a rien compris, la dame des ennuis ! Elle a pas compris que l'ogre me réveille toutes les nuits et que j'ai peur de lui, j'ai peur qu'il me mange comme il a mangé papa ! Alors je lui ai menti ! avoue-t-elle en baissant la tête. Je lui ai dit que j'étais guérie ! J'ai fait semblant de guérir ! Quand j'en ai eu marre d'aller la voir, je lui ai dit (elle prend une petite voix niaise) : « Je vais beaucoup mieux ! Je n'ai plus aussi peur qu'avant ! J'accepte le départ de mon papa. J'ai une copine, à l'école, son papa est parti, lui aussi ! Il y a beaucoup de petites filles qui vivent seules avec leur maman ! C'est pas si grave que ça ! » J'ai dit n'importe quoi ! poursuit-elle. Et résultat, l'ogre t'a enlevée ! Il t'a mise dans son grand sac pour t'emporter ! Et il va te dévorer, t'avaler ! Et tu vas pourrir dans son gros ventre ! Tu vas y crever ! hurle-t-elle avant de s'enfuir à l'autre bout de la cave. C'est ma faute ! Ma faute !

Je ne la vois presque plus. Je devine que, bras croisés sur la poitrine, elle boude. Peut-être même qu'elle pleure. Elle devient de plus en plus floue. Est-ce que ça signifie que je vais bientôt me réveiller, reprendre conscience ? Non, je ne veux pas ! Pas encore ! Qu'est-ce qui m'attend, au réveil ?

— Ce n'est pas ta faute si l'ogre m'a enlevée ! C'est moi qui ai été imprudente ! J'aurais très bien pu éviter ce qui m'arrive ! Reste avec moi, ne pars pas, s'il te plaît ! Je vais avoir tellement peur si tu me laisses toute seule !

Que dire d'autre pour la retenir ? Jusqu'à quel point suis-je en mesure de maîtriser et prolonger mon rêve ? On dirait pourtant que ça marche, mes paroles ont fait mouche… La petite se tourne vers moi, son visage semble s'éclairer un peu et son regard s'adoucit. Elle fait un pas en avant, hésite, recule, se décide finalement à revenir.

— D'un autre côté, dit-elle d'une petite voix plaintive, je pouvais pas faire autrement que mentir. Personne me croit quand je dis qu'un ogre a mangé papa ! Même pas la dame des ennuis, elle fait juste semblant de me croire, c'est tout. Personne me croira jamais, de toute façon. Sauf…

— Sauf quoi ? Qui ? Il y a quelqu'un qui te croit ? Qui est-ce ?

Elle ramasse l'ours en peluche posé par terre, le serre contre elle et lui caresse le ventre en souriant.

— Lui ! me dit-elle en me le fourrant fièrement sous le nez. Lui ! Il a vu l'ogre, il était avec moi quand l'ogre a mangé papa et en plus… Tu veux voir mes dessins ? me demande-t-elle sans terminer la phrase qu'elle a entamée.

Elle ne prête aucune attention à ma déception – une peluche comme témoin de la disparition de mon père ! – et va chercher une pile de feuilles.

— Ça, c'est les dessins que je faisais au début des séances, quand j'avais peur de tout.

Elle me montre des dessins dont les couleurs sont très dures : des violets foncés, des gris, beaucoup de noir. Les animaux ont tous la tête au ras du sol, les enfants sont figés dans des poses bizarres, bras levés, bouche ouverte sur un cri. Les maisons n'ont ni portes ni fenêtres, les arbres, maigres, ressemblent à des squelettes. Les ciels, tous sans soleil, ne sont composés que de grosses hachures. Par endroits, le papier est troué, preuve de son désespoir lorsqu'elle dessinait. Elle me montre ensuite d'autres feuilles occupées par de hautes silhouettes vêtues de longs manteaux et portant de grands sacs. Un bras dépasse de l'un des sacs. Un bras d'enfant.

Toutes ses peurs, les miennes donc, sont jetées en vrac sur le papier.

La petite reste silencieuse un moment, puis elle va chercher un autre paquet de feuilles.

— Ça, c'est les dessins que j'ai faits au bout d'un an, pour prouver à la dame des ennuis que j'allais mieux. Tu vois, dit-elle d'un ton négligent, passant rapidement sur les croquis qu'elle ne me laisse pas le temps d'observer, j'ai ajouté des portes et des fenêtres aux maisons, j'ai mis des couleurs claires, et voilà, fini ! On a cru que j'étais guérie !

Elle s'assoit par terre et soupire longuement.

— Je m'ennuie ! déclare-t-elle soudain. Je déteste m'ennuyer, je vais partir !

— Non, non ! S'il te plaît !

— Bon, si tu veux pas que je m'en aille, alors on va jouer à un jeu. C'est moi qui te pose des questions.

— D'accord, vas-y !

— Tu jures de répondre ? De dire la vérité ?

— Oui, bien sûr !

Elle réfléchit un instant, prend un air de conspiratrice et me demande en chuchotant :

— Est-ce que t'as déjà fait l'amour ?

— Quoi ? ? ?

— T'as juré ! Réponds-moi !

— D'accord ! D'accord ! La réponse est non, je n'ai jamais fait l'amour.

— Tant mieux ! déclare-t-elle, satisfaite.

Coup de chance, j'ai donné la bonne réponse. Elle s'empresse de m'expliquer pourquoi.

— Faire l'amour, c'est dé-gueu-las-se ! affirme-t-elle en insistant sur ce dernier mot qu'elle accompagne d'une mimique éloquente. On en a parlé, avec la dame des ennuis. Je lui ai dit que j'avais très peur des bruits de bagarre que j'entendais le soir, et le matin aussi, parfois, dans la chambre de maman. Je croyais que c'était l'ogre qui attaquait maman, qu'il voulait la dévorer comme il a dévoré papa. Alors la dame des ennuis, elle m'a expliqué que c'était pas des bruits de bagarre que j'entendais. C'était maman et le nouveau papa qui faisaient l'amour dans le lit. C'est bizarre quand même que l'amour, quand les grandes personnes le font, ça ressemble à une bagarre, non ? remarque-t-elle, songeuse... Bref, la dame des ennuis, elle a dû en parler à maman, parce qu'après maman a plus jamais fait l'amour à la maison, ou alors, elle le faisait quand j'étais à l'école. La dame des ennuis m'a expliqué aussi qu'on faisait l'amour pour avoir un bébé. Ça m'a rassurée. Si maman faisait un autre bébé, une petite sœur ou un petit frère, et si jamais il me ressemblait, l'ogre pouvait se tromper et le prendre à ma place... Mais y a pas eu de bébé ! conclut-elle, déçue, avant de s'abîmer dans une nouvelle réflexion.

J'ai à peine le temps de « traduire » ce qu'elle vient de me confier : maman avec « le nouveau papa », soit un autre homme, juste après le départ de mon père. Maman qui, ensuite, pendant toutes ces années, jusqu'à aujourd'hui encore, n'a jamais vécu en couple. À cause de moi ? J'aimerais le lui demander. J'aimerais savoir si « ce nouveau papa », c'était déjà Jocelyn, le compagnon que je lui ai toujours connu. Est-ce que cette liaison a joué un rôle dans le départ de mon père ? Je ne sais pas si c'est encore une conséquence de la drogue que j'ai avalée, mais j'ai l'impression que maman est là, près de moi.

CHAPITRE 6

Si j'arrivais à me concentrer un peu plus, j'entendrais presque le son de sa voix. Ça me fait mal…

Une nouvelle question me tire de mes pensées.

— T'as tes règles ? me demande la petite, sans transition.

Le dialogue prend décidément une drôle de tournure. C'est idiot de se montrer pudique « vis-à-vis de soi-même », il n'empêche que c'est ce que j'éprouve, et je marque un temps avant de répondre.

— ALORS ?

— Oui, oui, j'ai mes règles, comme… comme toutes les filles.

— Zut !

Mauvaise réponse, cette fois. Pourvu que ça ne la fasse pas partir !

— C'est normal d'avoir ses règles, mais je les ai eues très tard ! j'ajoute aussitôt. Le mois dernier seulement, pour être exacte. D'ailleurs, ça inquiétait maman, j'aurais dû avoir mes règles vers treize ou quatorze ans et…

— Berk ! C'est dégueulasse ! s'écrie-t-elle sans me laisser le temps de poursuivre. Je voulais pas avoir du sang dans ma culotte !

Elle reprend son air buté avant d'enchaîner :

— Une fois, j'ai vu du sang sur les draps de maman, j'ai eu tellement peur ! J'ai cru que l'ogre l'avait attaquée, qu'il avait commencé à la dévorer ! La dame des ennuis, elle m'a expliqué que c'était pas ça du tout, elle m'a expliqué que le sang, il venait d'une grosse poche dans le ventre de maman, une poche faite pour accueillir un bébé. Elle m'a dit que, quand la poche restait vide, elle se dégonflait et le sang coulait. Bon, ça m'a calmée. J'ai plus fait de crises en entrant dans la chambre de maman, j'ai plus hurlé quand elle me demandait de l'aider à faire son lit ! Mais là aussi, j'ai fait semblant, au fond de moi j'avais toujours peur.

Elle réfléchit un instant, puis ajoute :

— C'est pour ça que j'ai décidé de pas grandir ! De pas avoir les règles ! Parce que l'odeur du sang attire l'ogre !

Un nouveau silence s'installe, se prolonge. Nous frissonnons toutes les deux. Je mets ce silence à profit pour assimiler ce que je viens d'apprendre. Je ne savais pas que je piquais des « crises » lorsque, enfant, j'entrais dans la chambre de maman. Si maman et moi avons souvent parlé de mes phobies (placards, endroits sombres, obscurité), le reste a été passé sous silence. À moins que maman n'ait chassé ces souvenirs, qu'elle jugeait trop douloureux. Je me rends compte à quel point ça a dû être difficile de m'élever seule.

— Tu travailles bien à l'école ?

— Ça dépend, il y a des matières que j'aime, d'autres que je déteste.

— Moi je hais l'école ! Je veux pas apprendre à lire ou à écrire. Si on sait lire et écrire, c'est qu'on grandit. Je déteste la maîtresse ! Elle veut me forcer à grandir ! Des fois je voudrais la tuer ! Je me mets à hurler sur elle !

Elle me fait une démonstration de la puissance de ses cordes vocales. Impressionnant.

— Mais j'ai fini par grandir, puisque que tu es là, toi ! constate-t-elle en me dévisageant longuement. Souvent, je me suis demandé comment je serais quand je serais grande… Bon, maintenant je sais.

Comme elle n'ajoute rien, je me risque à réclamer des précisions :

— Et… est-ce que le résultat te convient ?

— Bof !

CHAPITRE 6

J'encaisse. « La vérité sort de la bouche des enfants. »

— En tout cas, il faut absolument que tu restes maigre, même si… (Elle fait rouler son index pour que je me rapproche d'elle…) Même si les garçons, ils préfèrent les filles qui ont des grosses fesses et des gros seins !

Elle pouffe de rire puis, retrouvant son sérieux, ajoute :

— Tant que tu restes maigre, l'ogre te mangera pas !… Elle est belle, ta robe ! On dirait une robe de princesse ! Qui est-ce qui te l'a donnée ?

— C'est… lui.

— Il te faudrait un bijou pour aller avec.

— Oui, c'est vrai, mais je n'en ai pas.

— Moi j'en ai un ! Hun ! fait-elle ensuite en portant vivement la main à sa bouche, comme si elle avait dit une bêtise.

Elle demeure silencieuse un moment, inquiète, aux aguets. Elle est soudain très pâle.

— Ça va, je crois qu'il a pas entendu, dit-elle tout bas. Est-ce que c'est lui aussi qui t'a donné la rose ?

— Quelle rose ?

D'un mouvement du menton, elle désigne un vase, posé par terre à ma droite. Le même que celui qui ornait la table du salon, là-haut. Il contient bien une rose. Je n'y avais pas prêté attention.

— Elle est comment, la maison de l'ogre ?

— Eh bien… Je dois reconnaître qu'elle est très belle.

— Ah bon ? s'étonne-t-elle. Et lui, tu l'as vu ?

— Je l'ai aperçu.

— Il est horrible, hein ? Il fait très peur ? demande-t-elle en se recroquevillant sur elle-même.

— Oui.

— Une belle maison, une robe de princesse, une rose…

(Elle réfléchit pendant un moment, se détend et esquisse un sourire.) Peut-être que c'est pas le méchant ogre qui mange les papas qui t'a enlevée, après tout ! Peut-être que c'est la Bête, comme dans l'histoire.

— Quelle histoire ?

— Ben *La Belle et la Bête*, t'as oublié ? Papa, il me racontait souvent cette histoire, le soir, c'était ma préférée. Même que maman, elle lui disait que c'était pas bon de me farcir la tête avec ces conneries-de-vieux-contes-qui-veulent-plus-rien-dire-aux-gosses-d'aujourd'hui. Papa, il m'appelait sa princesse, il me disait que moi aussi, un jour, je rencontrerais le prince charmant… Dans l'histoire, la princesse, la Belle, elle aime beaucoup son papa, comme moi. Quand son papa part en voyage, elle lui demande de lui rapporter une rose, c'est tout. Après, elle est prête à mourir à sa place. Elle est très courageuse, elle supporte de voir la Bête, avec son visage affreux… Peut-être que tu devrais faire comme elle ? ajoute-t-elle après une brève réflexion. Peut-être que tu devrais faire croire à l'ogre que tu le trouves pas si moche, que t'as pas peur de lui, comme ça il te mangera pas, et en plus il se transformera en prince charmant…

Elle me sourit. Recule. Sa voix est de plus en plus basse, j'ai dû faire un effort pour entendre ses dernières paroles, comme si, peu à peu, je devenais sourde.

— Si j'arrive à revenir, la prochaine fois, je te dirai un secret.

— Quoi ? Quel secret ?

— Oh ! Mais il est tard maintenant, il faut que je parte !

— Quel secret ? Dis-le-moi avant de partir ! S'il te plaît !

Elle jette des regards furtifs autour d'elle, hésitant à me répondre.

— J'ai volé quelque chose à l'ogre avant qu'il avale papa. Je l'ai volé dans ses affaires ! Je l'ai jamais dit à personne, même pas à maman ! Même pas à la dame des ennuis ! Jamais, jamais, jamais ! Je l'ai caché ! Tu veux savoir où ?

— Oui, bien sûr que je veux le savoir !

— La prochaine fois, la prochaine fois, répète-t-elle en reculant, reculant toujours plus loin.

— Dis-le-moi maintenant, s'il te plaît ! Je t'en prie, dis-le-moi !

J'ai beau insister, supplier, crier, fini. Elle a disparu. Elle s'est évanouie, évaporée… Et je m'enfonce dans un sommeil de plus en plus lourd.

Un coma. Une petite mort.

CHAPITRE 7

J'entrouvre un œil, le referme aussitôt. Je me tourne sur le côté, replie les jambes et tire la couette sur mon menton, comme je le fais habituellement quand je m'extirpe du sommeil avant la sonnerie du réveil, profitant de quelques instants de repos supplémentaires. Pendant une poignée de secondes, je me serais presque crue chez moi, dans ma chambre, prête à entamer une journée normale. Douche, petit-déjeuner, départ pour le lycée. J'ai aussitôt une violente envie de pleurer.

Je crispe mes paupières, non seulement pour stopper mes larmes, mais pour m'obliger à garder les yeux fermés. Dormir, dormir encore. Même de ce sommeil artificiel. J'ai tellement peur du réveil ! Je suis terrorisée à l'idée de retrouver la cave. Je veux à tout prix prolonger ces quelques instants de flottement entre sommeil et veille… Un sursis avant de reprendre pleinement conscience de la réalité.

La couette.

Je suis couverte d'une couette. Je viens de la tirer sur mon menton. Elle est chaude, douce et légère, je sens la texture du tissu, le subtil parfum de lessive qui s'en dégage, si agréable en comparaison de l'abominable odeur d'humidité et de moisi qui règne dans la cave. J'étends mes jambes, mes bras. Pas de terre battue autour de moi, mais le contact d'un drap, lisse, soyeux. On dirait que… Je suis allongée dans un lit. Un vrai lit, confortable, moelleux, douillet, pas le vieux matelas pourri jeté sur le sol de la cave. Quand j'ai entrouvert un œil il y a un instant, je n'ai pas vu l'ampoule nue accrochée au plafond par un fil. Est-ce que je suis à nouveau en train de délirer, de divaguer ? Est-ce que j'ai encore une hallucination ?

Serrant la couette – fausse ou vraie, je n'en sais rien – entre mes deux poings fermés, je compte jusqu'à trois avant d'ouvrir les yeux. Les deux. D'un coup sec.

Oui, je suis bien dans un lit.

Oui, je suis bien couverte d'une couette.

La première chose que je vois, juste au-dessus de moi, c'est une grande fenêtre de toit basculante, percée dans le plafond. Derrière la vitre, la lune, pleine, parfaitement ronde. Si belle qu'elle semble factice. Sa clarté est telle que j'y vois presque comme en plein jour.

Je suis dans une chambre. Pas dans la cave.

Afin de me prouver que je suis bel et bien réveillée, que je ne rêve pas, je me redresse et fais jaillir la lumière en appuyant sur un interrupteur placé à mon chevet. J'inspecte alors plus en détail la pièce dans laquelle je me trouve.

Très spacieuse. Parquet blanc au sol, peinture crème aux murs. Des poufs de couleurs vives, rouge, violet, rose, sont éparpillés devant un canapé bas aux couleurs assorties. Des éléments de rangement, empilés en escalier, ornent deux des murs. Le troisième, derrière le canapé, juste en face du lit, est coupé d'un panneau peint en gris foncé, décoré de stickers. Des bouches, des cœurs, des mots en anglais : LOVE, NEW YORK, un portrait des Beatles. À gauche du lit, un immense bureau et un élégant fauteuil pivotant recouvert de cuir rouge.

C'est une chambre magnifique, que beaucoup d'adolescentes adoreraient avoir. Elle reflète le luxe de la maison, du moins ce que j'ai pu en voir jusqu'à présent. C'est mieux que la cave, c'est vrai, infiniment mieux, sans comparaison. Je suis soulagée, mais *si belle qu'elle soit, cette pièce n'est pas ma chambre. Je ne suis pas chez moi. Je suis toujours prisonnière.*

Je me lève et cours vers la porte. Fermée à double tour. Évidemment ! Je reviens vers le lit sur lequel je grimpe pour essayer d'atteindre la fenêtre. Impossible. Même en me tenant sur la pointe des pieds et en étirant les bras au maximum, elle est trop haute, hors de portée. Je pose alors le fauteuil sur le lit et tente de monter dessus, mais les roulettes le rendent instable et je perds l'équilibre avant même de pouvoir tenir debout. Si j'insiste, je vais me rompre le cou. Peine perdue de toute façon, j'aperçois un système de sécurité qui bloque le loquet de la fenêtre.

Je descends du lit et déambule dans la pièce, un peu comme une voyageuse qui, découvrant sa chambre d'hôtel, cherche à y prendre ses marques, ne sachant pas encore si elle va se décider à déballer ses affaires ou bien partir. Sauf que moi, je n'ai pas d'autre choix que de rester. Moi, je n'ai pas de valises, « j'ai voyagé léger ». Les vêtements me viennent comme ça, « par enchantement », sur un coup de baguette magique. Comme ce pyjama en soie bleu nuit à liserés roses dont je suis vêtue.

Il m'a à nouveau déshabillée pendant mon sommeil.

Je suis son jouet. Sa poupée. Il me coiffe, me change, fait

des essais de vêtements, ceux qu'ils a choisis pour moi selon son goût. Il me déplace à son gré d'un endroit à l'autre. J'ai l'impression d'être une Barbie grandeur nature livrée aux mains d'un enfant dégénéré. Ou une souris de laboratoire qu'un savant regarde errer dans un labyrinthe pour tester ses réflexes, après lui avoir fait absorber drogues et produits chimiques.

Sur une petite table basse, près du canapé, une bouilloire électrique remplie d'eau, une tasse et un assortiment de boissons : thé, café soluble, chocolat en poudre. J'ai soif, une boisson chaude me ferait du bien, j'ai l'habitude d'en prendre au petit-déjeuner – un petit-déjeuner en pleine nuit pour l'occasion – mais non, cette fois je ne tomberai pas dans le piège. Pas envie d'être à nouveau abrutie par un sédatif et d'être ensuite livrée, inconsciente, à sa merci.

Je m'approche du bureau. Très sophistiqué, il dispose de nombreux rangements, casiers, étagères, plateaux coulissants. Mon cœur fait un bond lorsque je découvre, en ouvrant au hasard une porte faisant coulisser une tablette, un ordinateur. Ordinateur… Connexion… Possibilité d'envoyer un mail ?

Faux espoir. Non seulement l'ordinateur n'est pas branché, mais il n'y a même pas de fils. Comme si on venait de le sortir de son carton et qu'on avait laissé de côté tout ce qui pouvait le mettre en service. C'est intentionnel, bien sûr. Cet ordinateur n'est rien d'autre qu'un élément de décor. Comme le reste. Des affaires scolaires sont éparpillées sur le bureau avec un « négligé étudié ». Des livres de seconde – ma classe. Maths, physique, SVT. Le livre de français est même ouvert sur une page où figure l'extrait d'une nouvelle de Maupassant. Ces manuels ont dû être achetés dans une foire aux livres, certains portent encore une étiquette affichant des noms ou prénoms à moitié effacés, une date, 2013 pour l'un, 2014 pour l'autre. Les cahiers, eux, sont flambant neufs. Il est évident que cette chambre a été aménagée il y a peu, juste pour moi. Mon ravisseur a dû prévoir mon enlèvement de longue date. Et il a le souci du détail : il est allé jusqu'à poser un sac à dos au pied du bureau, jeter par terre une brosse à cheveux, au milieu de la pièce, ainsi que des chouchous, des barrettes, un peignoir de bain, afin de créer l'illusion du désordre censé caractériser la chambre d'une fille de mon âge.

Ça signifie quoi, cette nouvelle mise en scène ? Qu'est-ce qu'il espère ? Que je vais m'installer ? Potasser un contrôle de maths ? Écrire un commentaire du texte de Maupassant, comme le suggère la page sur laquelle le livre de français est ouvert ? Je saisis un cahier, un des beaux cahiers Oxford qu'il a achetés pour moi – hors de prix, moi je me fournis chez Leclerc ! – et j'écris sur la première page, sur la page entière, une série de lignes identiques :

merde merde merde merde merde merde merde merde merde merde…

Désolée, mais c'est tout ce que j'arrive à pondre, dans cette chambre qui n'est pas une vraie chambre ! Dans cette chambre dont je déteste la décoration ! Des stickers en forme de bouche et de cœurs ! Le portrait des Beatles ! Mais qu'est-ce qu'il croit ? Qu'à mon âge on écoute les Beatles ? Non ! C'est ringard comme musique ! Ringard aussi, ce pyjama en soie dont il m'a affublée ! Je dors avec un tee-shirt, et rien en dessous ! Pas de culotte ! Et puis je vais lui montrer ce que c'est, un vrai désordre, un bordel digne de ce nom dans la chambre d'une fille de seize ans, pas dans la chambre d'une poupée Barbie !

Je flanque livres et cahiers par terre. Même chose avec la bouilloire, la tasse, les bibelots ornant les éléments de rangement. Je défais la couette, retire le drap-housse, les taies des oreillers et du traversin, j'envoie valser les poufs à travers la pièce.

Là, c'est un peu plus ressemblant. Et encore, il manque des chaussures de sport bien crottées qui laisseraient des marques sur le beau parquet, il manque du linge sale roulé en boule ! Une bouteille de vernis renversée sur le bureau ! Il manque un tas de choses pour faire vrai ! Mais c'est mieux.

La femme de ménage aura du boulot, comme ça, non ?

Qu'est-ce qui m'a pris ?

Pourquoi j'ai piqué cette crise de nerfs ? J'ai fait du bruit, j'ai crié, il a dû m'entendre ! Sans compter qu'il doit sûrement y avoir une caméra cachée quelque part. S'il est en train de m'observer, il a vu que je n'ai pas été sage, il va se mettre en colère et me punir. Il va me renvoyer à la cave, comme hier. Il n'a pas aimé me voir manger comme une souillon. Il n'a pas aimé que je tache ma belle robe de princesse !

Une vague de panique me submerge. Je demeure immobile, aux aguets, essayant de capter le moindre bruit, un pas derrière la porte que je fixe intensément, terrorisée à l'idée de la voir s'ouvrir. Rien. Le silence. Un silence si lourd, si pesant, comme si la maison tout entière était bâillonnée. Ou comme si j'étais devenue subitement sourde. Puis je me ressaisis. Je dois remettre de l'ordre dans la pièce. Vite, refaire le lit, éponger l'eau de la bouilloire qui s'est renversée. Replacer les bibelots sur les étagères, les livres et les cahiers sur le bureau. J'arrache la page sur laquelle j'ai griffonné, cherche un endroit pour la dissimuler. Pas la corbeille, elle y serait trop visible et il pourrait la récupérer. Je la fourre sous un paquet de copies blanches, et c'est à ce moment-là que je découvre un trousseau de clés.

Quatre clés au total. Un petit ruban rouge est accroché à l'une d'elles pour la distinguer des autres. J'essaie aussitôt de la faire entrer dans la serrure de la porte, mais ça ne marche pas. J'essaie les deux autres clés, sans plus de succès. En revanche, la dernière fonctionne et la porte s'ouvre.

Il n'est pas là.

Premier constat qui m'aide à retrouver une respiration plus calme, à avancer lentement, très lentement, à mettre un pied devant l'autre en m'efforçant de ne pas trembler comme une feuille.

Je suis sur une grande mezzanine, une sorte de rotonde surmontée d'une immense verrière laissant voir le ciel baigné par le clair de lune. En bas, j'aperçois le vaste living que j'ai visité la nuit dernière. (Était-ce vraiment la nuit dernière ou il y a une semaine déjà ? Je n'ai plus aucune notion du temps.) Le living communique avec la cuisine, laquelle a un accès à la cave. (Nouveau frisson d'angoisse à la seule mention de l'endroit.) Je repère les marches menant à l'espace faisant office de salle à manger, là où j'ai dévoré les sandwichs, où j'ai bu le lait contenant un sédatif. Je ne l'avais pas remarqué alors, mais quatre escaliers relient la pièce du rez-de-chaussée à la rotonde. Chacun d'eux dessert une chambre. Je commence à comprendre un peu mieux l'architecture de la maison. Elle est construite comme une sorte de navire, un grand paquebot. Il n'y a pas de fenêtres en bas. Dans la journée, c'est le puits de lumière venant de la verrière qui l'éclaire.

Où sont les issues extérieures ? Elles doivent probablement se situer sur le côté, à l'étage. C'est-à-dire au niveau où je me trouve en ce moment. Dans la chambre qui m'a été attribuée, il n'y a pas de porte donnant sur l'extérieur. Mais peut-être est-ce le cas pour l'une des pièces dont j'ai les clés en main…

Dans la salle d'attente du dentiste, il y a quelques semaines, j'ai feuilleté un magazine people – il y a toujours des journaux débiles chez les dentistes et les médecins ! J'y ai lu un article sur ce genre de constructions très originales, dites « postmodernes ». Ce sont des maisons de maître, des maisons d'architecte que seuls des gens très riches, vedettes du showbiz ou hommes d'affaires milliardaires, ont les moyens de s'offrir. L'article citait deux exemples précis, photos à l'appui. L'une des maisons était bâtie sur une colline, si bien que certaines parties du premier étage se trouvaient au niveau du sol. Le journaliste précisait que presque toutes les pièces avaient une porte donnant sur l'extérieur, mais que seules deux ou trois d'entre elles étaient utilisées et qu'il était impossible d'avoir une clé pour chacune de ces portes, à moins qu'on ne le veuille vraiment. Dans la deuxième maison, les issues extérieures desservaient directement les chambres afin que chacun des habitants ait une parfaite autonomie, qu'il puisse entrer et sortir à son gré, sans que les autres s'en aperçoivent.

Ces maisons sont toutes construites dans des endroits très isolés. Ce sont de véritables forteresses, à flanc de collines, en bord de mer, sur une île, à la campagne ou en pleine forêt.

Conclusion : je ne suis ni à Paris ni dans ses environs. Je suis loin, très loin de chez moi.

Une maison qui ressemble à un bateau… pire, à un sous-marin. Un sous-marin, ça coule, ça s'enfonce dans les profondeurs de la mer, dans les ténèbres.

Je peux crier, hurler, personne ne m'entendra.

Ne pas céder à l'angoisse.

J'ai les clés. Je dois tenter ma chance et ouvrir chacune des trois portes qui se trouvent à l'étage.

Première chambre. Vide. Du moins d'après ce que je suis en mesure d'apercevoir, car j'ai beau actionner l'interrupteur, il n'y a pas de lumière, les spots, au plafond, ne fonctionnent pas. Mais j'y vois suffisamment grâce à la clarté de la lune. Pas de porte extérieure mais, comme dans « ma » chambre, une grande fenêtre de toit basculante. Si seulement il y avait quelque chose, un tabouret ou un meuble quelconque sur lequel je pourrais grimper pour essayer de l'atteindre… Mais il n'y a strictement rien. La pièce est entièrement, désespérément vide. Elle a pourtant été occupée, c'est évident : des traces blanches aux murs indiquent la présence de tableaux ou de cadres, des meubles ont laissé des marques sur la moquette. La pièce a été vidée de fond en comble depuis un certain temps déjà, pour preuve les moutons de poussière qui s'entassent dans les coins et se déplacent, tels de gros insectes rampants, lorsque je me risque à faire quelques pas.

Deuxième chambre. Même chose. Vide et sans lumière.

Cependant, derrière une tenture, je trouve enfin une porte qui, à l'évidence, donne sur l'extérieur, peut-être une terrasse. Mais aucune des clés que j'ai en ma possession ne parvient à l'ouvrir. Et pour couronner le tout, elle est obturée par des stores baissés au maximum, qui ne laissent pas filtrer le moindre rayon de lumière. L'électricité étant coupée, j'ai beau appuyer sur le bouton qui en commande l'ouverture, rien à faire. Ça ne marche pas. Non seulement je ne peux pas sortir, mais je ne peux même pas jeter le moindre regard sur le paysage qui entoure la maison.

Une forteresse. Un sous-marin.

Un cercueil.

Reste la dernière pièce. Celle dont la clé porte le petit ruban rouge.

Pourquoi ce ruban rouge ?

A-t-il une signification précise ? Laquelle ?

Je me remémore la vision que j'ai eue en rêve, moi à six ans.

« Papa me racontait souvent *La Belle et la Bête.* »

Un autre souvenir jaillit brusquement. Comme un flash, comme une photo, extrêmement précise. Mon père, assis au bord de mon lit, tenant entre ses mains un grand livre ouvert. Mais ce qu'il est en train de me lire, ce n'est pas *La Belle et la Bête.* C'est...

Barbe bleue.

La voix de mon père résonne dans ma tête. Claire, chaude, parfaitement audible.

« *Il était une fois un homme qui avait de belles maisons à la ville et à la campagne, de la vaisselle d'or et d'argent, des meubles en broderie et des carrosses tout dorés ; mais par malheur cet homme avait la barbe bleue : cela le rendait si laid et si terrible qu'il n'était ni femme ni fille qui ne s'enfuirent devant lui.* »

Ici aussi, c'est une belle maison, à la campagne probablement, ici aussi les meubles sont luxueux. Et lui, lui, il est si laid que je suis horrifiée à la seule idée de le voir apparaître... La voix de mon père continue de résonner, me lisant la suite de l'histoire. On en arrive au nœud de l'intrigue, le passage que je connais par cœur, que je redoute et que j'apprécie le plus à la fois, parce qu'il me fait peur. Mais c'est si bon d'avoir peur « pour de faux », alors que papa est là, alors que papa me protège. Tant que papa est là, rien ne peut m'arriver.

CHAPITRE 7

Barbe bleue part en voyage, il précise à sa femme qu'elle est libre d'aller où bon lui semble dans la maison, elle peut visiter toutes les pièces, à l'exception d'une seule.

« *Pour cette petite clé-ci, c'est la clé du cabinet au bout de la grande galerie de l'appartement du bas : ouvrez tout, allez partout, mais pour ce petit cabinet, je vous défends d'y entrer, et je vous le défends de telle sorte que, s'il vous arrive de l'ouvrir, il n'y a rien que vous ne deviez attendre de ma colère.* »

Moi aussi il me laisse libre d'aller partout, d'ouvrir toutes les pièces en son absence. Moi aussi il m'a donné une clé. Avec un ruban rouge. Le rouge représente l'interdit. Le rouge, c'est la couleur du sang.

La voix de mon père, à nouveau. Sa main que je saisis lorsque la femme ouvre le petit cabinet et y entre, le clin d'œil complice qu'il m'adresse aussitôt pour me rassurer.

« *D'abord elle ne vit rien, parce que les fenêtres étaient fermées ; après quelques moments, elle commença à voir que le plancher était tout couvert de sang caillé dans lequel se miraient les corps de plusieurs femmes mortes et attachées le long des murs.* »

Rouge. Rouge sang. Je pense tout à coup aux livres, sur le bureau, dans « ma » chambre. J'ai cru qu'ils avaient été achetés, mais ce n'est pas ça. Il y a une autre possibilité. J'ai beau la repousser, me dire que non, non, ça ne se peut pas, ce serait trop horrible, elle s'impose à moi avec une évidence et une clarté imparables. Sur les livres, les étiquettes mentionnaient toutes des prénoms de filles. Et si ces filles m'avaient précédée ici ? Si, comme moi, elles avaient été enlevées et tuées ? Si leurs cadavres étaient là, derrière cette porte ?

N'y va pas ! N'ouvre pas cette porte !

Je passe mon pouce sur la clé plusieurs fois de suite, d'un

geste mécanique, répétitif. Le contact du métal me brûle les doigts, celui du ruban répercute dans mon bras une série de picotements aussi douloureux que des décharges électriques.

Il faut que j'entre dans cette pièce. C'est plus fort que moi. Je sais par avance qu'il me sera impossible de lutter contre l'envie qui me pousse de voir ce qu'il y a derrière la porte. Ma main ne m'obéit plus. Malgré moi, elle se tend vers la porte, introduit la clé dans la serrure, tandis que j'inspire profondément – sans avoir pour autant l'impression d'emplir mes poumons d'oxygène. Je ferme les yeux un instant avant que ma main, toujours dissociée de ma volonté, ne tourne la clé. Sous mes paupières fermées apparaît aussitôt une foule d'images toutes plus abominables les unes que les autres. Je me vois pataugeant dans le sang, heurtant ici une tête coupée, là un membre sectionné.

Je suis à deux doigts de renoncer. De mobiliser toute ma volonté pour résister et rebrousser chemin. Mais j'entends le « clic » émis par le pêne de la serrure lorsqu'il se libère.

CHAPITRE 8

Pas de sang. Pas de cadavres. La pièce n'est ni vide ni plongée dans l'obscurité comme les deux précédentes. Bien au contraire. J'en éprouve un soulagement tel que mes muscles se relâchent brusquement, comme de vulgaires ballons qui se dégonfleraient. Pendant quelques instants, je n'ai plus de bras, plus de jambes. Je ne suis qu'un pantin désarticulé qui attend qu'on veuille bien tirer ses ficelles pour qu'il puisse à nouveau s'animer, retrouver un semblant de vie.

Une chambre d'enfant. La chambre d'« une petite princesse », c'est l'expression qui, spontanément, me vient à l'esprit.

Taffetas de soie sur le lit, voilages dorés tout autour ainsi que sur la fenêtre de toit. Parquet bleu pâle au sol. Sur les murs, un décor mêlant stickers et peintures : des arbres, la fée Clochette, la lampe du génie d'Aladdin. Un tapis représentant une marelle est jeté sur le parquet au centre de la pièce. Un grand coffre ouvert, imitant un coffre de pirates, déborde de jouets et de peluches. Plusieurs portants sont rangés dans une alcôve. Sur les uns, la garde-robe complète d'une petite fille, sur les autres, des déguisements divers : panoplies de Cendrillon, de Blanche-Neige, accompagnées de leurs accessoires.

Uniquement des portants. Pas d'armoires. Pas de placards. Pour ne pas avoir peur d'une porte qui grince la nuit. Pour que le croque-mitaine ou l'ogre ne puisse pas s'y cacher.

Dans la chambre où je me suis réveillée, il n'y a pas d'armoire non plus, je le réalise à l'instant même.

Et pourtant…

Pourtant ces deux pièces se trouvent dans la maison de l'ogre.

Je poursuis ma visite. Dans un angle, un adorable petit bureau, rose, avec sa chaise assortie. Crayons de couleurs, pastels, peintures, pâtes à modeler, pochoirs y sont étalés. Je m'approche d'un pan de mur où sont accrochés des photos et des dessins. Je découvre ainsi la propriétaire de cette chambre à l'ambiance féerique. Il s'agit d'une petite blondinette âgée de quatre ou cinq ans à peu près. Joufflue, visage aussi rond qu'une lune… Je n'en verrai pas plus. Les photos sont soudain… comment dire ?… troubles… Impossible de les voir distinctement. Comme si je n'avais pas le droit d'observer plus avant le visage de l'enfant. Si j'insiste, je suis prise de vertige.

Ses dessins, en revanche, demeurent nets. De grosses boules jaunes pour représenter un soleil flamboyant, des fleurs dotées de pétales gigantesques, disproportionnés par rapport à la maigreur de leurs tiges, des arbres dont le feuillage évoque une chevelure crépue. En dessous de l'un d'eux, une inscription : BONNE FÊTE PAPOUNET.

J'aime cette chambre.

Je n'ai pas peur ici. On dirait que toute appréhension m'a

abandonnée lorsque j'ai passé la porte. Aussi facilement que si je m'en étais débarrassée en l'accrochant à un portemanteau. Je sais que ce n'est qu'une trêve, la peur reviendra, peut-être plus forte encore, mais on verra bien. Pour l'instant, j'ai envie de profiter de ce répit.

Alors même que je fais ce constat, j'entends à nouveau la voix de mon père. Mais cette fois, il n'est pas en train de me raconter une histoire, il me parle, me rassure.

« La maison est en chantier pour l'instant, me dit-il, je sais que tu ne la trouves pas belle. Mais on va en faire un endroit formidable, tu verras ! Elle ressemblera à un grand bateau, et toi, tu auras une chambre de princesse ! » Mon père me décrit le lit à baldaquin, les voilages dorés qui l'entourent, le coffre de pirates, la fée Clochette sur le mur. Il me décrit précisément, minutieusement, chaque détail de l'endroit où je me trouve.

À l'inverse de « la mienne », cette chambre est authentique, je suis certaine qu'une enfant l'a occupée. Son désordre n'a rien de factice. Une petite doudoune, par terre, ainsi qu'une paire de chaussures disent qu'il n'y a pas si longtemps – quand exactement ? – la petite fille est rentrée de l'école. Le lit est défait, un pyjama roulé en boule sous l'oreiller. Et pas de poussière, nulle part. Comme si on avait voulu « conserver » la chambre dans l'état précis où elle se trouvait à un instant T.

La corbeille, à côté du petit bureau, est pleine à ras bord. Je m'en approche aussitôt et la renverse par terre pour en inspecter le contenu. Des dessins, à nouveau. Mais ils sont très différents de ceux accrochés aux murs. Certains sont déchirés en mille morceaux, d'autres froissés sous l'effet de la colère. Ils reprennent tous le même thème : une haute silhouette sombre qui porte un grand sac. Ces dessins ressemblent à ceux que j'ai vus en rêve, ceux dont je me suis souvenue, ceux que je faisais, moi, après la disparition de mon père.

Je n'y comprends plus rien. Tout se brouille dans mon esprit. Comment peut-il y avoir autant de similitudes entre la petite fille qui occupe – a occupé ? – cette chambre et moi ? Comment peut-elle, à ce point, être mon propre reflet ?

Mauvais pressentiment.

La chambre est « conservée », tel un musée. Ce qui signifie qu'elle n'est plus habitée. J'ai tout à coup la certitude que l'enfant qui y vivait est morte. C'est pour cela qu'il m'a été impossible d'observer ses photos. Il y a un instant encore, j'avais l'impression qu'elle pouvait apparaître à tout moment, qu'elle allait ouvrir la porte, s'installer à son bureau ou s'agenouiller près du coffre à jouets. Plus maintenant. Maintenant je sais que seul son fantôme hante la pièce.

Je n'ai pas découvert de cadavres ici, comme je le redoutais, mais cette pièce a soudain une odeur de mort.

La trêve aura été de courte durée.

La peur, à nouveau, alors que je n'ai pas encore quitté la chambre.

Ce que je dois faire sans tarder.

Je me mets à respirer si fort que mon halètement résonne, c'est un son rauque, une espèce de râle qui monte de ma poitrine et reste bloqué dans ma gorge. Je viens d'entendre un bruit. Un bruit dans la maison jusque-là silencieuse comme une tombe.

C'est lui.

Vite ! Vite ! Tout remettre en place. Le bureau, les dessins froissés dans la corbeille. La doudoune, par terre, est-ce que je l'ai déplacée sans m'en rendre compte ? Plus le temps de vérifier quoi que ce soit.

En refermant la porte derrière moi, les larmes qui brouillent ma vue m'empêchent de distinguer le trou dans la serrure. Comme si j'étais subitement myope, l'orifice ne m'apparaît qu'à travers un flou total et je dois m'y reprendre à trois fois avant d'arriver à verrouiller la porte. Je me précipite ensuite dans ma chambre, m'enferme, dépose le trousseau de clés sur le bureau et me blottis sous la couette.

Faire semblant de dormir.

CHAPITRE 9

Il est là. Debout près du lit. Dressé au-dessus de moi depuis cinq longues minutes. À moins que ce ne soit depuis une demi-heure, une heure. Je n'en sais rien. Ce que je sais, c'est que, s'il parvient à rester immobile, ce n'est pas mon cas. Je tremble, ma respiration est beaucoup trop forte, saccadée, j'ai l'impression que les battements de mon cœur sont visibles à travers la couette. Autant de signes qui trahissent que je ne dors pas.

Je n'ai pas entendu la porte s'ouvrir. J'en arrive à me demander s'il n'est pas passé au travers, comme le ferait un fantôme.

Il ne bouge pas, ne dit mot. Est-il seulement capable de parler, ou juste de grogner ? Rugir ? Ahaner ? À nouveau tous mes raisonnements logiques s'effondrent. À nouveau, je ne parviens plus à suivre les conseils du docteur Fournier… Ce n'est pas un homme, c'est un animal, ou les deux à la fois, une créature hybride. C'est l'ogre, le croque-mitaine. Il est prêt à me dévorer comme… comme il a dévoré la petite qui habitait la chambre que j'ai visitée. Oh ! Oui, tout à coup, ça me semble évident : c'est ainsi qu'elle est morte.

Il demeure là, muet, immobile dans la pénombre, et toutes mes peurs reviennent. Je régresse. Je suis une petite fille de cinq ans terrorisée par l'obscurité et les monstres qu'elle abrite. Je voudrais appeler papa au secours, mais j'ai beau essayer, c'est impossible, ma voix s'étrangle dans ma gorge.

Je garde les yeux fermés, pourtant je la vois, son horrible figure jaune, ses yeux rouges et incandescents, sa peau parcheminée et flétrie, sa bouche qui fend son visage comme une plaie. Réfugiée sous la couette – pauvre, minable protection – je mobilise toute ma volonté pour maîtriser les tremblements qui agitent mon corps. Il doit croire que je dors. Et puis non, non ! Au contraire ! S'il me croit endormie, que va-t-il faire ? Me déshabiller comme il l'a déjà fait à trois reprises ? Me prendre dans ses bras pour me transporter ailleurs et tester mes réactions ? Impossible de le supporter en étant consciente. Je regrette de ne pas être droguée. Je voudrais sombrer dans le gouffre du sommeil artificiel.

Une véritable torture de sentir sa présence, là, tout près, sans savoir ce qu'il compte faire, sans avoir la moindre possibilité de prévoir ses gestes.

Il se décide enfin à bouger.

Arpente la pièce. Encore une ruse, une façon de jouer avec mes nerfs en m'infligeant le craquement du parquet sous ses pieds – ou ses pattes, ses griffes, ses sabots… Il s'arrête. J'entends le tintement du trousseau de clés qu'il vient de saisir. Il s'amuse un instant à prolonger le cliquetis des clés en les agitant, avant de s'en débarrasser en les jetant sur le bureau.

— Inutile de faire semblant, Anna ! Tu ne dors pas ! Je sais exactement à quel moment le sédatif que je t'ai donné cesse de faire effet.

Il est donc capable de parler. Sa voix paraît lointaine, étouffée. Parce que je suis sous la couette, et aussi parce que – c'est la principale raison, je tente de m'en convaincre – il parle à travers un masque. Le masque qu'il porte pour se déguiser en croque-mitaine.

Est-ce que je suis censée répondre à cette voix ? Mécanique, métallique, comme une voix de synthèse, de robot. Ou vaut-il mieux rester silencieuse ? Mes tremblements s'intensifient. De toute façon, jamais je ne parviendrai à parler, à articuler le moindre mot.

Il attend pourtant une réponse… Mais qu'est-ce que je pourrais répliquer ? Trop effrayée, je n'ai pas pleinement saisi le sens de ce qu'il m'a dit et je dois faire un effort pour me le remémorer, comme si, dans mon cerveau, je rembobinais un enregistrement pour en réécouter le début. Il a dit… Il a dit que je faisais semblant de dormir. Il a aussi dit que… qu'il m'avait donné un sédatif.

Un sédatif. Le croque-mitaine n'en a pas besoin. C'est un homme. Juste un homme.

La logique revient peu à peu, un semblant de raison avec. Je parviens finalement à rassembler mon courage et à ordonner à mon corps de bouger. Je me redresse sur le lit et lui fais face.

Nous nous observons en silence. Longtemps, très longtemps. Je suis incapable de dire combien de temps. Je suis dans l'impossibilité totale de détacher mes yeux des siens. Ses yeux dont le blanc est strié de veinules rouges. Ses yeux qui brûlent. Moi je ne cesse de battre des cils, je mords mes lèvres, je dilate mes narines pour trouver de l'air, alors que lui, rien.

Forcément, un masque n'a pas de muscles, pas de nerfs, ce masque est une barrière contre laquelle je me heurte. Restent les yeux. L'emprise hypnotique qu'ils exercent sur moi.

Sans détourner la tête, il tend la main vers le bureau et reprend le trousseau de clés.

— Tu es entrée dans sa chambre, n'est-ce pas ? demande-t-il en caressant le petit ruban rouge.

— Non !

Un mot, un seul, trois lettres, et j'ai l'impression que l'effort est tel que plus jamais je ne pourrai le renouveler.

J'ai peur de sa réaction. Derrière le masque, il est impossible de la deviner. J'ai peur qu'il y ait un signe, sur le ruban, sur la clé, qui démente mes paroles, comme dans *Barbe bleue*. Dans le conte, la femme est trahie par le sang qui tache la clé, parce qu'elle l'a fait tomber dans la pièce interdite.

J'ai peur qu'il me punisse.

J'ai peur qu'il me tue.

Encore un silence. Tout aussi insupportable que le précédent. Puis sa réaction, enfin. Ses épaules se voûtent subitement, se mettent à trembler, tandis qu'il émet une sorte de râle. On dirait qu'il est traversé d'un spasme. Et je ne sais pas ce qu'il signifie : un rire, un gloussement, un ricanement, comme dans mon cauchemar ? J'oublie encore ce à quoi je me suis efforcée de croire, je le vois de nouveau comme un animal. Qui va bondir, se jeter sur moi en hurlant que je mens, qu'il sait parfaitement que je suis entrée dans la chambre interdite.

Mais rien de tout cela ne se produit. Il se redresse et darde sur moi ses yeux qui, pendant quelques secondes, m'avaient quittée.

— Elle est morte. Elle avait peur du croque-mitaine, comme toi, Anna. Elle est morte par ma faute. C'est moi qui l'ai tuée.

CHAPITRE 9

Sa voix s'étrangle. Je comprends qu'il n'a eu ni spasme ni râle il y a un instant, mais un sanglot. Il pleurait.

Après quoi il se dirige vers la porte et, avant de l'ouvrir, me demande :

— Veux-tu être ma fille, Anna ?

CHAPITRE 10

— Alors… Ce que tu es en train de me dire, c'est que… (Audrey Caron s'interrompit brièvement pour déglutir et éclaircir sa voix afin d'en maîtriser les tremblements.) Qu'Anna n'a pas dormi chez toi, que… Qu'il n'a jamais été question d'une soirée où vous étiez invitées toutes les deux, c'est bien ça ?… Pardon ? Est-ce que tu peux parler un peu plus fort s'il te plaît, je ne t'entends pas bien ! ajouta-t-elle avec une pointe d'agacement.

Faux. Elle entendait parfaitement. En revanche, son cerveau faisait barrage, refusait d'enregistrer les paroles de Lauryanne, de leur donner un sens. Tandis que la jeune fille lui expliquait qu'elle n'avait aucune idée de l'endroit où Anna pouvait se trouver, que celle-ci ne lui avait jamais confié son intention de se rendre à une soirée, qu'elle-même, par ailleurs, n'était pas à Paris, mais à la campagne avec ses parents depuis le début des vacances, Audrey fixait obstinément la pendule de la cuisine où, assise, encore vêtue de la sortie de bain qu'elle avait enfilée après une douche prise aux aurores, elle sirotait son énième café.

Quinze heures.

Elle n'avait essayé de joindre Anna sur son portable qu'à partir de treize heures. Si elle avait été tentée de le faire avant, elle se l'était interdit. Pour une fois qu'Anna sortait, se montrait indépendante, voire insouciante, elle ne voulait pas, ne devait pas manifester la moindre inquiétude, de peur de réveiller l'anxiété de sa fille. Certes, elle avait trouvé curieux qu'Anna ne la contacte pas d'elle-même. « Elles ont dû rentrer tard de la soirée, c'est bon signe, elles ont dormi toute la matinée pour récupérer. Ensuite, le temps de déjeuner, d'échanger des commentaires sur la fête... sur les garçons qu'elles y ont rencontrés, peut-être ?... Après tout, c'est les vacances ! », s'était-elle dit. Bien que, période scolaire ou vacances, Anna n'était pas une grosse dormeuse, elle ne l'avait jamais été, la grasse matinée n'était pas dans ses habitudes. Bien qu'Anna – en cela, elle ne différait pas des adolescentes de son âge – usait et abusait du portable et des SMS. Qui se transformaient souvent en SOS.

De fait, Audrey s'était d'abord réjouie de ce silence. La veille, elle avait ainsi profité d'une agréable soirée avec Jocelyn, son compagnon. Restaurant, cinéma, permission exceptionnelle pour Jocelyn de passer la nuit rue de Picpus, chez elle. Ni l'écran de son portable ni celui de Jocelyn n'avaient affiché un appel manqué d'Anna, ou un message leur demandant de venir la chercher, alors que, par habitude, ils s'y étaient préparés. « Enfin ! s'étaient-ils dit en rentrant, non sans avoir vérifié qu'Anna n'était pas dans sa chambre, au cas où elle ne les aurait pas prévenus d'un retour prématuré. Ça y est ! Elle a franchi le pas, elle s'amuse avec des jeunes de son âge, elle fait la fête ! Elle découche ! Une sacrée victoire ! Une date à marquer dans le calendrier ! »

Or maintenant... Maintenant le silence et l'absence d'Anna étaient tout sauf rassurants.

CHAPITRE 10

— Madame Caron ? Madame Caron, vous êtes toujours là ?

Perdue dans ses pensées, Audrey n'écoutait plus Lauryanne.

— Oui, oui, excuse-moi. Je... Je suis en voiture, j'ai dû passer par un endroit où ça captait mal.

Elle avait besoin de mentir pour se donner une contenance et masquer son angoisse. En vain. Lauryanne l'avait bien perçue et la questionnait à son tour, ce qui ne faisait qu'accroître son malaise.

— Je me demandais, reprit-elle sur un ton faussement désinvolte, si Anna ne t'aurait pas, par hasard, parlé d'un garçon qu'elle aurait rencontré récemment ? Tu sais, le genre de secret qu'on confie plus volontiers à une amie qu'à une mère... Ne crains rien, ça restera entre nous, je n'en soufflerai pas un mot à Anna.

C'est à peine si elle écouta la réponse. Elle la connaissait par avance. Non, Anna n'avait rien dit à Lauryanne. Anna était une fille très secrète, qui parlait peu, elle n'avait d'ailleurs connu Lauryanne que depuis la rentrée de septembre, puisqu'elle était nouvelle au lycée. Si elles se fréquentaient régulièrement, elles ne...

— Oh ! Désolée, Lauryanne ! l'interrompit Audrey, pressée de mettre un terme à cette conversation qui ne lui apprenait rien. Je suis vraiment idiote ! Figure-toi que je viens de trouver, en fouillant dans la boîte à gants, le chargeur du portable d'Anna. Elle ne doit plus avoir de batterie, c'est pour ça qu'elle ne m'a pas appelée et que je n'arrive pas à la joindre. Excuse-moi, je t'ai dérangée pour rien, je te laisse, Lauryanne, profite bien de tes vacances !

Elle coupa la communication sans que la jeune fille ait eu le temps de lui dire au revoir.

Quinze heures quinze.
Trente.
Quinze heures quarante-cinq.

Il n'y aurait pas d'appel d'Anna. Audrey abandonna tout espoir. Le téléphone allait rester silencieux, autant que l'était l'appartement. Un silence insupportable, qui ne faisait que souligner l'absence, le vide, le manque.

Pas le moindre bruit, même dehors... Si, pourtant. Elle prit subitement conscience des ronflements de Jocelyn. Elle les entendait alors que la porte de la chambre était fermée. Comment pouvait-il faire la sieste, vu les circonstances ? Mais quelles circonstances ? Elle ne lui avait pas fait part de son inquiétude, ni au réveil ni pendant le déjeuner. Il ne s'était pas rendu compte qu'elle n'avait rien avalé, se contentant de boire du café en regardant sa montre et ne s'adressant à lui que par monosyllabes.

Elle eut soudain l'impression que les ronflements gagnaient en puissance, comme si leur volume sonore était commandé par un bouton qu'on aurait tourné sur la position maximale. Elle n'entendait plus que ça, n'arrivait plus à réfléchir. Pour la première fois en dix ans, Jocelyn avait passé la nuit chez elle. Et chez elle, dans sa propre chambre, ces ronflements qui d'ordinaire la faisaient sourire lui mettaient les nerfs en boule.

Si Audrey et Jocelyn entretenaient une relation stable, sûre, ils avaient décidé de garder chacun leur appartement, préservant ainsi leur indépendance. Ils habitaient dans le même quartier pour éviter le désagrément de trajets trop longs, mais guère plus. Après son divorce, Audrey avait mis une croix sur la vie en couple et, au fil du temps, elle avait vérifié que ce mode de vie lui convenait parfaitement. Elle avait les avantages d'une relation amoureuse sans les inconvénients. Comme, par exemple… cette sieste qui se prolongeait.

Et ces ronflements qui lui vrillaient les tympans.

Audrey quitta la cuisine où elle avait l'impression de manquer d'air et gagna le salon qu'elle arpenta d'un pas nerveux. Elle fut tentée d'entrer dans la chambre d'Anna, mais s'en abstint. Trop douloureux. Le lit, pas défait. L'ordinateur, peut-être encore en veille. Un jean abandonné par terre. Le moindre détail la ferait craquer.

Elle jeta un coup d'œil par la fenêtre. Le calme plat, dehors. Tous les magasins étaient fermés, à l'exception du fleuriste qui avait encombré le trottoir d'une série de pots de chrysanthèmes. Sinistres. Mais de rigueur. On était le 1er novembre.

Le jour des morts.

Audrey frissonna, sentit ses yeux se mouiller, son cœur se serrer, mais elle s'interdit à nouveau de céder à l'angoisse. Elle ne l'avait jamais fait. Quand on vit seule avec une adolescente, on se doit d'être forte. Quand on se retrouve seule du jour au lendemain avec une gosse de cinq ans, on se doit d'être forte. Quand son enfant souffre, des années durant, de peurs irraisonnées, on se doit d'être forte.

Elle n'allait pas flancher maintenant. Il lui fallait agir. Au lieu de rester là, à écouter les ronflements de son compagnon, en pensant au pire sans rien faire.

Par où commencer ?

Prévenir la police ? Oui, bien sûr. Mais que dirait-elle ? Comment répondrait-elle aux questions qu'on lui poserait ? Où Anna s'était-elle rendue ? À une fête ? Oui, mais encore ? Quelle était l'adresse de cette fête ? Y était-elle allée seule ou accompagnée ?… Audrey devrait avouer qu'elle n'en savait rien. Elle n'avait pas demandé à Anna l'adresse de cette soirée. Elle ne lui avait pas demandé qui l'invitait. Elle ne lui avait rien demandé. Strictement rien. C'est à peine si elle était capable de dire comment Anna était habillée en partant… La décontraction dont elle avait fait preuve frisait la désinvolture, l'inconscience. Une mère digne de ce nom ne se serait jamais comportée de la sorte. Mais comment expliquer à un individu *lambda*, qu'il fût policier ou non, qu'Anna n'était pas une adolescente comme une autre, qu'elle était incapable d'aller au-devant d'un quelconque danger ? Qu'elle souffrait d'une peur qu'on pouvait qualifier de chronique ? Qu'à seize ans, elle devait encore lutter contre les monstres de son enfance ? Comment expliquer qu'elle suivait un traitement, que si elle, sa propre mère, l'avait laissée ainsi filer sans lui demander aucune information, c'était sur les conseils d'un psychiatre ?

Impossible. Et quand bien même elle se résoudrait à expliquer tout cela, elle savait par avance ce qu'on lui rétorquerait. Une adolescente de seize ans qui ment à sa mère ? Qui prétend qu'elle dort chez une amie ? Rien de plus courant. Votre fille est avec son petit copain, madame. Elle a passé la nuit avec lui, et maintenant elle n'ose pas rentrer. Mais elle va sûrement se décider à le faire d'ici la fin de la journée. Il n'y a pas matière à s'inquiéter, il faut attendre… À moins qu'il ne s'agisse d'une fugue. Figurez-vous madame que, chaque année, les statistiques font état de 44 700 fugueurs, des adolescents pour la plupart.

Le seul mot de « fugue » la mettrait hors d'elle. Non ! Non ! Deux fugues dans la même famille, le père et la fille, à onze ans d'intervalle, impossible ! Il y en avait forcément une de trop. (Elle se garderait bien de préciser qu'à l'époque elle avait admis avec facilité, voire avec un certain soulagement, que son mari avait « fugué » pour disparaître de sa vie.)

Trop tôt en tout cas pour envisager la piste de l'enlèvement, lui assurerait-on. Hors de question de déclencher le plan Alerte Enlèvement. Les quatre critères requis par la loi n'étaient pas réunis. Certes, Anna était mineure, mais rien ne permettait d'affirmer qu'il s'agissait d'un enlèvement avéré et non d'une simple disparition, même inquiétante. Rien ne prouvait que sa vie ou son intégrité physique était en danger. Enfin, il n'y avait aucune information dont la diffusion permettrait de la localiser, elle, ou un éventuel suspect.

Pourtant, plus les heures s'écoulaient, plus Audrey était convaincue qu'il s'agissait d'un enlèvement.

Les vieilles peurs étaient de retour. Dans les premières années qui avaient suivi le départ de son ex-mari, elle avait souvent redouté que le père d'Anna ne revînt pour lui prendre sa fille. Elle se montrait vigilante alors. Puis, le temps passant, elle avait oublié le danger.

Et voilà qu'au moment où elle s'y attendait le moins, après onze ans d'absence, il était réapparu.

Mathias.

Pour une raison quelconque, de lui seul connue, il avait décidé de revenir et d'enlever sa fille.

Audrey réveilla Jocelyn et le pria, sans autre explication, d'aller terminer sa sieste chez lui. Elle avait besoin d'être seule. Elle allait prévenir la police. Mais auparavant, elle avait un autre coup de fil important à passer.

CHAPITRE 11

Le docteur Fournier quitta le laboratoire, situé dans la nouvelle aile de l'hôpital Pitié-Salpêtrière, et regagna les vieux bâtiments qui abritaient son ancien service. Il n'y travaillait plus, mais disposait encore de son bureau pendant quelques mois.

Le contraste était saisissant entre la nouvelle aile et l'ancienne. C'était comme changer subitement d'époque, passer d'une dimension à l'autre. D'un côté, des chambres vétustes à trois ou quatre lits qui, en dépit d'un entretien quotidien, paraissaient sales, et des patients errant en pyjama dans les couloirs. De l'autre, des locaux flambant neufs, un matériel à la pointe de la technologie, promesse de progrès prodigieux. Quant à lui, alors qu'il faisait la navette entre ces deux mondes, il lui arrivait parfois de ne plus savoir où se positionner. Si son esprit, son intellect se tournaient avec enthousiasme vers le laboratoire, son cœur restait attaché aux anciens locaux.

Le médecin se hâta vers son bureau dont il referma la porte derrière lui. Il disposait de peu de temps. La pause qu'il s'octroyait, en ce 1er novembre – jour férié pour les autres, pas pour lui – serait de courte durée. Ne voulant être dérangé sous aucun prétexte, il avait donné des consignes pour qu'on ne lui passe aucun appel téléphonique.

Il s'assit à son bureau et embrassa la pièce du regard, savourant, pendant quelques secondes, le spectacle de ce décor familier.

La pièce était dans une pagaille indescriptible. Fournier était censé déménager ses affaires d'ici une quinzaine de jours, mais il s'était borné à empiler par terre des montagnes de dossiers qu'il répugnait à faire entrer dans les quelques cartons que l'administration lui avait généreusement octroyés. Le sol était également jonché de revues, de livres, et il fallait slalomer judicieusement pour savoir où poser le pied.

Le médecin se remémora le premier rendez-vous avec Anna, trois semaines auparavant. Le temps était plus clément et le soleil d'octobre éclairait la petite fenêtre dont la pièce était dotée, caressant le visage de la jeune fille, assise là, en face de lui. Immobile, figée, mutique. Ça n'avait pas été facile de la mettre à l'aise, il avait dû épuiser toutes ses techniques d'approche. Murée dans le silence, l'adolescente jetait des coups d'œil répétés en direction de la porte, menaçant de fuir à tout moment. Mais le déclic avait fini par se produire et le contact s'était établi. Bien plus qu'il ne l'espérait.

Fournier demeura pensif un instant, un très bref instant, avant de se ressaisir. Il devait faire vite. Pour l'heure, c'était Anna enfant qui l'intéressait, pas l'adolescente. Furetant dans son fatras de papiers comme si ceux-ci étaient rangés selon un ordre rigoureux, il ne lui fallut pas plus de trente secondes pour retrouver son dossier complet. Le dossier médical, qu'il avait déjà parcouru avant de faire connaissance avec sa jeune patiente, et celui de la police, qu'il avait obtenu en faisant jouer ses relations et qui contenait tous les procès verbaux relatant la disparition du père d'Anna dans la nuit du 31 octobre 2006.

Fort de ce qu'il venait d'apprendre au cours des dernières heures, il devait relire l'un et l'autre avec un œil neuf.

Enfant Lefaure.

Fournier s'attarda un moment à observer la photo agrafée sur la couverture du dossier. On reconnaissait assez bien, dans le visage de la petite fille, celui de l'adolescente qu'elle était devenue. Même couleur de cheveux, un noir déjà très profond, qui accentuait la pâleur de son teint. De grands yeux ombrés de longs cils, noirs eux aussi. Les sourcils, pas encore épilés à l'époque, étaient fournis et se rejoignaient au-dessus de l'arrête du nez, durcissant le regard. Un regard maintenant adouci et mis en valeur par un maquillage discret sous l'arc finement dessiné des sourcils. L'enfant serrait contre elle un ours en peluche – elle avait dû refuser de s'en séparer devant le photographe. Fournier se souvint que, ici même, lorsque Anna avait commencé à lui raconter son cauchemar, elle avait saisi son sac à dos et l'avait serré très fort contre elle, exactement de la même manière.

Fournier caressa du doigt la photo, puis, s'efforçant une nouvelle fois de ne pas se laisser aller à la rêverie – on l'attendait de pied ferme au laboratoire – il entama sa lecture.

Les premiers rapports étaient datés du 20 novembre 2006.

La petite Anna, cinq ans, consulte à ce moment-là dans un service de pédopsychiatrie. Nous sommes dans les premières semaines qui suivent le départ de son père. Anna est sujette à des crises récurrentes. Chaque nuit, deux ou trois heures après s'être endormie, elle pousse un hurlement, un véritable cri de panique. Yeux écarquillés et fixes, visage exsangue, respiration haletante, elle hurle sans discontinuer et sa mère a un mal fou à la calmer. Une fois la crise passée, Anna se rendort et n'en garde aucun souvenir.

Terreurs nocturnes de fréquence pathologique. Tel était le diagnostic figurant en conclusion du rapport.

Fournier parcourut plus rapidement la suite du dossier. Comptes rendus détaillés des séances de thérapie. Dessins de la fillette. Jeux qu'elle affectionnait… Il remarqua que la psychologue, à l'époque, s'était surtout attachée à rassurer la mère de sa petite patiente en lui prodiguant de nombreux conseils, en lui affirmant que, pour spectaculaires qu'elles fussent, ces terreurs nocturnes n'étaient pas dangereuses et disparaîtraient lorsque Anna grandirait.

Baratin. Rassurer la mère pour guérir l'enfant. Quitte à masquer la véritable souffrance de cette dernière. Fournier sentit l'irritation le gagner. Et ce qu'il lut par la suite n'arrangea rien.

Les terreurs nocturnes d'Anna, écrivait sa collègue, étaient l'expression d'un conflit intérieur provoqué par le départ du père, alors que l'enfant avait une relation fusionnelle avec lui. Les dates des rapports prouvaient que les séances s'espaçaient, puis s'arrêtaient, Anna étant déclarée guérie. En guise de preuve : la comparaison des dessins faits au début des séances – sombres, aux couleurs dures – avec ceux réalisés en fin de parcours. Les mêmes, avec des couleurs plus vives, quelques petites fleurs jetées par-ci par-là, un bon gros soleil bien jaune dans un ciel bleu.

Terreur nocturne. *Terreur.* Le mot était éloquent. Comment pouvait-on considérer qu'une terreur était anodine, qu'elle passerait avec l'âge, comme un caprice ?

CHAPITRE 11

Fournier passa à la deuxième partie du dossier.

On aurait pu l'intituler : *Anna, le retour.*

Car la fillette, après une rémission de trois ans, avait de nouveau fréquenté un service de pédopsychiatrie. Elle était âgée cette fois de huit ans et souffrait de cauchemars récurrents. On avait encore rassuré la mère d'Anna. Le cauchemar était l'expression d'une angoisse de séparation. Le thème de l'enlèvement y était omniprésent, surtout chez les petites filles. Ensuite, même chose que précédemment : les séances s'espaçaient, puis s'arrêtaient. Lors de la dernière séance, Anna avait, précisait la thérapeute, apporté les livres que lui avait offerts son père et qu'elle avait l'habitude de lire avec lui. Des contes. *Cendrillon*, *Barbe bleue*, *La Belle au bois dormant*, *La Belle et la Bête*. C'étaient eux, les coupables. Leurs pages enfermaient les monstres de ses cauchemars. Anna les avait abandonnés, elle n'en voulait plus. Le trait était tiré, la rupture consommée. Et la guérison assurée.

Si ce n'est que, huit ans après, Anna passait la porte de son bureau. Tourmentée par le même cauchemar, en proie aux mêmes symptômes d'angoisse et de peur.

Aucun thérapeute n'avait affirmé à la petite Anna qu'elle disait la vérité, que, oui, les monstres existent et qu'à deux il est plus facile de les combattre. Ce qu'il avait fait, lui… Mais la guérison n'était pas assurée pour autant. Car ce qu'il supposait tout à l'heure, en quittant le laboratoire, venait à présent de se confirmer : le cauchemar récurrent d'Anna n'était pas la conséquence d'une simple phobie. Il avait un caractère post-traumatique. L'enfant avait dû être témoin d'un événement bien précis. Elle avait vu quelque chose.

Quoi ?

Fournier revint à la photo d'Anna et fixa son attention sur

l'ours en peluche. Ce « doudou » avait sûrement, à maintes reprises, recueilli les confidences de la petite. Et si la petite avait vu quelque chose, lui aussi en avait été témoin. Si seulement il avait été doté d'un micro ! Ou d'une caméra ! Anna ne s'était pas débarrassée de cet ours, comme elle l'avait fait des livres de contes. Où était-il à présent, ce bon vieux « nounours » ? Anna l'avait-elle conservé ou avait-il fini à la poubelle, dans un vide-grenier quelconque ?

Fournier repoussa la photo et passa au dossier de la police qu'il ouvrit sans plus tarder.

CHAPITRE 12

Le premier procès verbal rapportait le témoignage d'un voisin de Mathias. C'est lui qui avait alerté la police, la fameuse nuit du 31 octobre 2006. Date fatidique pour Anna.

Christophe Perrin, quarante-cinq ans, marié, deux enfants, est avocat. Il dirige un cabinet important, réputé. Ses clients, de dangereux criminels, sont pour la plupart incarcérés à Fresnes.

Au cours des semaines qui précèdent les faits, Perrin fait connaissance avec Mathias, qui vient d'emménager dans la maison juste à côté de celle qu'il occupe lui-même depuis peu. Ils se découvrent rapidement des atomes crochus. Leurs situations respectives sont similaires. Mathias vient de divorcer d'avec sa femme, Perrin, lui, est momentanément séparé d'avec la sienne. De fil en aiguille, les deux voisins tissent des liens d'amitié.

Quelques jours avant les faits, Mathias, jusque-là dépressif, (il a divorcé contre son gré et ne supporte pas d'être séparé de sa fille dont il n'a pas obtenu la garde), semble remonter la pente. Sa femme a enfin consenti à lui laisser Anna pendant les vacances de la Toussaint. Il est ravi. Avant l'arrivée de la petite, des travaux sont réalisés dans sa chambre afin de la rendre plus accueillante. Tout se passe au mieux. Cinéma, zoo, parc, balade en bateau-mouche. Mathias est un vrai papa poule. Comme beaucoup d'enfants de son âge, Anna rechigne à se coucher le soir, elle se plaint de bruits qui lui font peur : les craquements du vieux plancher, le ronronnement de la chaudière, etc. Elle attribue ces bruits à la présence d'un monstre dans sa chambre. Patient, Mathias trouve toujours les mots pour rassurer sa fille.

Si bien que Perrin ne comprend pas ce qui a pu se passer cette nuit-là.

Il est deux heures du matin lorsque, tout à coup, il est réveillé par des cris stridents. Ce sont ceux d'Anna, il les reconnaît pour les avoir déjà entendus – le mur mitoyen aux deux maisons n'est pas très épais. Sur le moment, il n'y prête pas attention outre mesure, la petite doit faire un cauchemar, comme cela lui arrive de temps en temps. Mais les cris se prolongent, gagnent en puissance et ça, c'est inhabituel. Mathias n'arriverait-il pas à calmer sa fille ? Serait-elle malade ? Perrin se lève et, sans plus tarder, va sonner chez son voisin. Pas de réponse. Derrière la porte, les cris, de plus en plus alarmants. Il utilise alors le double des clés que Mathias lui a confié.

Il entre et trouve la maison vide. La petite Anna est seule, dans sa chambre. Dressée sur son lit, terrorisée, elle désigne du doigt le placard et ne cesse de hurler la même phrase : « Le croque-mitaine ! L'ogre ! Il a mangé papa ! » Perrin la rassure : « Mais non voyons, ton papa a dû sortir un moment, il va revenir… » La petite ne se calme pas et Perrin se trouve vite désemparé. Il patiente environ une demi-heure. Plusieurs détails l'alertent : il remarque que la bouteille de scotch que Mathias avait remisée au placard est de nouveau sur son bureau. Vide. Ainsi qu'un paquet de cigarettes, vide lui aussi. Autant de signes prouvant que Mathias, cette nuit-là, a renoué avec ses mauvaises habitudes. Sa veste n'étant pas accrochée au portemanteau, Perrin en déduit qu'il est sorti acheter de l'alcool ou du tabac. Il l'appelle sur son portable, mais il repère l'appareil sur le bureau. Mathias ne l'a pas pris. Le temps passe et l'état de panique d'Anna devenant plus que préoccupant, Perrin décide de prévenir la police, ainsi que l'ex-femme de Mathias.

Les policiers. Ils sont deux. Le commissaire Vidal, accompagné d'un stagiaire, Matteo Ferreira. Ils arrivent une vingtaine de minutes avant la mère d'Anna.

Après avoir écouté le témoignage de Perrin, ils veulent entendre celui de l'enfant. Capital. Elle seule est en mesure de révéler ce qui s'est passé. Mais la petite est en état de choc. Prostrée sous l'évier de la cuisine – Perrin explique que, le temps d'appeler la police, elle lui a lâché la main et est allée se cacher à cet endroit – elle tremble de tous ses membres et ne fait que marmonner d'une voix atone des paroles incompréhensibles. Le commissaire Vidal n'insiste pas. Dès qu'il s'approche de l'enfant, elle hurle. Mieux vaut attendre l'arrivée de sa mère. Celle-ci parviendra peut-être à la faire parler.

Mais ce n'est pas le cas. Si Anna se calme en voyant sa mère, elle ne desserre plus les lèvres. Réfugiée dans ses bras, la tête enfouie contre sa poitrine, elle demeure mutique.

Quant à Audrey, elle est hystérique. Ses paroles sont entrecoupées de sanglots. Le choc, la peur, après coup. Elle ne cesse de remercier Perrin. S'il n'avait pas été là, Dieu seul sait ce qui serait arrivé à sa fille ! Une enfant de cinq ans, seule dans une maison qu'elle connaît à peine, à deux heures du matin ! Elle aurait pu mettre le feu ! Elle aurait pu décider de suivre son père et sortir elle aussi ! Auquel cas, elle se serait perdue ! Ou aurait été renversée par une voiture !…

Le commissaire Vidal comprend qu'il est inutile d'interroger Audrey Caron cette nuit, il préfère la convoquer le lendemain. Il prie son jeune stagiaire de raccompagner la mère et l'enfant à leur domicile. Le témoignage de Perrin suffira pour l'instant. Il se charge, pour sa part, de rester sur les lieux afin d'inspecter la maison.

La maison. Rue Jean-Jaurès, à Aubervilliers.

Le dossier en contient quelques photos.

Une vieille masure à l'abandon dans un quartier sinistre. Le premier étage n'est pas habité. Seules trois pièces sur six sont à peu près viables. La chambre d'Anna, la cuisine et le rez-de-chaussée, où Mathias s'est aménagé un espace de travail. Un ordinateur posé sur un tréteau, des livres empilés au sol, un canapé-lit et, au mur, un cadre en bois, assez grand, mais qui n'encadre rien, et dont on se demande bien l'utilité. Seule la chambre d'Anna est accueillante.

Perrin explique au commissaire que Mathias a acheté la maison à un prix très compétitif, en raison de l'importance des travaux qu'elle nécessitait – travaux qu'il avait bien l'intention de réaliser par la suite. « Ce n'était pas du laisser-aller, c'était provisoire », précise-t-il, soucieux de donner une meilleure image de son ami.

Les vêtements de Mathias sont encore dans les cartons. Il n'a rien déballé ou presque. Une brosse à dents, un rasoir, une serviette de toilette, un gant, posés à même le sol dans une salle de bains délabrée. Pas même un miroir au-dessus du lavabo ébréché. Quelques pulls et un jean sont jetés sur le dossier d'une chaise. Le strict nécessaire, guère plus. Le commissaire examine rapidement le contenu de l'ordinateur. Il n'y trouve que les fichiers des romans de Mathias, ainsi que des courriers adressés à son avocat, à l'avocat de sa femme, à celle-ci surtout. Lettres d'amour alternent avec lettres d'insultes. Le commissaire Vidal cherche un mot d'adieu, quelque chose qui expliquerait ce départ. Il n'en trouve pas. Du moins pour l'instant. L'ordinateur sera saisi pour un examen plus approfondi. De même que le portable de Mathias, afin d'effectuer un historique de ses appels et textos.

Aucune trace de lutte ou d'effraction dans la maison, rien qui puisse prouver l'intrusion d'un étranger, un cambrioleur ou un agresseur quelconque.

L'opinion du commissaire Vidal est déjà quasiment faite. Son expérience lui suggère qu'il s'agit d'un départ volontaire. Une fugue.

Le témoignage d'Audrey Caron est recueilli le lendemain des faits. Son ex-mari était, affirme-t-elle, dépressif depuis longtemps déjà. Pas seulement à cause du divorce, il y avait aussi sa situation professionnelle. Après un gros succès, les deux derniers romans de Mathias se vendaient mal, et il n'arrivait plus à écrire. Il passait des journées entières assis à son ordinateur, devant un écran vierge, tapant une suite de phrases et les supprimant immédiatement après. Ça le rendait malade. Pris de bouffées d'angoisse, il s'était mis à boire. Audrey lui avait suggéré de reprendre son ancien métier d'enseignant, mais il avait refusé. Ses relations avec Anna ? Excellentes, elle devait le concéder. Sur ce point, elle n'avait rien à lui reprocher, si ce n'est qu'il la gâtait à outrance, tant il était en adoration devant sa fille.

Suivait un second témoignage, qui corroborait celui d'Audrey. L'éditeur de Mathias confirmait que les droits d'auteur de celui-ci s'étaient peu à peu réduits à une peau de chagrin. Qu'il réclamait sans cesse des avances sur ses droits et que la maison avait fini par les lui refuser.

Il se dégageait ainsi des divers témoignages un portrait que le commissaire Vidal jugea typique : dépression nerveuse, dettes – car Mathias en avait, la banque révéla que les premières traites pour l'achat de la maison n'avaient pas été honorées – d'où le désir de fuir. De disparaître. Courant. On comptait des centaines de cas similaires chaque année.

Il n'y eut pas de mise sous scellés de la maison, à peine deux ou trois jours. On entra Mathias dans le FPR (fichier des personnes recherchées). Point final. Onze ans après, il devait toujours s'y trouver…

Parcourant la suite du dossier, Fournier remarqua de nombreux courriers de relance évoquant certains points précis : qu'avait donné l'examen de l'ordinateur de Mathias, de son portable, de ses relevés de banque ? Tous émanaient du jeune stagiaire Ferreira. Et ils étaient restés lettre morte.

Ainsi le seul à avoir voulu pousser plus loin les investigations était un simple stagiaire. Excès de zèle pour obtenir une bonne note à son rapport de stage ? Ou avait-il flairé quelque chose ?

Fournier quitta son bureau et fit une incursion dans le box des infirmières. Utilisant l'ordinateur qui s'y trouvait, il fit des recherches sur Internet et obtint rapidement quelques renseignements sur le commissaire Vidal. Cependant les divers coups de fil qu'il passa ensuite lui apprirent que ce dernier avait pris sa retraite à l'étranger huit ans auparavant, et qu'il était décédé depuis peu.

CHAPITRE 12

Sans lâcher le morceau, Fournier entreprit d'autres recherches et trouva la trace du dénommé Ferreira dans les fichiers de l'école nationale de police de Cannes-Écluse, dont il était sorti major. Depuis, le jeune homme avait fait du chemin. Un sacré bout de chemin ! Il était maintenant commandant à la brigade criminelle.

« Bon à savoir », pensa Fournier, songeur. Son portable vibra dans sa poche. Ce n'était pas un appel, mais l'alarme qu'il avait programmée pour lui rappeler qu'il était temps de reprendre le chemin du laboratoire. Ce qu'il fit aussitôt. Il n'avait pas encore franchi la porte battante, au bout du couloir, qu'une infirmière l'interpella.

— Docteur Fournier, on vous demande au téléphone !

— Non, non, je ne suis là pour personne, je vous l'ai déjà dit, répliqua-t-il, agacé.

— Mais c'est que… ça a l'air urgent.

— Qui est-ce ?

— Audrey Caron, répondit l'infirmière. Elle insiste vraiment. Elle a l'air complètement paniquée.

Fournier hésita. Un coup d'œil sur sa montre lui indiqua qu'il devait se presser, qu'il ne devait plus perdre de temps, mais il revint sur ses pas et prit l'appel.

CHAPITRE 13

— Si l'on fait exception de sa mère, vous êtes la dernière personne à avoir vu Anna. Vous aurait-elle dit quelque chose de particulier ?

— Non, c'est vous qui avez vu Anna en dernier lieu. Et je vous retourne la question : que vous a-t-elle dit ?

Ferreira fronça les sourcils et porta un regard interrogatif sur Fournier.

— Je vous demande pardon ?

— Que vous a dit Anna la dernière fois que vous l'avez vue ? répéta le médecin.

Désarçonné, Ferreira ne sut que répliquer. L'entretien prenait une tournure pour le moins inattendue.

La veille au soir, il avait reçu, à son domicile, un coup de fil d'une dénommée Audrey Caron. Il n'avait tout d'abord rien compris à ce que cette femme lui racontait. Elle s'était à peine présentée, comme s'ils se connaissaient de longue date. Puis, peu à peu, il l'avait remise. Audrey Caron. La mère de la petite Anna, cette enfant dont le père était brusquement parti, une nuit. Cette nuit qui fut, à l'époque, sa première sur le terrain. Paniquée, Audrey lui avait expliqué qu'elle n'avait pas de nouvelles de sa fille depuis plus de vingt-quatre heures et l'avait supplié de tout mettre en œuvre pour la retrouver. Alors qu'il lui posait les questions de routine, elle lui avait affirmé qu'un certain docteur Fournier lui communiquerait des renseignements pour élaborer un début de piste. Il avait aussitôt appelé le psychiatre afin de convenir d'un rendez-vous. Ensuite, mettant à profit quelques heures d'insomnie, il avait fait des recherches. (Comme Fournier de son côté, mais il l'ignorait.) Une infinité de liens s'étaient affichés à l'écran lorsqu'il avait tapé le nom du psychiatre sur Google. Fournier était un praticien très renommé, dont les méthodes, jugées peu orthodoxes au début, avaient fait leurs preuves et étaient saluées par l'ensemble de la profession. Il se déplaçait dans le monde entier, en Californie notamment, à Berkeley où, précisait l'un des articles, il avait entrepris récemment des travaux de recherche dans un domaine très pointu. Ferreira n'avait pu lire qu'une infime partie de ce que proposait le moteur de recherche, mais cela lui avait suffi pour se faire une idée du personnage : un brillant intellectuel, au profil très original.

Or il se demandait maintenant si son interlocuteur n'était pas un peu plus qu'original.

Il avait également appris que Fournier avait largement dépassé l'âge de la retraite, qu'au lieu de prendre un repos bien mérité il travaillait encore, s'attelait même à un nouveau projet de grande envergure. Le vieil homme qu'il avait en face de lui semblait faire preuve d'un dynamisme certain. Tenue impeccable quoique surprenante – costume gris anthracite, chemise blanche et nœud papillon. Mais son visage, marqué, accusait une fatigue évidente, comme s'il n'avait pas fermé l'œil de la nuit.

CHAPITRE 13

— Il doit y avoir un malentendu, risqua Ferreira avec prudence. Vous n'êtes sans doute pas au courant, j'ai dû omettre de vous le préciser hier au téléphone, mais la dernière fois que j'ai vu Anna, elle avait cinq ans. C'était il y a onze ans. Et l'enquête en cours ne portait pas sur sa disparition, mais sur celle de son père.

— Justement ! Justement ! renchérit Fournier. C'est le passé qui m'intéresse ! Le passé d'Anna est la clé de son présent ! Je le répète donc, vous êtes le dernier à avoir vu Anna. L'enfant Anna. Souvenez-vous, Matteo… Vous permettez que je vous appelle Matteo, n'est-ce pas ? Souvenez-vous ! poursuivit-il sans laisser à l'intéressé le temps de répliquer. J'ai eu accès aux procès verbaux de la police relatant la disparition du père d'Anna et je les ai minutieusement étudiés. Je fais référence à un moment précis lorsque, dans la nuit du 31 octobre 2006, après les premières constatations, le commissaire Vidal vous demande de raccompagner Anna et sa mère chez elles. Vous êtes alors seul dans la voiture avec la petite et Audrey. Que se passe-t-il exactement ? Est-ce qu'Anna vous parle ? S'adresse-t-elle à vous d'une quelconque manière ?

Fournier fixa son interlocuteur sans ciller, attendant sa réponse avec une impatience marquée. Il avait de petits yeux bleus, vifs, pétillants, perdus sous une masse de sourcils blancs et fournis qui intensifiaient leur clarté. Ils étaient si touffus qu'ils paraissaient aussi artificiels que sa chevelure, blanche, longue, incroyablement épaisse pour un homme de son âge. Ferreira en conçut une pointe de jalousie, lui qui, à trente-deux ans, arborait un crâne chauve. Sa calvitie n'était pas souhaitée et ne correspondait à aucun désir de sacrifier à la mode. Il avait commencé à se dégarnir très tôt. D'abord complexé par cette calvitie aussi précoce que soudaine, il l'assumait à présent. Associée à un corps râblé, tout en nerfs, elle donnait à son physique un caractère intimidant, souvent utile dans l'exercice de sa profession.

Ferreira eut du mal à soutenir le regard de son interlocuteur. Il éprouvait un léger malaise. Il attribua cette gêne subite à l'exiguïté de la pièce. Derrière la porte restée ouverte, il apercevait une partie du service de psychiatrie. Notamment une salle où trônait une télévision qui braillait. Quelques malades y étaient rassemblés. C'était visiblement l'heure du goûter. Tout le monde se pressait autour d'un chariot proposant boissons et pâtisseries. Une odeur de café brûlé, écœurante, se faufila jusqu'à lui et il sentit son estomac se nouer.

— Je ne comprends pas bien ce que vous essayez de me dire, reprit-il en s'efforçant de masquer son embarras.

— C'est pourtant simple. Je veux que vous vous souveniez de la nuit du 31 octobre 2006. Il est écrit là, (Fournier tapota du doigt une feuille posée sur son bureau) que vous avez raccompagné Anna et sa mère chez elles, vous étiez seul avec elles. Je voudrais savoir ce qui s'est passé.

— Mais comment voulez-vous que je m'en souvienne ? Je vous répète que c'était il y a onze ans !

— Vous voulez bien essayer tout de même ?

Fournier avait changé de ton. Sa voix était plus ferme et il ne souriait plus.

— C'est important. Pour vous, pour moi. Pour Anna, surtout.

« Incroyable, se dit Ferreira. Je suis venu pour l'interroger, et c'est lui qui… »

Il n'alla pas au bout de sa réflexion. Il allongea les jambes – autant que le lui permettaient les piles de dossiers posées au pied du fauteuil dans lequel il était assis – s'efforça de se détendre et fit peu à peu abstraction des bruits dans le couloir, de l'odeur de café brûlé, de tout ce qui le gênait. Sans pouvoir s'expliquer comment, sans même chercher à le savoir, il parcourut avec une facilité surprenante le chemin qui le ramena onze ans en arrière.

Il se plongea dans le contexte de cette nuit du 31 octobre. Au moment où il s'était trouvé dans la voiture avec Anna et sa mère.

Il se vit, au volant. La petite était sur la banquette arrière. Blottie contre sa mère, immobile, inerte. Elle ne répondait ni aux paroles de réconfort ni aux gestes de tendresse de cette dernière. Ses yeux étaient rivés sur le rétroviseur. Sur lui.

— Elle avait les yeux écarquillés. Elle avait un regard étrange, fixe, dit Ferreira, surpris de s'entendre parler, alors qu'il se croyait perdu dans ses pensées. Vous savez, docteur, à l'époque, j'étais un élève très studieux, avide de connaissances. Je lisais beaucoup, et pas seulement les manuels fournis par l'école de police. Vous allez trouver ça idiot, mais les yeux de la petite Anna, ce soir-là, ses pupilles dilatées à outrance, m'ont fait penser à ce mythe comme quoi la rétine d'une victime enregistrerait les dernières images avant un meurtre et photographierait ainsi son assassin.

— Votre remarque n'a rien d'idiot, bien au contraire, affirma Fournier. Anna avait allumé les pleins phares.

— Les pleins phares ?

— C'est ainsi qu'on appelle, dans le jargon médical, la dilatation excessive de la pupille. C'est une caractéristique du regard des enfants en proie aux terreurs nocturnes. Ce qui était bien le cas d'Anna, au sens propre du terme, pas au sens médical. *Terreur nocturne*, répéta-t-il en détachant les deux mots. Nocturne, parce que c'était la nuit, tout bêtement, et terreur, parce que cette enfant a été terrifiée par quelque chose.

Quelque chose…

— Qu'elle a vu, conclut Ferreira à sa place.

— Exactement ! Qu'est-ce que c'était ?

Ferreira haussa les épaules en signe d'ignorance.

— Je n'en sais rien. J'ai eu ce sentiment cette nuit-là, mais je serais incapable de vous dire pourquoi. C'était davantage une intuition. L'affaire a été rapidement classée, je n'ai pas eu tous les éléments en main. Je ne me suis pas occupé du dossier, mon stage se terminait. Dès le mois suivant, je suis retourné à l'école de police et je n'ai plus eu d'informations.

— Pourtant, vous ne l'avez pas oubliée, cette affaire, pas vrai ? Vous y avez pensé plus d'une fois ? Il est souvent revenu vous hanter, le visage de la petite Anna terrorisée ?

— Oui, oui, acquiesça Ferreira dans un murmure, refoulant une émotion soudaine. (Il dut s'éclaircir la voix avant de poursuivre.) D'ailleurs, durant les deux années qui ont suivi, j'ai pris contact avec Audrey à plusieurs reprises. Pour avoir des nouvelles de la petite, savoir si tout était rentré dans l'ordre. Au début, Audrey répondait assez volontiers à mes appels téléphoniques, et puis le temps passant, j'ai compris qu'elle préférait ne plus me revoir. Pour elle, son mari était parti, point final. Elle préférait oublier, tirer un trait sur le passé, c'était compréhensible… Jamais je n'aurais cru qu'un jour elle m'appellerait pour m'apprendre qu'Anna avait à son tour disparu ! J'ai besoin de quelque chose, docteur Fournier, un début de piste pour divulguer un avis de recherche, pour lancer l'enquête. Alors dites-moi, c'était quoi au juste, cette soirée où Anna devait aller ? Selon Audrey, elle vous en aurait parlé. Que vous a-t-elle dit ? Vous a-t-elle précisé où elle avait lieu ? A-t-elle mentionné qu'elle y allait avec quelqu'un ? Est-ce qu'elle a dit qui l'invitait ? Il me faut absolument quelque chose !

CHAPITRE 13

Fournier nota le changement de ton. Il n'avait plus en face de lui le jeune et timide stagiaire qu'il avait réussi, l'espace de quelques instants, à faire surgir du passé, mais le commandant, sûr de lui, doté d'expérience, habitué à mener des interrogatoires et à obtenir des résultats. Ce dernier ne l'intéressait pas. Pas pour l'instant.

— Pour moi, ce n'était qu'une soirée virtuelle, dit-il négligemment. Un rendez-vous qu'Anna s'était elle-même donné avec sa peur. Une sorte de pari. J'ignore ce que vous a dit Audrey lorsqu'elle vous a téléphoné, mais vous devez en tout cas savoir qu'Anna ne s'est jamais remise. Elle a suivi plusieurs psychothérapies, aucune n'a porté ses fruits. C'est une jeune fille comme les autres en apparence, mais au fond d'elle il y a toujours l'enfant traumatisée par ce qu'elle a vu. Je vous répète que la clé de l'énigme se trouve dans le passé. C'est en fouillant dans la disparition du père qu'on découvrira le lien avec celle de la fille. Revenons donc à ce qui nous intéresse, si vous le voulez bien… Revenons à vos souvenirs, Matteo ! Je veux que vous vous remémoriez maintenant le moment où vous arrivez dans la maison de Mathias avec le commissaire Vidal. C'est le voisin qui a donné l'alerte et qui vous ouvre la porte. Où se trouve Anna, à ce moment-là ? Que fait-elle ? Qui regarde-t-elle ? Dit-elle quelque chose ?

Fournier avait, à son tour, changé de ton. Ses dernières phrases n'étaient pas de simples questions. Ferreira n'eut d'autre choix que d'y répondre. Le bruit, l'agitation dans le couloir, l'hôpital et son brouhaha incessant, dont il venait à peine de reprendre conscience, s'estompèrent à nouveau et firent place au silence et au vide de la maison, à Aubervilliers, rue Jean-Jaurès.

Ferreira se vit, passant la porte. Le voisin, comment s'appelait-il déjà ?…

— Perrin.

— Oui, c'est ça, Perrin, répéta-t-il, notant vaguement que son interlocuteur avait deviné ses pensées. Perrin nous expose la situation. Quant à la petite, nous la trouvons dans la cuisine, recroquevillée dans un placard sous l'évier. Elle tremble de tous ses membres. Elle a… ce regard que j'ai évoqué tout à l'heure. Elle parle, oui, ou plutôt, elle marmonne. Elle répète une phrase en boucle.

— Quelle phrase ?

— Elle dit que… que l'ogre, le croque-mitaine, a dévoré son père.

— Attendez, Matteo ! Elle le dit vraiment ainsi ? Elle vous regarde, vous, ou le commissaire, en disant « Le croque-mitaine a dévoré mon papa » ?

— Non, c'est Perrin qui nous explique qu'elle répète ça depuis qu'il est entré dans la maison. Il nous traduit ses mots en quelque sorte.

— D'accord, mais maintenant que vous êtes là, c'est différent. Maintenant, Anna dit peut-être autre chose. Quoi ?

— Je ne sais pas. Je m'agenouille à côté d'elle pour mieux entendre ce qu'elle dit, mais sa voix est subitement couverte par celle de sa mère, qui vient d'arriver. Nous, nous n'avons pas remarqué ce détail, mais sa mère, si, elle est effrayée parce que, voulant mettre des chaussettes à la petite qui est pieds nus, en pyjama et qui grelotte de froid, elle voit du sang sur la plante de son pied.

— Du sang ?

— Oui, oui, mais… Mais ce n'est rien, une écharde, ou un bout de verre… Oui, je crois que c'est ça. La petite a marché sur du verre brisé, soit dans la cuisine, soit là, dans la pièce du rez-de-chaussée. Audrey montre un cadre, sur un mur, qui était à l'origine un miroir, lequel miroir se serait cassé. Elle crie qu'Anna aurait pu se blesser. Elle peste contre la négligence de son mari, ce genre de choses, et…

Ferreira s'interrompit et se retourna brusquement. Encore ce fichu bruit, dans le couloir ! Deux garçons, des patients probablement, bien qu'ils ne fussent pas en pyjama comme les autres, mais habillés – l'un portant un pantalon beige et un polo blanc, l'autre un jean noir troué aux genoux et un tee-shirt noir – étaient en train de se disputer. Jeunes, dix-sept, dix-huit ans tout au plus, penchés sur une tablette tactile que l'un d'eux tenait en main, ils jouaient à un jeu vidéo et n'étaient visiblement pas d'accord sur la stratégie à adopter. Le ton commençait à monter sérieusement. Ferreira les observa un instant, puis revint sur Fournier et secoua la tête.

— Je ne sais pas ce qu'Anna a dit ! conclut-il. Je vous le répète, la voix de sa mère couvrait la sienne. Et puis de toute façon, elle s'exprimait dans un langage incompréhensible, ce n'était qu'une suite de syllabes !

— Répétez-les, ces syllabes !

— Mais j'en suis incapable !

— Si, vous en êtes parfaitement capable ! Faites un effort !

Nouveau coup d'œil de Ferreira en direction du couloir. Il croisa cette fois le regard de l'un des garçons, celui vêtu de clair. Ce dernier dut prendre conscience, à cet instant, de la gêne que son compagnon et lui occasionnaient, car il lui donna un grand coup de coude. « Mets-la en sourdine ! » ordonna-t-il. Le policier lui en sut gré. Il jeta ensuite un coup d'œil à la fenêtre. Fermée. Pourtant, il avait soudain très froid.

Comme cette nuit-là.

Après le trajet en voiture. Il se vit, attendant sur le trottoir jusqu'à ce que la mère et la fille soient entrées dans leur immeuble. Mieux, jusqu'à ce qu'elles s'engouffrent dans l'ascenseur. Il veut les savoir à l'abri, dans leur appartement. S'il le faut, il attendra encore et guettera une lumière, à l'étage… Tout à coup, les frissons et la sensation de froid s'estompent. Ferreira est subitement réchauffé par le contact d'un vêtement. On dirait de la fourrure. On dirait… une peluche. Il s'agit de l'un et de l'autre. La peluche, c'est un petit ours qu'Anna serre contre elle, et la fourrure, le manteau qu'elle porte. L'enfant est dans ses bras. Au dernier moment, elle a lâché la main de sa mère, a brusquement fait demi-tour et couru jusqu'à lui pour se pendre à son cou. Elle lui parle, à lui. Elle lui chuchote quelque chose à l'oreille. Elle répète une phrase étrange.

— Elle m'a dit… Elle m'a dit…

— Quoi ? dit Fournier, saisissant déjà un stylo et un bout de papier pour prendre des notes.

Ferreira comprit qu'il avait à nouveau parlé à voix haute, quasiment à son insu.

— Qu'est-ce qu'Anna vous a dit ? insista Fournier.

— Rien ! Rien ! Ce n'était que du charabia ! s'exclama Ferreira, exaspéré.

— Du charabia ? Un galimatias ? Une salade de mots ?

Ferreira hocha la tête.

— Vous êtes sûr que vous ne pouvez pas le répéter ?

— Non, désolé.

— Dommage ! s'exclama Fournier en contemplant avec une déception marquée son papier qui resterait vierge. Ce devait être de la glossolalie.

— La glossolalie, ce n'est pas ce qu'on appelle « le langage des anges » ?

— Oui, ou encore, en termes moins poétiques, le langage des malades délirants. C'est une langue nouvelle qu'ils créent, et ils n'en réservent l'usage qu'à quelques intimes, fort rares. Or c'est à vous qu'Anna a parlé, cette nuit-là, elle vous a choisi, elle a voulu vous faire passer un message.

— Quel message ?

— Je n'en sais rien. Il m'aurait fallu l'avoir sous les yeux, cette fameuse phrase, pour la décrypter, la décoder. La glossolalie est une langue relativement cohérente sur le plan grammatical, mais la syntaxe et le vocabulaire sont très particuliers. Le médecin ne peut la traduire que s'il perçoit les règles propres à son malade.

Fournier s'interrompit et repoussa son bloc-notes, désespérément vierge. Il se perdit dans une longue rêverie avant de reprendre la parole.

— Anna vous a confié un secret, Matteo. Un secret que vous deviez être le seul à entendre. Elle se méfiait.

— Mais de qui ?

— Je l'ignore.

— Sa mère était présente. Il aurait été plus logique qu'elle se confie à elle, non ? À cet âge-là, on n'a pas de secrets pour sa mère.

— Je pense que la phrase qu'elle vous a murmurée à l'oreille est la même que celle qu'elle répétait lorsque vous l'avez découverte sous l'évier de la cuisine.

— Mais là encore, elle n'était entourée que de personnes de confiance : son voisin, le commissaire….

— Son voisin, je vous l'accorde, elle le connaissait bien puisque son père et lui étaient très liés, mais Vidal était un étranger, elle n'était pas en mesure de savoir qu'il venait pour l'aider. Et puis on peut supposer qu'il y ait eu un agresseur dans la maison, et que celui-ci était toujours à proximité, dissimulé quelque part.

— Nous n'avons trouvé aucune trace d'effraction.

— Mais si l'agresseur était connu de Mathias, cela expliquerait l'absence d'effraction ?

— Je suppose que Vidal a dû tenir compte de cette hypothèse et qu'elle ne l'a mené à rien.

— Vous supposez. Vous n'en êtes pas sûr.

Il y eut un bref silence. Ferreira devait admettre que le psychiatre avait raison. La disparition du père d'Anna n'avait été qu'une suite de suppositions. Il n'y avait jamais eu aucune certitude.

— Pourquoi m'avoir choisi, moi ? reprit-il.

— Je n'en sais rien, une sorte d'instinct qui a dicté à cette enfant qu'elle pouvait vous faire confiance. Ou tout simplement, elle se sentait proche de vous car vous étiez le plus jeune… Vous aviez quoi, une vingtaine d'années à l'époque, c'est bien ça ? Vous avez des enfants, Matteo ? enchaîna Fournier.

— Quel rapport avec notre affaire ?

— Simple curiosité !

— Non, je n'en ai pas.

— Vous comptez en avoir ?

— Je vous vois venir, docteur. Vous allez me dire que j'ai été traumatisé moi aussi, que depuis cette nuit-là je refuse l'idée d'être père, parce que mon métier ne s'y prête pas, parce que, comme Mathias, je n'ai pas envie de divorcer, d'être séparé de mon enfant, de l'abandonner… de…

Se rendant compte qu'il s'était emporté et qu'il en avait dit bien plus qu'il n'aurait voulu, Ferreira s'interrompit.

— Et puis d'abord, comment est-ce que j'en suis venu à vous parler de tout ça ? Je n'avais plus pensé à cette nuit depuis des lustres.

En guise de réponse, Fournier eut un petit sourire d'excuse.

CHAPITRE 13

Ferreira n'en comprit pas la raison, puis il se remémora une partie de ce qu'il avait lu sur Internet au sujet du psychiatre, la veille au soir. L'une de ses grandes spécialités était... L'hypnose.

— Vous ne m'avez tout de même pas...

— Si. Mais c'était très léger, rassurez-vous ! La porte de votre inconscient était déjà grande ouverte, je n'ai pas eu à intervenir outre mesure. La preuve : vous vous souvenez de tout ce que vous m'avez dit. Avec une hypnose classique, le contenu de notre échange vous aurait échappé. Je ne vous ai rien soutiré à votre insu.

Ferreira allait s'indigner, répliquer qu'il trouvait le procédé abusif, mais les deux garçons, dans le couloir, avaient recommencé leur cirque. Cette fois, les hostilités étaient ouvertement déclarées et aucun d'eux ne se souciait de la gêne occasionnée par leur dispute.

— Tu dois réinitialiser ses préférences ! dit l'un (celui vêtu de clair). Il n'est pas conforme à ce qu'on avait prévu. C'est pour ça qu'il bugge !

— Mais il bugge pas du tout ! répliqua l'autre. T'as de la merde dans les yeux ou quoi ?

— Ah bon ? Il bugge pas ? Alors pourquoi il se comporte comme ça ?

— J'en sais rien ! Il s'adapte. Ou alors... Ou alors t'as planqué un code dans le programme principal pour dissimuler la sortie de secours... C'est ça, hein ? Allez, avoue-le ! Crache le morceau !

— Ma parole, t'es complètement parano ! Jamais j'aurais fait ça !

« Mais qu'est-ce que c'est que ces tarés à la fin ? » se demanda Ferreira.

— Je vois que les jumeaux vous dérangent, constata Fournier.

Il se leva, adressa quelques mots aux dits « jumeaux » et referma la porte avant de reprendre place derrière son bureau.

— Pardonnez-moi ! L'environnement d'un service psychiatrique est parfois déconcertant. Moi, j'y suis habitué, forcément, mais j'ai tendance à oublier qu'il peut être perturbant pour une personne extérieure.

— Ce sont des…

Ferreira hésita, cherchant le mot adéquat. Malades ? Fous ?

— D'anciens patients à moi, le devança Fournier.

— Anciens ?

— Oui, ils ont passé ici quelques mois et me font une visite amicale de temps à autre.

— Ils sont frères ?

— Non, pas du tout.

— Mais vous les avez appelés « les jumeaux ».

— Oh ! Il s'agit juste d'un surnom qu'on leur a donné dans le service, parce qu'ils ont le même âge, la même taille, et qu'ils ont été hospitalisés en même temps. On aime bien les surnoms ici, c'est une sorte de tradition. Moi-même j'en ai un, certains de mes jeunes patients m'appellent « P'tit Four ».

— Et de quoi souffraient les jumeaux ?

— Une dépendance excessive aux jeux vidéo.

— Mais… dans ce cas, ils n'ont pas l'air d'être guéris, remarqua Ferreira.

— Une petite rechute sans doute, rien de grave… Il serait peut-être temps de revenir à Anna, qu'en pensez-vous ? Je suis à présent disposé à répondre à vos questions, commandant.

Commandant. C'était la première fois que Fournier employait ce terme. Ferreira lui en fut reconnaissant. Cela lui redonna de l'allant.

Il était grand temps en effet d'oublier le contexte de l'hôpital psychiatrique et de passer aux choses sérieuses.

— Audrey m'a dit que, si elle n'a pas cherché à avoir de précisions sur la fête où allait Anna, c'est sur vos conseils. Afin de ne pas exercer une pression trop forte sur sa fille, qui acceptait ce genre d'invitation pour la première fois. C'est exact ?

— Oui, c'est cela. Anna souffre d'une peur chronique, qui peut se manifester en toutes sortes d'occasions. Se rendre à cette soirée, passer la nuit ailleurs que chez elle, c'était pour elle avancer d'un grand pas. Si sa mère lui avait posé trop de questions, elle lui aurait communiqué son angoisse, inconsciemment, et Anna aurait pu faire marche arrière.

— Vu les circonstances, je me dis qu'Audrey aurait mieux fait de lui... « communiquer son angoisse », remarqua Ferreira, non sans une certaine ironie. Bref. Anna vous a donc bien parlé de cette soirée ?

— Oui, mais de manière très imprécise. Si c'est l'adresse que vous me demandez, commandant, désolé, mais je ne peux pas vous la fournir.

— Anna a bien dû vous dire au moins qui l'invitait, non ?

— Non, elle ne l'a pas mentionné.

— Et vous n'avez pas cherché à le savoir ?

— Pourquoi l'aurais-je fait ? Ce n'était pas l'objet de notre entretien, nous sommes rapidement passés à autre chose.

Ferreira ne put masquer sa déception. Si les réponses de Fournier étaient toutes de la même teneur, elles ne le mèneraient pas bien loin.

— Audrey est certaine qu'Anna n'a pas fugué, que sa disparition n'est pas volontaire. Étant donné ce que vous m'apprenez de son caractère, je suis d'accord avec elle. Vous aussi, n'est-ce pas ?

Fournier se contenta d'une moue dubitative.

— C'est une adolescente. En souffrance, qui plus est. En tant que telle, elle est assez imprévisible.

— Audrey a l'intime conviction que le père d'Anna a refait surface. Elle le soupçonne d'avoir enlevé sa fille. À mon sens, c'est la thèse la plus plausible, la plus logique, en tout cas pour l'instant. Les enlèvements de mineurs ou les violences faites à ceux-ci sont majoritairement le fait de membres de la famille. Les statistiques le prouvent. Je pense que c'est lui qui a invité Anna à cette soirée. Anna n'en a pas parlé à sa mère, justement pour qu'elle ne l'empêche pas d'y aller. Qu'en pensez-vous ?

Fournier n'avait pas l'air convaincu.

— Le père d'Anna aurait, selon vous, réapparu comme ça, sur un coup de baguette magique ?

— Il n'y a rien de magique là-dedans. S'il est volontairement parti il y a onze ans, il s'est probablement forgé une nouvelle identité pour refaire sa vie. Rien de plus facile. On vole un portefeuille, on dégote une adresse, ou mieux, un numéro de Sécurité sociale sur un papier quelconque qui a fini à la poubelle, et avec un peu d'intelligence on peut commencer une nouvelle vie. C'est même beaucoup plus facile depuis que les citoyens, par souci d'écologie, trient leurs déchets. On trouve des tas de documents intéressants dans les poubelles jaunes… Maintenant, j'aimerais avoir votre avis sur ça !

Ferreira sortit de sa sacoche une grande enveloppe de papier kraft et, sans autre façon, sans commentaire, il en posa le contenu sur le bureau.

— Qu'est-ce que c'est ? demanda Fournier, surpris.

— Vous le voyez bien, c'est une chaussure ! répondit

Ferreira. Elle a été déposée ce matin, chez moi. Elle appartient à Anna. Elle portait cette chaussure, enfin les deux, pas seulement celle-ci, précisa Ferreira, le soir où elle été enlevée… Parce que Anna n'a pas fugué, j'en suis convaincu. On ne va pas nous refaire le coup de la fugue, à onze ans d'intervalle, avec l'idée que la fille se serait mis en tête d'imiter son père.

Ferreira souleva la chaussure afin que Fournier puisse en voir la semelle.

— Propre, dit-il, vraisemblablement portée une seule fois, sur un trajet assez court, en ville. Pas besoin de prélever des échantillons et de faire des analyses. Elle est quasiment neuve. Cette chaussure gauche que nous avons là, et la droite qui se trouve quelque part, probablement au même endroit qu'Anna, forment une paire. Un cadeau, conclut-il.

Il s'octroya quelques instants avant de poursuivre, savourant le fait que Fournier, pour une fois, semblait étonné et attendait la suite de ses explications.

— Un cadeau offert à Anna par un mystérieux inconnu, sans doute celui qui l'a enlevée. Je suis allé chez Audrey avant de venir ici. Lorsque je lui ai montré cette chaussure, elle ne l'a tout d'abord pas reconnue, puis elle s'est souvenue que, oui, Anna portait bien des chaussures rouges. Ensuite, en fouillant sa chambre, elle a trouvé sous son lit la boîte qui devait, à l'origine, contenir la paire. Audrey a reçu un paquet, sans cachet de la Poste, rien. Ce paquet a été déposé dans sa boîte aux lettres. Les chaussures ont été achetées sur Internet. Par qui ? Je l'ignore, j'ai lancé des recherches, mais ça risque d'être long. Enfin, et c'est le point le plus décevant, si cette chaussure me confirme qu'Anna a été enlevée, elle ne me dit pas où elle l'a été.

— Très intéressant, très intéressant ! dit Fournier. Mais

voyons voir ! Est-ce que j'ai bien tout compris ? Quand vous dites que cette chaussure a été déposée chez vous, vous supposez que c'est le ravisseur lui-même qui l'a fait ?

— Oui. Il l'a déposée sur le seuil de ma porte, cette nuit ou très tôt ce matin. Mon nom était inscrit sur le paquet en lettres capitales, souligné trois fois. Point final. Malheureusement, j'habite un immeuble modeste, dont le hall n'est pas sous vidéo surveillance. Quant à mes voisins, ils n'ont rien vu, rien entendu. Nous avons donc une autre belle énigme à résoudre, non ?

— Oh ! Celle-ci est plus facile à résoudre que la phrase codée dont vous ne vous souvenez pas, répondit Fournier.

— Comment ça ?

Le psychiatre ne répondit pas, mais ses yeux pétillèrent encore plus que de coutume.

— Je peux ? demanda-t-il en faisant mine de saisir la chaussure. Ou dois-je enfiler des gants ?

— Allez-y ! Les relevés d'empreintes ont déjà été faits. J'attends les résultats.

Fournier s'empara de la chaussure avec précaution, comme s'il s'agissait d'un objet fragile ou d'un bijou, et l'observa avec admiration.

— C'est la chaussure de Cendrillon ! déclara-t-il.

— Pardon ?

— Vous avez parfaitement entendu ce que je viens de dire, commandant. Ceci est la pantoufle de verre grâce à laquelle le prince charmant retrouve Cendrillon.

Ferreira eut du mal à contenir son agacement.

— Merci ! Merci du tuyau, docteur ! Vous m'aidez beaucoup ! Je vais de ce pas convoquer toutes les jeunes filles de seize ans de France et leur faire essayer cette pantoufle de verre, fabriquée par la fée Internet ! Ou alors je vais donner une grande réception, un bal, et je ne danserai qu'avec la belle qui arrivera chez moi dans une limousine susceptible de se transformer en citrouille au douzième coup de minuit !

Fournier ne prit pas ombrage de l'ironie du policier. Une ironie largement teintée de colère.

— Non, non, vous ne ferez rien de tout cela, dit-il calmement. Vous m'avez mal compris. Quel âge avez-vous, commandant ? Trente ? Trente-deux ans, dans ces eaux-là ?

Ferreira acquiesça.

— Vous êtes trop vieux pour briguer le titre de prince charmant, en tout cas pour Anna. En revanche, il y a quelqu'un, quelque part, qui peut prétendre être un candidat sérieux. Du moins aux yeux du ravisseur. C'est lui qu'il faut trouver en premier lieu.

Ferreira demeura silencieux. La théorie du psy se tenait. Fournier venait de marquer un point.

— Vous avez déjà lancé un avis de recherche ? demanda celui-ci.

— Non, pas encore. J'attendais d'avoir de plus amples informations pour le faire.

Fournier remit la chaussure dans l'enveloppe et la rendit à Ferreira.

— Je vous suggère de préciser, dans l'avis de recherche que vous allez diffuser, qu'Anna portait cette chaussure. Décrivez-la, joignez une photo si besoin, insistez en disant que c'est un signe distinctif très important, au même titre qu'une tache de naissance... Vous verrez bien si quelqu'un se manifeste.

Fournier lança un coup d'œil ostensible sur sa montre.

— Autre chose ?

Comme Ferreira tardait à répondre, il se leva et se dirigea vers la porte qu'il ouvrit, signifiant ainsi que l'entretien était terminé.

— Nous restons en contact, de toute façon, ajouta-t-il en serrant la main du commandant.

Celui-ci coula un regard en direction du couloir dans lequel il hésita, une fraction de seconde, à s'engager. Les jumeaux n'étaient plus là, nota-t-il, sans savoir s'il s'en réjouissait ou au contraire en était déçu.

Fournier, à qui rien n'échappait décidément, remarqua son hésitation.

— La prochaine fois, commandant, je ferai en sorte de vous recevoir dans mon nouvel espace de travail. Vous verrez, ce sera… différent.

CHAPITRE 14

Daim rouge, bride argent sur le côté, cinq centimètres de talon. Identiques et microscopiques traces d'usure sur la semelle. Même pointure. Pied droit.

La chaussure correspondait parfaitement.

Aucun doute, elle faisait bien la paire avec celle que le ravisseur avait déposée chez Ferreira. Celui-ci se félicita d'avoir suivi le conseil de Fournier, tout en s'étonnant que les choses aillent si vite. L'avis de recherche, complété des précisions nécessaires, n'avait été lancé que depuis quelques heures. Une telle rapidité était surprenante, presque suspecte.

Peu importait. Ferreira n'allait pas s'en plaindre, après tout. Plus tôt l'enquête serait lancée, plus grandes seraient les chances de retrouver Anna. Il avait désormais un indice. Un début de piste. Et pas des moindres.

Car ce garçon, qu'on venait d'escorter jusqu'à son bureau en toute diligence, depuis le commissariat du 13e arrondissement où il s'était présenté, l'avait bel et bien trouvée, cette chaussure. Et il allait lui dire où. Il allait lui révéler l'endroit où Anna avait été enlevée.

Fournier avait donc vu juste.

Faudrait-il désormais le considérer comme un partenaire à part entière dans l'enquête ? L'éventualité n'enthousiasmait guère Ferreira, encore contrarié d'avoir été, à son insu, soumis à l'hypnose pendant l'entretien qu'il avait eu avec le médecin. Qui sait ce que le vieux psy pourrait encore inventer en matière de méthodes « peu orthodoxes » ? D'un autre côté, de l'avis général, les psychiatres étaient souvent des acteurs incontournables dans les enquêtes criminelles. Cependant, pour Ferreira, ce serait une première.

Le raisonnement de Fournier faisait référence à *Cendrillon*. Ferreira, lui, en observant cette seconde chaussure qu'on venait de lui servir sur un plateau, vit tout à coup une parenté évidente avec *Le Petit Chaperon rouge*. Car elle était rouge, cette fichue chaussure. Il n'avait pas prêté attention jusque-là à ce détail, mais il lui parut soudain lourd de sens : Anna se trouvait dans la gueule du loup. Et il fallait vite l'en sortir avant qu'elle ne se fasse dévorer.

Le policier s'extirpa de ses pensées. Un témoin capital était assis là, devant lui, depuis dix bonnes minutes, et il n'avait pas encore commencé l'interrogatoire. Il s'y attela sans plus tarder.

— Tu t'appelles Quentin Weber, c'est bien ça ? demanda-t-il après avoir jeté un rapide coup d'œil sur les notes que lui avaient transmises son collègue du 13e arrondissement.

Le garçon acquiesça.

— Je suis le commandant Matteo Ferreira. J'enquête sur la disparition d'une jeune fille, Anna Lefaure. Il est probable qu'elle ait été victime d'un enlèvement. J'aimerais que tu me dises où, quand et dans quelles circonstances exactes tu as trouvé cette chaussure. C'est extrêmement important.

CHAPITRE 14

— Eh ben, voilà... Pendant les vacances scolaires, il m'arrive de bosser occasionnellement pour me faire un peu de thune. Je suis inscrit dans une agence d'intérim qui me dégote des petits boulots. Le 31 octobre dernier, j'ai été engagé pour m'occuper du buffet pendant une soirée donnée chez des particuliers.

— Où était-ce ?

— Rue David-d'Angers, au numéro... 29, euh... non, 27. J'y suis arrivé vers vingt heures pour mettre en place les décors d'Halloween, les toiles d'araignée, les citrouilles, toutes ces c... (Il s'arrêta juste à temps avant de prononcer le mot « conneries ».) Ensuite, j'ai installé le buffet, et la soirée a débuté vers vingt et une heures, vingt et une heures trente, dans ces eaux-là. Comme les invités étaient tous déguisés ou portaient un masque, j'ai assez vite remarqué la fille, enfin... Anna. Elle était la seule à n'avoir ni masque ni déguisement. Je l'ai aussi remarquée parce que...

Quentin fut interrompu par le vibreur de son portable. Il sortit le téléphone de sa poche, consulta rapidement la provenance de l'appel et le rejeta.

— Parce qu'elle était toute seule dans son coin, poursuivit-il. Elle ne parlait à personne, elle ne dansait pas, ne buvait pas, ne fumait pas, rien... Elle avait l'air d'attendre quelqu'un. Au bout d'un moment, elle est venue jusqu'à moi, enfin... jusqu'au buffet. Là, en la voyant de plus près, j'ai remarqué qu'elle avait vraiment pas l'air dans son assiette. Elle était très pâle, elle tremblait, elle jetait des regards angoissés à droite et à gauche. Je lui ai demandé si elle avait besoin d'aide. Elle m'a à peine répondu, elle a bu un verre d'eau et elle a filé à la salle de bains, au premier étage. Ensuite, je l'ai plus revue. Je me suis dit qu'elle avait dû partir directement en descendant.

Comme elle avait l'air de s'ennuyer ferme, ça m'a semblé logique… Vers deux heures du matin, l'heure à laquelle j'ai arrêté mon service, je suis monté à mon tour pour aller me changer et c'est là que j'ai vu la chaussure, par terre. Je l'ai ramassée, je suis redescendu pour voir si je trouvais la fille et la lui rendre, mais elle était pas là.

— Tu ne t'es pas renseigné auprès des autres ?

— Ben, c'est-à-dire que… La soirée avait été bien arrosée, il restait quelques invités en bas, des couples, et ils étaient pas mal… occupés, si vous voyez ce que je veux dire. Alors j'ai remballé mon matériel et je suis parti.

— Avec la chaussure ? précisa Ferreira.

Quentin rougit légèrement avant de répondre.

— Ben… Oui, je… J'ai pas fait attention. Comme je l'avais mise dans mon sac, je l'ai oubliée. C'est seulement quand je suis rentré chez moi que je me suis rendu compte que je l'avais encore. Ce matin, j'ai vu l'avis de recherche sur *Google News* et je suis allé tout de suite au commissariat.

Ferreira dut attendre avant de poser la question suivante. Quentin consultait à nouveau l'écran de son téléphone suite à un second appel – à moins que ce ne fût pour lire un SMS. Bien qu'agacé par ces interruptions qui menaçaient d'être systématiques, il ne fit aucune remarque et en profita pour observer le garçon. Il mentait. Au moins sur un point. Il n'avait pas oublié la chaussure dans son sac, comme il l'avait prétendu. Il l'avait intentionnellement gardée. Qu'en avait-il fait, une fois de retour chez lui ? L'avait-il posée sur sa table de chevet pour l'admirer ? Sur son oreiller, peut-être ? S'était-il endormi en pensant à sa propriétaire ? Ferreira se sentit envahi d'un sentiment étrange. S'il s'était agi d'un foulard, d'un bijou, de n'importe quel autre objet, cela ne lui aurait posé aucun problème. Mais une chaussure… La connotation fétichiste le gênait. Il s'efforça cependant de mettre ce détail de côté.

— Comment es-tu sûr que la chaussure appartenait à Anna et pas à une autre fille ? reprit-il.

— C'est que… Je l'ai pas mal observée avant qu'elle monte à la salle de bains. D'abord parce que, comme je vous l'ai dit, elle avait l'air mal à l'aise et aussi parce que, sans déguisement, elle se distinguait par rapport aux autres. Un simple jean, un tee-shirt, à côté des capes de vampire ou des draps de fantôme, ça faisait tache.

Si je comprends bien, tu n'as pas arrêté de la reluquer pendant toute la soirée ? Encore heureux qu'elle portait un jean et pas une minijupe.

Ferreira faillit formuler sa remarque à voix haute. Il s'en fallut de peu. Pourquoi éprouvait-il soudain de l'agressivité envers ce garçon ? Le soupçonner de fétichisme était déjà suffisamment injuste. Si Quentin n'avait pas gardé la chaussure, il n'aurait rien, à l'heure actuelle, absolument rien pour lancer l'enquête. Il aurait dû le mettre à l'aise. Au lieu de cela, il restait sur la défensive et maintenait une distance entre eux. Ses questions étaient formulées d'un ton sec. En retour, les réponses avaient un côté mécanique, peu naturel. Il ne menait pas bien cet interrogatoire. Quelque chose le gênait et il n'arrivait pas à savoir quoi.

« Trouvez le prince charmant », lui avait dit Fournier. Fallait-il prendre la référence à *Cendrillon* au pied de la lettre ? Ferreira l'avait jusque-là considérée comme une simple métaphore, mais était-ce ainsi que l'entendait Fournier ? Ou le ravisseur lui-même ? (L'un pénétrant les desseins de l'autre avec une intuition assez remarquable.) En d'autres termes, le ravisseur comptait-il attribuer à Quentin le rôle du « prince charmant » ? Comment ? Pourquoi lui et pas un autre ? Fallait-il voir dans ce choix une intention précise ?

Ferreira observa le garçon avec une attention scrupuleuse. Jambes allongées, il était davantage affalé qu'assis sur sa chaise. Il avait une attitude aussi désinvolte, ici, dans un bureau de la brigade criminelle, que dans une vulgaire salle de cours. Il avait débité son récit sur un ton neutre, froid, qui ne trahissait aucune inquiétude. Il se contentait de répondre aux questions sans éprouver le besoin d'en poser de son côté. Anna était-elle en danger ? À part cette chaussure, avait-on d'autres pistes pour la retrouver ? Il ne semblait pas s'en soucier.

Curieuse attitude pour un « prince charmant ». Même moderne.

Cheveux châtains assez longs, coiffés avec un mouvement qui les rabattait sur le front, tee-shirt noir enfilé sous une chemise à carreaux, jean noir taille basse, rangers aux pieds. Grand, mince, pas spécialement musclé, il avait une assez belle silhouette. Ferreira eut soudain l'impression que son visage ne lui était pas inconnu. L'aurait-il croisé quelque part ? Il n'aurait su dire où, quand, ni même l'affirmer. Cette sensation de « déjà-vu » était sans doute due au fait que rien ne distinguait vraiment Quentin d'un autre garçon de son âge. Ni son look ni son comportement, notamment cette addiction au portable qui commençait à lui taper sur les nerfs. Profitant du silence de son interlocuteur, Quentin avait, en effet, de nouveau consulté son iPhone et pianotait rapidement sur le clavier pour répondre à un SMS.

— Aucune information concernant cette affaire ne doit être divulguée, dit sèchement Ferreira, tandis que Quentin pianotait toujours.

CHAPITRE 14

— Oh, mais je ne…

— Tu veux bien éteindre cet appareil, s'il te plaît ?

Quentin s'exécuta – à contrecœur, c'était évident – et s'empressa de fourrer son portable dans sa poche, comme s'il craignait que le policier le lui confisque.

— Tu es au lycée ? demanda Ferreira, bien que la question n'eût aucun rapport avec l'enquête. En quelle classe ? enchaîna-t-il comme Quentin acquiesçait.

— Terminale.

— Quel lycée ?

— Turgot.

— Qu'est-ce que tu comptes faire plus tard ?

— Ben… j'ai pas trop d'idée pour l'instant. J'ai envie de bosser dans la restauration, mais je suis pas sûr. On n'est qu'au début de l'année, faut d'abord que je passe mon bac.

Et tu as l'intention de le réussir, ton bac ? Tu travailles suffisamment pour ça ? Moi, à ton âge, je savais ce que je voulais faire, j'avais un but, une passion !

Quelle mouche le piquait, à la fin ? Agressif depuis le début de l'entretien, voilà maintenant qu'il se prenait pour le père d'Anna, comme si celle-ci venait de lui présenter son petit copain. Or Anna n'en avait pas, de père, justement. Elle n'en avait plus. Tout le problème était là. « C'est en élucidant la disparition du père qu'on trouvera le lien avec celle de la fille. » Les paroles de Fournier lui revinrent en mémoire. Il se rappela par la même occasion qu'il était flic. Et un flic est censé poser des questions en rapport avec son enquête.

Revenant à lui, Ferreira fit glisser vers Quentin la photo d'Anna, posée sur le bureau.

— J'aurais dû commencer par là, dit-il. Tu reconnais bien cette jeune fille ?

Quentin se pencha, jeta un regard sur la photo, prit son temps avant de répondre.

— Tu la reconnais ou pas ? insista Ferreira, craignant tout à coup une réponse négative.

— Ouais, ouais, c'est bien elle.

— Qu'est-ce qu'il y a ?

— Rien, rien ! C'est juste que… elle est mieux en vrai.

Ferreira s'apprêtait à poursuivre, mais cette fois ce fut son propre téléphone qui sonna, ce qui arracha à Quentin un petit sourire en coin.

« Fournier », annonça l'écran.

Il a un sixième sens, le vieux ? Il appelle maintenant. Maintenant précisément.

Ferreira prit l'appel, s'excusa d'un signe de tête et s'enferma dans le bureau voisin pour parler plus à son aise. Il informa le psychiatre de la présence de Quentin, ainsi que de la conversation qu'il venait d'avoir avec lui.

Conversation qui se poursuivit un moment après, à trois, à la demande du psychiatre, *via* le haut-parleur du téléphone.

— Quentin, attaqua Fournier après s'être rapidement présenté, le commandant Ferreira m'a fait part de ton témoignage, mais, si tu le veux bien, j'aimerais préciser quelques points. Tu as dit au commandant que tu avais trouvé la chaussure d'Anna en allant à la salle de bains située à l'étage de la maison. Est-ce que tu pourrais me décrire les lieux plus précisément ?… Attends avant de commencer ! Prends ton temps, concentre-toi. Je te demande autant de détails que possible. Visualise bien l'endroit pour que nous puissions faire de même.

Quentin se redressa et se pencha légèrement en avant de façon à se rapprocher de l'appareil posé sur le bureau. Ferreira remarqua sa tension soudaine, qui traduisait une volonté évidente de bien faire. Pour la première fois, le visage du garçon, jusque-là inexpressif, reflétait un sentiment. Il en conçut une pointe de jalousie. Le vieux psy avait décidément l'art de mettre les gens en confiance et de les faire parler, même par téléphone.

— Tu devais être un peu fatigué, non, après cette soirée de travail ? Les autres s'étaient amusés alors que toi…

— Alors que moi je m'étais bien fait chier ! continua Quentin. Il est deux heures du matin et j'en ai marre, j'ai qu'une hâte, foutre le camp. Alors je remballe les décors et je monte l'escalier quatre à quatre pour rejoindre la salle de bains. C'est là que je vois la chaussure.

— Dans l'escalier ou plus loin ? Dans un couloir ? Dans une pièce ?

— Dans l'escalier. Pile entre deux marches. Le talon posé sur une marche, le bout de la chaussure sur l'autre.

— Très bien. Qu'est-ce que tu fais ? Tu prends la chaussure ?

— Non, pas tout de suite. Je… J'ose pas.

— Pourquoi ?

— J'en sais rien. J'ai l'impression qu'on me regarde, qu'on m'espionne.

— Est-ce que tu arrives à repérer la personne qui t'espionne ?

— Non. Impossible. Je me retourne à plusieurs reprises, croyant pouvoir le faire, mais… Y a personne.

— Qu'est-ce que tu fais alors ?

— J'entre dans la chambre.

— Quelle chambre ?

— Au bout du couloir, celle dont la porte est grande ouverte.

— Pourquoi celle-ci et pas une autre ?

— Parce que je suis guidé par le parfum d'Anna. Il flotte dans l'air. Je me dis qu'Anna est peut-être encore là. J'avance lentement. Je devrais pas entrer dans cette chambre… J'ai peur de ce que je vais y voir. J'ai pas envie de surprendre Anna avec un type, comme les autres filles, en bas. La chaussure dans l'escalier m'a fait penser à ça, une fille qui se serait déshabillée vite fait en embrassant un mec avant de… Mais j'entre quand même. Y a personne. Le couvre-lit est un peu froissé. Comme si quelqu'un s'y était assis. Quelqu'un de léger, elle, peut-être. Elle est si mince… Je remarque que la porte d'une armoire est ouverte. Et puis, y a cette odeur, tout à coup. J'ai du mal à la supporter. J'ai un haut-le-cœur.

— Quelle odeur ?

— J'en sais rien, c'est bizarre, ça ressemble à une odeur d'alcool, mais c'est pas ça, c'est plus fort, plus tenace. Ça me fait penser aux hôpitaux. On dirait de l'éther, un truc comme ça.

— Continue, Quentin ! Que fais-tu ensuite ?

— Je quitte la chambre et, cette fois, je prends la chaussure. Je la mets dans mon sac. Ensuite, je me change et je m'en vais.

— Non, attends Quentin, ne t'en va pas ! Pas encore ! ordonna Fournier. Je vais te demander maintenant de revenir en arrière dans la soirée. Il s'agit d'une soirée costumée pour fêter Halloween, n'est-ce pas ? Tous les invités sont donc déguisés. Est-ce que l'un d'entre eux porte un déguisement de croque-mitaine, ou au moins un masque de croque-mitaine ?

— C'est quoi au juste, un croque-mitaine ? Ça a quelle allure ?

Fournier eut un petit rire avant de répondre.

— Bonne question ! Un croque-mitaine, c'est un monstre, mais chacun se le représente à sa manière. Disons, pour parler plus précisément, que le masque d'un tel déguisement aurait, par exemple, des yeux rouges, très rapprochés, une barbe, ou en tout cas des poils, une peau très ridée et pâle. L'aspect est effrayant. Imagine-toi, si ça peut t'aider, le personnage d'un film d'horreur.

Quentin ferma les yeux pour tenter de visualiser ce que Fournier venait de décrire.

— Il y a dans la salle... un Dracula, un Frankenstein, beaucoup de fantômes, de zombies. Dans un autre genre, y a aussi une Cléopâtre, un Mickey, c'est difficile de... Attendez ! Peut-être, oui, il me semble que j'aperçois à un moment un masque qui ressemble à celui que vous décrivez, mais j'en suis pas sûr. Avec les spots, l'éclairage est tantôt faible, tantôt aveuglant, et puis je viens de me rendre compte que j'ai plus de glaçons, il faut que j'aille en chercher à la cuisine. Quelqu'un m'appelle aussi pour me demander un verre de scotch, je... Je pourrais rien affirmer.

— Anna est encore dans la salle à ce moment-là ?

— Oui, je crois... Je crois que c'est juste avant qu'elle vienne me demander un verre d'eau.

— Merci, Quentin, merci infiniment ! Ta collaboration a été très précieuse... Commandant, vous êtes toujours là ? Je peux vous dire un mot ?

Ferreira prit le téléphone en désactivant le haut-parleur.

— Mon cher Matteo, déclara Fournier, vous aviez raison, Anna a bien été enlevée. L'odeur, dans la chambre, dont Quentin a parlé, c'était certainement du chloroforme. Orientez vos recherches sur un individu déguisé en croque-mitaine lors de cette fête d'Halloween.

— Pourquoi le croque-mitaine et pas Dracula ou Frankenstein ?

— Parce qu'Anna a toujours eu peur du croque-mitaine.

Souvenez-vous de la phrase qu'elle répétait à son voisin, avant que vous n'arriviez sur les lieux, la nuit du 31 octobre.

— C'était il y a onze ans.

— Je vous l'ai déjà dit, Matteo, en dépit des apparences, la peur n'a jamais quitté Anna. Elle a toujours été persuadée que le monstre qui avait, selon elle, dévoré son père, reviendrait la chercher. Elle en a fait un cauchemar récurrent : elle voyait le croque-mitaine, caché dans une armoire dont il jaillissait pour lui sauter dessus et l'emmener. Elle m'a raconté ce cauchemar en détail. L'armoire, dans la chambre, Quentin a remarqué que la porte était grande ouverte. Ce n'est pas un hasard.

— Mais attendez, attendez ! Vous voulez dire que le cauchemar d'Anna était… quoi ? Prémonitoire ?

— Non, du tout ! Je pense que quelqu'un l'a mis en scène.

— Pourquoi ne m'avez-vous pas parlé plus tôt de ce cauchemar, docteur ?

— Secret professionnel. Je l'enfreins maintenant, parce que je suis sûr qu'Anna est en danger.

— Très bien ! J'ai une adresse, je file sur les lieux. Et j'emmène le prince charmant avec moi !

— Ce n'est peut-être pas…

Ferreira raccrocha sans prendre garde au fait que Fournier n'en avait pas encore terminé.

— On y va ! dit-il à Quentin.

— Où ça ?

— Rue David-d'Angers, numéro 27. J'ai besoin de toi là-bas.

— Mais…

— Quoi ?

— Je… J'ai cours.

CHAPITRE 14

Qu'est-ce qu'il en a foutre, le prince charmant, de manquer les cours quand sa princesse est en danger ?

Décidément, pensa Ferreira, quelque chose clochait. Soit chez lui, soit chez Quentin. En tout cas, le courant ne passait pas entre eux, c'était indéniable. Pour preuve, l'interrogatoire mené d'une main de maître par Fournier, qui avait réussi à soutirer des informations capitales à Quentin, alors que lui-même n'avait fait que tourner autour du pot.

— Je te ferai un mot d'excuses ! lança-t-il en enfilant sa veste. Allez, on lève le camp ! Et vite !

CHAPITRE 15

« Veux-tu être ma fille, Anna ? »

À chacune de ses apparitions, qui se produisent avec une régularité d'horloge, il répète cette question. Une litanie. Une obsession. Elle est si étrange, cette phrase, dans sa bouche, prononcée avec cette voix mécanique qui est la sienne, atone, dénuée de toute inflexion. Par moments pourtant – pas toujours, car sa voix n'est pas… comment dire ?… « stable » – quelque chose qui ressemblerait presque à un sentiment perce à travers ces mots. Sa question a soudain l'intonation d'une prière. J'éprouve alors un terrible serrement de cœur.

J'ai déjà un père, même s'il est absent depuis toujours ! Je suis la fille de Mathias Lefaure !

Voilà ce que j'aimerais lui répondre, mais j'ai peur de le mettre en colère. Ensuite, tandis qu'il reste là, devant moi, à me fixer de ses yeux incandescents, pendu à mes lèvres, attendant, à l'évidence, une réponse positive, j'essaie de réfléchir.

Dis-lui oui ! Dis-lui oui ! Ça le mettra dans de meilleures dispositions ! Ça te fera gagner du temps !

Mais je n'arrive pas à me raisonner. Un cri jaillit aussitôt de ma bouche. Ou bien je réprime ce cri en plaquant ma main sur mes lèvres. Ou je recule violemment. Au mieux, je reste silencieuse en détournant la tête, affichant mon dégoût. Dans tous les cas, il comprend que c'est « non » et... La lumière se met à clignoter dans la pièce, elle s'éteint et se rallume plusieurs fois de suite, comme si, pendant un orage, l'électricité allait être coupée. Quant à lui, son visage change de couleur. Sa peau prend une teinte indéfinissable, elle vire au rouge, donnant à son visage l'apparence d'une boule de feu.

Le rouge, chez lui, c'est la couleur de la colère.

Et ce n'est pas tout. En même temps que ce changement de couleur, les contours de sa silhouette se floutent, comme... Comme à la télévision, lorsque, dans un reportage, on masque le visage d'une personne pour préserver son anonymat. Ce flouté, qui s'intensifie progressivement, annonce en général sa disparition. Il s'évanouit, se dissout dans l'air dans une explosion d'étincelles et ne réapparaît plus jusqu'au lendemain, même heure. Me laissant tremblante et perplexe. Avec la sensation d'avoir perdu la raison.

Au début, j'ai tenté de trouver une explication à ces phénomènes. Je me suis dit que c'était moi qui divaguais, que mon imagination me jouait un tour, ou que ma vue baissait, que je devenais subitement myope. Mais ça se produit à chaque fois qu'il apparaît et disparaît.

C'est de la magie.

Pourquoi ? Pourquoi me pose-t-il cette question ? Elle tourne en boucle dans ma tête.

Et s'il s'exprimait mal ? S'il voulait plutôt me demander : « Veux-tu être ma fille, à nouveau ? » Ce qui signifierait que

CHAPITRE 15

cette… chose, cette créature abominable serait… mon père ? Dévoré par le croque-mitaine il y a onze ans, il se serait, à son tour, changé en monstre ? J'essaie de me convaincre que ça n'a pas de sens. Pourtant…

Je me remémore aussi ce qu'il m'a dit quand je suis entrée dans « la chambre interdite ». Il a affirmé avoir tué la petite fille qui y vivait. Et il a pleuré. Or le croque-mitaine ne pleure pas.

Je n'y comprends rien.

Le pire, c'est qu'il y a des moments où je n'ai même plus envie de comprendre. Juste de me laisser aller. Me laisser porter. Dériver. Succomber au sommeil. Mon corps obéit désormais à un rythme différent. Je dors le jour, je veille la nuit. C'est sans doute la conséquence des drogues que j'ai absorbées à mon insu. Je ne sais pas si je continue à en prendre à mon insu, mais le fait est que mon horloge interne est bouleversée. Je deviens une créature de la nuit, de l'ombre, de l'obscurité. Celle qui me faisait tellement peur, justement. Avant.

Je suis comme *La Belle au bois dormant*. J'ai succombé à un sort de sommeil. J'attends. J'attends qu'on vienne me réveiller. Mais je n'aurai pas droit à un baiser, comme dans les contes de fée.

Plutôt à une morsure.

Il ne m'enferme plus à la cave. Je crois qu'il ne le fera plus. Normalement, il aurait dû m'y expédier quand j'ai crié que, *non, je ne voulais pas être sa fille* ! Or il ne l'a pas fait.

Il doit juger que c'est inutile désormais. La nuit dans laquelle j'évolue est à elle seule une prison. Parfois je me dis aussi que la cave était une sorte de passage obligé. Comme si… Comme s'il avait fallu que je sombre dans ce gouffre pour en émerger et accéder à la lumière. Pas la lumière au sens propre, non, la lumière en tant que vérité. Reste à savoir laquelle.

Il pense à occuper mes nuits. Il laisse à mon intention des DVD, des livres. J'ai même trouvé, l'autre nuit, sur le bureau de ma chambre, des cours par correspondance. Est-ce que ça signifie qu'il compte me garder ici ? Ou qu'au contraire il prépare mon retour au lycée avant de me libérer ?

Ni l'un ni l'autre, en réalité. Parce qu'il n'y a pas d'écran, nulle part, pour regarder un film. Parce que les pochettes des DVD ne contiennent aucun disque. Parce que les dossiers des pseudo-cours sont vides.

Factice, tout ça. Du décor. Une illusion.

Le lycée. C'était où ? Quand ? Comment ? Aucun souvenir. Tout ce qui faisait mon quotidien avant m'est devenu étranger. Même maman. Je devine, j'imagine son inquiétude, mais ça me trouble beaucoup moins qu'au début de ma captivité. Comme si mes sentiments vis-à-vis d'elle étaient mis en veille. Parfois, c'est étrange, j'ai l'impression de l'entendre crier : « Reviens ! Mais reviens donc ! » J'ai l'impression qu'elle me secoue comme elle le faisait quand, dans mon lit, je faisais ce satané cauchemar. Mais maintenant que j'y suis, dans ce cauchemar, pour de bon, plongée jusqu'au cou, maintenant que je le vis, impossible de revenir.

Je passe le plus clair de mon temps dans la chambre de la petite fille. La pièce n'est plus fermée à clé. Aucune pièce ne l'est plus d'ailleurs, dans toute la maison. J'y circule désormais à ma guise.

Je me sens bien dans cette chambre. C'est celle que mon père avait imaginée pour moi. J'y vais toutes les nuits. Il m'arrive souvent de m'y endormir lorsque, à l'aube, le sommeil me gagne. Il le sait et il me laisse faire.

L'autre jour, alors que je dormais, Anna Petite m'a rendu

une nouvelle visite. (*Anna Petite. Moi enfant.* J'ai décidé de l'appeler comme ça.)

Elle est entrée en trombe dans la chambre, serrant contre elle son ours en peluche. Elle avait l'air d'une humeur massacrante.

— Pourquoi tu dors ici ? m'a-t-elle demandé d'un ton sec en s'asseyant près de moi. T'as une chambre, non ?

— Oui, mais je préfère celle-ci.

— Tu préfères une chambre de bébé ? s'est-elle exclamée, ahurie. Eh ben dis donc ! Peut-être que t'as grandi en taille, mais là-dedans (elle a pointé son petit index contre sa tempe) t'as toujours six ans, comme moi !

Elle a embrassé la pièce d'un regard envieux et méprisant à la fois. On pouvait y discerner aussi une pointe de tristesse.

— Quelle copieuse ! Cette chambre, c'est papa qui devait la faire pour moi, rien que pour moi ! C'est une voleuse, cette fille, tant mieux si elle est morte !

— Ça ne te fait pas de la peine qu'elle soit morte ?

— Ben non, elle a été punie, elle avait qu'à pas copier !

Son regard s'est encore durci. Même si le moment était mal choisi, vu son humeur, j'ai tenté ma chance en lui demandant :

— Tu devais me dire un secret l'autre jour, tu te rappelles ? L'objet que tu as volé à l'ogre ? Tu me dis ce que c'est ?

— Ah ben non alors ! Comme t'es restée un bébé dans ta tête, tu sauras pas tenir ta langue !

— Je te promets que si !

Lèvres serrées, scellées, collées, comme si on avait mis un sparadrap, elle a secoué la tête de gauche à droite avec une énergie telle que j'ai eu l'impression qu'elle allait se dévisser le cou.

Inutile d'insister. J'ai détesté l'expression butée de son

visage ! C'est étrange d'être agacée par soi-même, non ? Si la première apparition d'Anna Petite m'avait réconfortée, ce n'était plus le cas à ce moment-là, j'avais envie de lui coller une baffe.

— Avec qui tu vas faire l'amour, maintenant que t'as tes règles ? m'a-t-elle demandé tout à coup, sautant du coq à l'âne comme à son habitude.

Voyant que j'étais embarrassée pour répondre, elle a poursuivi :

— Fais l'amour avec Samir !

— Qui est Samir ?

— Il est pas dans ma classe, il est dans l'autre CP, avec Madame Dafrain. On se voit à toutes les récrés, on joue ensemble. À la cantine aussi on est assis à côté, il me donne souvent son dessert. Ça veut dire qu'il craque pour moi. Il a de beaux yeux noirs. Des yeux de vache !

Remarquant ma surprise, elle s'est empressée d'ajouter :

— Elles ont de très beaux yeux, les vaches ! De grands yeux très doux !

Ah bon ! Si tu le dis.

Elle a marqué une pause et a murmuré la suite en pouffant de rire :

— Un jour, pendant la récré, aux toilettes, il m'a montré son zizi. Il voulait que je lui montre aussi mon minou, mais j'ai dit non !

Elle était en train de me parler de son (notre) premier amour. Du moins de son point de vue, parce que j'ai eu beau fouiller mes souvenirs, aucune trace de ce Samir.

— Il a dû grandir comme toi. Comment il est maintenant ? Il est pas devenu moche au moins ?

Elle n'a pas ajouté « comme toi », alors qu'elle le pensait

sûrement, vu ce qu'elle m'avait dit la dernière fois. Je lui en ai été reconnaissante.

— Tu sais, depuis le CP, maman et moi on a déménagé plusieurs fois. J'ai changé d'école et je n'ai pas revu Samir.

— Mais c'est terrible ! Il faut que tu le retrouves !

Bon. Sur Facebook, peut-être. Pourquoi pas ? Le fait est qu'Anna Petite a attisé ma curiosité. Revoir le garçon pour lequel on a craqué à six ans, ce doit être marrant, non ?

— Je vais essayer, je te promets. Mais c'est donnant, donnant, il faut que tu me dises ton secret ! Sinon… (J'ai eu une idée.) Sinon, dès que je serai sortie d'ici, je ferai l'amour avec… (J'ai hésité, vite, un prénom, n'importe lequel ! J'ai prononcé celui du pire type du lycée.) Benoît ! Il a plein de boutons et il pue la transpiration !

L'argument a porté. Elle m'a regardée d'un air horrifié, puis elle a réfléchi en se mordillant les lèvres.

— Moi je veux bien te dire le secret, mais c'est lui qui veut pas, a-t-elle déclaré ensuite en me montrant son ours. Attends, je vais lui redemander !

Elle a fait mine de poser la question à la peluche en murmurant à son oreille, puis elle a feint d'écouter sa réponse avec le même cérémonial, plaçant l'ours à hauteur de son oreille.

— Il veut pas pour ce secret-là, mais il veut bien t'en dire un autre.

J'ai soupiré, déçue.

— D'accord.

— Morel. C'est le nom de la fille qui a copié ma chambre !

Elle s'est levée et a reculé vers la porte en chantonnant d'une petite voix aigrelette :

— Morel la merdeuse ! Morel la voleuse ! Morel la

merdeuse !…

Elle a répété sa litanie une bonne dizaine de fois jusqu'à ce qu'elle atteigne la porte.

— Comment sais-tu qu'elle s'appelait comme ça ?

— C'est l'ours qui a entendu ce nom dans la vieille maison pourrie de papa avant que l'ogre le mange…

Sur ces paroles, elle a disparu, me laissant, comme la première fois, sur ma faim, alors que j'avais tant d'autres questions à lui poser.

Est-ce que j'oserai les lui poser, *à lui* ?

Il apparaît toujours à la même heure, vers cinq ou six heures du matin. J'ai terminé de dîner depuis une heure environ – quand j'arrive à avaler quelque chose – et, en général, je déambule dans la grande pièce du rez-de-chaussée, ne sachant que faire de moi. Le temps passant, la fatigue de ce moment aidant, j'ai de moins en moins peur de son apparition. Parfois même, je me surprends à la guetter. Je pense à ce dicton qui dit : « Tout le plaisir est dans l'attente. » C'est valable aussi pour la peur. C'est l'attente du danger qui vous fait éprouver la peur. Mais une fois que le danger est là, une fois qu'on y est confronté, un instinct de survie se met en place.

Il y a aussi la force de l'habitude. On s'habitue à tout, même au pire. Je ne suis pas morte en le voyant la première fois, alors je crois que, désormais, je tiendrai le coup.

CHAPITRE 16

J'ai dit n'importe quoi. Non, je ne tiens pas le coup. Bien sûr que non. Je ne m'habitue pas à ce qui m'arrive. *Il ne faut pas que je m'y habitue.*

Je suis dans une des pièces que j'ai visitées au début de ma captivité, avant d'entrer pour la première fois dans la chambre interdite. Comme cette pièce est la seule ayant une porte donnant sur l'extérieur, j'ai décidé d'y retourner. Facile, maintenant que les chambres ne sont plus verrouillées. Je veux tenter ma chance et m'échapper. Je me suis trop laissée aller ces dernières heures à accepter mon sort.

J'entre. Il fait noir, comme l'autre fois. Je tâtonne pour trouver l'interrupteur et… Miracle ! La lumière jaillit. L'électricité n'est plus coupée. Ce qui veut dire que les stores, derrière la porte-fenêtre, vont pouvoir se relever. Si je n'arrive pas à fuir, je vais au moins voir ce qu'il y a dehors, les environs de la maison.

J'avance vers la porte-fenêtre. Doucement. Tout doucement. Premier bon signe : les doubles-rideaux sont ouverts. Je remarque, au passage, qu'ils ne sont plus poussiéreux comme l'autre nuit. Les stores sont ainsi mis en évidence. J'approche ma main de l'interrupteur qui les commande. Avec autant de crainte que si je m'apprêtais à appuyer sur le détonateur d'une bombe. (D'ailleurs, peut-être que c'est ça, le piège ? Je vais faire sauter la baraque. Il faut s'attendre à tout dans cette maison qui n'a rien d'une vraie maison !)

J'attends quelques brèves secondes. Puis je me décide.

J'appuie.

Un grincement. Suivi d'un petit ronronnement. Le moteur se met en marche et les stores commencent à monter lentement, à une allure régulière. Les lames s'espacent, je peux apercevoir la lumière extérieure – sans doute celle d'un réverbère – qui filtre par les petits trous percés dans l'aluminium. Impossible de décrire la joie que j'éprouve. C'est le plus beau des spectacles ! Jamais je n'ai entendu de musique plus douce que celle de ce moteur ! Je me vois déjà ouvrant la porte. La porte donne sur une terrasse. Je me vois dévaler une série de marches et je cours. Je cours.

Mais je me suis réjouie trop vite.

Tout s'arrête. Le moteur. Et les stores, qui ne bougent plus d'un pouce. La première lame, en bas, ne s'est décollée du sol que de quelques centimètres à peine. Impossible de me faufiler dessous. Je tape sur l'interrupteur comme une folle, je m'y acharne avec une fureur telle que je finis par l'arracher. Ensuite je m'attaque aux vitres de la porte-fenêtre en y flanquant des coups de pied. Je vais la péter, cette foutue porte !

Rien à faire. Mes efforts restent vains. J'en pleure de rage.

Il continue à jouer avec moi.

CHAPITRE 16

Il ne me reste plus qu'à faire demi-tour. Mais je me rends compte que la pièce a changé depuis la dernière fois. Elle n'est plus tout à fait vide. J'avais remarqué les traces laissées aux murs par des cadres. Or, sur le mur en face de moi, une des traces, la plus importante, a disparu. À sa place, un miroir. Un grand miroir en pied.

Qui ne reflète pas mon image.

Même lorsque je m'en approche assez pour poser ma main dessus afin de m'assurer de son existence. (Au cas où je l'aurais simplement imaginé.) Je sens le contact lisse et froid de la glace sous la paume de ma main, mais, pas plus que ma silhouette, celle-ci ne s'y reflète. Rien. Pas une ombre.

Je pense à un miroir sans tain, derrière lequel il serait en train de m'observer. Mais ce n'est pas ça. Un miroir sans tain imite un vrai miroir. On se voit dans un miroir sans tain.

Est-ce que je serais devenue invisible ?

Pas le temps de répondre à cette question insensée. J'entends une voix. Elle est à peine audible et les paroles qu'elle prononce sont incompréhensibles. J'ai peur que ce ne soit sa voix, à lui, cette voix de robot qui n'est jamais tout à fait stable. Mais non, rien à voir. Cette voix vient de plus loin. Peu à peu, comme si, quelque part, quelqu'un avait réglé son intensité sonore, je l'entends plus clairement. Je parviens à comprendre les paroles qu'elle prononce :

« *Oh ! Puissé-je avoir une enfant aussi blanche que la neige, aussi rouge que le sang et aussi noire que le bois de ce cadre !* »

Un rire. Une main que je ne vois pas me chatouille. J'éclate de rire moi aussi tandis que la voix reprend sur un ton joyeux :

« Moi, je l'ai, cette enfant aussi blanche que la neige, aussi rouge que le sang et aussi noire que le bois de ce cadre ! C'est ton portrait tout craché ! C'est toi, Anna, ma princesse ! »

La voix de mon père. Accompagnée d'un souvenir qui jaillit de ma mémoire. Je me rappelle tout à coup… un objet que j'avais reçu en cadeau, un miroir magique que « la petite souris » avait glissé sous mon oreiller quand j'avais perdu ma première dent. Je m'en souviens si précisément ! Le manche était en plastique rose. Au centre du miroir, il y avait un cœur dans lequel une princesse était dessinée. Lorsqu'on appuyait dessus, une musique retentissait.

« *Quand l'enfant fut née, la reine mourut. Un an plus tard, le roi prit une autre épouse. C'était une belle femme, mais fière et hautaine, et elle ne pouvait pas souffrir que quelqu'un la surpassât en beauté. Elle avait un miroir magique. Quand elle se mettait devant et s'y contemplait, elle disait : "Petit miroir, petit miroir chéri, quelle est la plus belle de tout le pays ?" Et le miroir répondait : "Madame la reine, vous êtes la plus belle de tout le pays."* »

Mon père me racontant *Blanche-Neige*.

Je ferme les yeux pour mieux entendre cette voix du passé, cette voix que j'aimerais tellement entendre pour de vrai. Avant de rouvrir les yeux, je fais un vœu. Pourquoi pas, après tout ? Je suis dans la maison d'un magicien, non ? Je fais le vœu de voir, dans ce miroir qui se refuse à refléter mon image, celle de mon père. Je crois de toutes mes forces à ce vœu, j'y mets toute la ferveur de mes cinq ans. Car à cette minute je suis redevenue une petite fille de cinq ans et, comme telle, je ne doute pas un seul instant que mon souhait va être exaucé.

Et il l'est. Du moins en partie.

Le miroir est magique, oui. Mais c'est celui du croque-mitaine. J'avais oublié ce détail.

Or le croque-mitaine est un magicien noir.

CHAPITRE 16

Une ombre se dessine sur le miroir. Au début, je m'en réjouis, je commence à distinguer la silhouette de mon père. Celle qui, je m'en souviens, s'encadrait dans l'embrasure de la porte de ma chambre quand la nuit j'appelais papa. À cause de la lumière allumée dans le couloir, il était à contre-jour et je ne le voyais pas bien. Mais je savais que c'était lui. Je le reconnaissais tout de suite. Grand, mince, les épaules un peu voûtées, il avait souvent les mains dans les poches de son jean. Il s'appuyait nonchalamment au chambranle de la porte et, malgré la pénombre, je distinguais son sourire, ses cheveux, longs, tout bouclés, qui formaient comme un casque posé sur sa tête. J'adorais passer la main dans ses boucles serrées et emmêlées. Je reconnaissais ses lunettes dans lesquelles se reflétait le petit point scintillant de ma lampe de chevet. De l'index, il les réajustait car elles avaient glissé sur son nez – ce geste, il le répétait souvent, c'était presque un tic – et il venait vers moi.

Dans le miroir, la silhouette grandit peu à peu, elle gagne en netteté, comme lorsque mon père, quittant le seuil de la chambre, s'approchait de mon lit. Mais voilà que très vite cette silhouette n'a plus rien de rassurant. Elle s'aplatit et s'élargit à outrance, puis, la seconde d'après, elle s'allonge et se réduit à un trait. C'est le miroir qui la déforme, comme le font ceux des fêtes foraines. Je suis prise de nausées, les murs, autour de moi, se déforment eux aussi, ils se rapprochent, j'ai l'impression que la pièce est… en train d'« onduler », de « fondre ». Elle rétrécit, rétrécit, les murs vont se refermer sur moi, m'étouffer, me broyer. J'oublie le miroir et recule vers la porte. Mais plus je m'en approche, plus elle s'éloigne, je ne peux pas l'atteindre. Le sol sous mes pieds se met à tanguer. J'ai l'impression d'être sur un bateau en pleine tempête, j'ai le cœur au bord des lèvres, j'ai envie de vomir.

Puis tout à coup, un bruit d'explosion.

Le miroir vient de se briser en mille morceaux. Par terre, la moquette devient rouge. Rouge écarlate. C'est du sang. Je ne sais pas d'où il vient. Je tâte mes bras, mes jambes, mon visage, pensant qu'un éclat de miroir m'a blessée, mais je ne sens rien, je ne trouve pas de plaie. Je n'éprouve aucune douleur à part la nausée qui devient insupportable.

CHAPITRE 17

Le pépiement des oiseaux, le miaulement d'un chat qu'on aperçoit furtivement, grimpant un mur avec agilité puis disparaissant derrière un enchevêtrement de lierres. Le clapotis de l'eau disant la présence d'une fontaine, à proximité. Pas d'autre bruit. Une telle quiétude, dans le 19e arrondissement de Paris. À peine croyable. La campagne en plein cœur de la capitale.

Lorsque, dans son bureau, il avait noté l'adresse sous la dictée de Quentin, Ferreira n'avait pas fait le lien avec ce quartier, autrefois ouvrier et populaire, devenu à présent l'un des secteurs les plus prisés de Paris. Ce n'est qu'à hauteur du métro Danube, où il avait dû laisser sa voiture – secteur piéton oblige – qu'il avait reconnu les abords de La Mouzaïa. Un véritable village portant le nom de la rue principale autour de laquelle il s'organise, composé de « villas », somme de sentes et ruelles piétonnes bordées de pavillons.

Ce calme était presque dérangeant. Si subit en tout cas qu'il fallut à Ferreira, alors qu'il gravissait la côte de la rue David-d'Angers, quelques minutes pour s'y accoutumer. Pourtant, le trajet en voiture n'avait pas été très mouvementé. Loin de là. Soucieux de s'amender de l'agressivité dont il avait fait preuve envers Quentin lors de l'interrogatoire, il avait essayé à plusieurs reprises d'entamer avec lui une conversation sur un mode plus amical. En vain. Ne répondant d'abord que par oui ou par non, le garçon avait fini par visser à ses oreilles les écouteurs de son iPhone pour écouter de la musique, mettant en échec les diverses tentatives du policier. De fait, il n'avait prononcé que deux phrases complètes en quittant les locaux de la brigade criminelle, juste avant de monter en voiture.

— Une Opel Astra, avait-il remarqué avec une moue de dédain, tandis que Ferreira ouvrait les portières de son véhicule. À part les Ford Focus ou Mondeo, les Citroën Xsara et les Renault Megane, la police n'a rien d'autre comme parc automobile ?

— Ces voitures ont des moteurs…

— Puissants, ouais, je sais, capables de monter à 150 en moins de cinq minutes, mais quel design de merde !

— Qu'est-ce que tu proposerais, toi ? Des Jaguar banalisées ? Pas franchement discret pour les planques !

Une lueur s'était allumée dans le regard du garçon au seul nom de « Jaguar ». Puis plus rien, son visage s'était fermé.

Les maisons étaient toutes construites sur un étage. À première vue, elles semblaient bâties sur le même modèle et la perspective alternant pentes ascendantes et descendantes donnait l'impression qu'elles s'agglutinaient les unes aux autres. Mais en y regardant de plus près, il n'en était rien. Chaque maison avait sa particularité. Celle-ci arborait une façade jaune sur laquelle tranchaient des volets verts, celle-là une façade bleu ciel. Sur une autre, la célèbre Alice était représentée en compagnie de son non moins célèbre « lapin blanc ».

Alice. Anna, pensa aussitôt Ferreira qui pour un peu aurait presque oublié le but de sa visite. Difficile en l'occurrence d'imaginer que cette manière de *Pays des Merveilles* avait été, quelques jours auparavant, le théâtre de la peur. Qu'il y avait eu un enlèvement. Il n'avait d'ailleurs pas dû être évident pour le ravisseur de repartir avec sa prisonnière. Les voitures étant interdites d'accès dans le quartier, il était sans doute reparti à pied, Anna endormie dans ses bras. Il avait dû faire vite. Très vite. Mais c'était jouable. Anna ne devait pas peser bien lourd. Quelqu'un avait-il aperçu le ravisseur ? Son déguisement, en cette nuit du 31 octobre, constituait un camouflage parfait. L'enquête de voisinage s'annonçait longue et laborieuse.

La maison que Ferreira aperçut derrière la grille portant le numéro 27 était une construction originale, probablement un ancien atelier d'artiste réaménagé en loft.

— C'est là, non ? demanda-t-il en s'arrêtant alors que Quentin, lui, poursuivait son chemin.

— Euh… Ouais, je crois, répondit le garçon en revenant sur ses pas.

— Comment ça, « tu crois » ? Tu ne reconnais pas la maison ?

— Pas vraiment. (Quentin fouilla les alentours du regard avant de poursuivre.) Elles se ressemblent toutes, ces baraques. L'autre soir, il me semble qu'il y avait des ballons sur la grille et d'autres trucs… En plus, il faisait déjà nuit quand je suis arrivé.

— La maison voisine est décorée. Tu ne te serais pas trompé de numéro ?

— Non, non, j'ai bien noté le 27 sur ma fiche, ça, j'en suis sûr.

— Bon, dans ce cas…

Voyant que Ferreira allait sonner à l'interphone, Quentin l'arrêta.

— Je suis obligé de rester ?

— Évidemment ! J'aurai besoin que tu me guides une fois qu'on sera à l'intérieur. Cette maison est une scène de crime… Pourquoi ? Quelque chose te gêne ?

Quentin hésita à répondre.

— Oui, dit-il enfin. J'ai pas vraiment envie que le cinglé que vous recherchez me repère.

Pas très téméraire, le prince charmant.

— Aucune chance que le « cinglé », comme tu dis, soit là. Il s'est glissé parmi les invités l'autre soir, il n'habite pas dans le coin, c'est évident.

Sur ces paroles, Ferreira sonna et, quelques instants après, une voix féminine se fit entendre.

— Madame Lambert ? demanda-t-il, répétant le nom inscrit sur l'interphone.

Il déclina son identité et son grade. Après une brève hésitation – marque de surprise, voire de peur suscitée par les mots « commandant de police » – il fut convié à entrer. La grille s'ouvrit sur un jardin.

Nouvelle sensation de dépaysement. Le jardin n'était pas grand, mais très accueillant et parfaitement entretenu. Pelouse d'un vert émeraude, bosquets, arbres, on devinait sans peine la profusion de fleurs qui devaient éclore à la belle saison. Seul élément discordant dans un tel havre de paix, et qui rappelait que la capitale et sa circulation infernale, sa pollution, n'étaient somme toute qu'à quelques mètres de là, une moto garée le long de l'allée. Une grosse cylindrée qui attira immédiatement l'attention de Quentin.

— Putain ! Une Harley Davidson XL 1200N ! Un vrai bijou, cet engin ! s'écria-t-il, s'en approchant aussitôt et effleurant le guidon d'une caresse.

— Tu me suis ? lui lança Ferreira avec une pointe d'agacement qu'il eut du mal à dissimuler, tandis que la maîtresse de maison s'avançait vers eux.

Après avoir échangé une poignée de main, le policier et le garçon suivirent leur hôtesse à l'intérieur de la maison.

Celle-ci était bien un atelier réaménagé. Ce que les agents immobiliers nomment pompeusement un « loft-terrasse ». On pénétrait de plain-pied dans un vaste séjour d'une soixantaine de mètres carrés, communiquant avec une terrasse en bois d'une superficie égale qui offrait une vue imprenable sur la banlieue est de Paris et les boulevards extérieurs. Un premier regard panoramique sur les lieux confirma à Ferreira, juste en face du coin cuisine qui prolongeait le séjour, l'existence de l'escalier où Quentin avait trouvé la chaussure d'Anna. Cet escalier devait mener aux chambres. Là où Anna avait été endormie, puis enlevée.

Le policier expliqua sans détour le but de sa visite. Il enquêtait sur l'enlèvement d'une jeune fille de seize ans, Anna Lefaure.

— Un enlèvement ? répéta madame Lambert, regardant attentivement la photo que Ferreira lui montrait. Oh ! Mon Dieu ! s'exclama-t-elle en pâlissant. J'ai moi-même une fille de cet âge.

— Vous ne la reconnaissez pas ?

— Non, pas du tout. En quoi puis-je vous être utile ?

— L'enlèvement de cette jeune fille a eu lieu ici, j'aimerais donc avoir la liste des invités qui ont participé à la fête que vous avez donnée samedi dernier.

Il y eut un silence. Le regard de madame Lambert se porta sur Quentin, comme si elle attendait de plus amples explications de sa part, avant de revenir sur Ferreira.

— Lorsque vous dites « ici », vous voulez parler du quartier, n'est-ce pas ? précisa-t-elle.

— Non, je parle de votre maison. Comme je vous le disais, tout porte à croire que l'enlèvement a eu lieu pendant la fête que vous avez donnée.

— Mais… commandant, nous n'avons pas donné de fête ici samedi dernier. Nous étions à Londres. Je… J'ai d'ailleurs gardé les tickets d'embarquement ainsi que la réservation que j'ai imprimée après avoir acheté les billets sur Internet. Si vous voulez, je peux vous les montrer.

Pris au dépourvu, Ferreira acquiesça.

— Je vais vous les chercher tout de suite. Asseyez-vous en attendant, je vous en prie !

Madame Lambert s'éloigna et disparut à l'étage. Elle revint peu de temps après, tendit à Ferreira les tickets, puis annonça qu'elle allait préparer un café.

C'est à peine si le commandant jeta un coup d'œil sur les tickets et la réservation. Cette femme ne mentait pas, c'était évident.

— Qu'est-ce que tu dis de ça ? murmura-t-il à Quentin. Tu maintiens toujours que tu ne t'es pas trompé de maison ?

Le garçon eut un haussement d'épaules maussade. Un mouvement lent, qui traduisait tout à la fois l'embarras et la volonté de ne pas fournir le moindre effort. Il jeta un regard agacé autour de lui.

— Non, je me suis pas trompé, mais la pièce était différente. Ils avaient viré les meubles pour faire de la place. J'avais installé mon buffet là, près de la cuisine. Elle bluffe, conclut-il.

— Non, elle ne bluffe pas, contra Ferreira. Pas avec ça, ajouta-t-il en brandissant la réservation des billets.

— Y avait que des jeunes à cette fête. Pas des vieux comme elle.

— Comment peux-tu en être sûr, puisqu'ils étaient tous déguisés ?

— La musique, c'était pas une symphonie de Bach, mais de la techno. Et ils ont pas fumé des Dunhill light, précisa Quentin en désignant le paquet de cigarettes posé sur la table basse devant eux. Ils ont fumé des joints.

— Et alors ? Tu crois que les « vieux », comme tu dis, quand ils font la fête, ne sont pas capables de fumer un joint et qu'ils ne peuvent pas danser autre chose que la valse ou le menuet ?

— Je vous rappelle que les masques sont tombés à la fin de la soirée. Ils étaient tous à oilpé. Ça, ça trompe pas.

Là, Quentin marquait un point.

— Vous avez des enfants, madame Lambert ? demanda Ferreira une fois que son hôtesse fut assise en face de lui.

— Oui, comme je vous le disais, j'ai une fille de seize ans et un fils de dix-huit ans.

— Étaient-ils à Londres avec vous ?

— Ma fille seulement.

— Il se peut que votre fils ait donné cette fête en votre absence, sans vous prévenir.

— Écoutez, je… je ne crois pas. Il me semble tout de même que je m'en serais aperçue en rentrant. Je suis assez maniaque en ce qui concerne l'entretien de ma maison.

En effet, la pièce était dans un ordre parfait. Pas une once de poussière sur les meubles, un parquet aussi brillant qu'un miroir, une disposition quasi géométrique des tapis. Mais on pouvait supposer que le fils avait payé les services d'une femme de ménage pour ne laisser aucune trace de la fête.

— Où est votre fils en ce moment ?

— Eh bien, mais... en cours. Au lycée. Il rentre en fin d'après-midi. Si vous voulez revenir l'interroger, pas de problème.

— Je l'interrogerai certainement, mais je ne peux pas me permettre d'attendre. Rassurez-vous, madame, à part le fait de vous avoir caché cette soirée, votre fils n'est suspecté de rien d'autre. Le ravisseur d'Anna se trouvait parmi les personnes présentes à cette fête, mais il y a de fortes chances pour qu'il n'ait pas été invité. Il a dû se glisser dans la foule. C'est en tout cas ce que je compte vérifier. Ce jeune homme, ajouta-t-il en désignant Quentin, travaille pour la société « Chef à la maison », le traiteur qui s'est chargé du buffet pour la soirée. Votre fils possède-t-il une carte bleue, un chéquier ?

— Oui, mais je doute qu'il ait pu faire une telle dépense.

— J'aurais tout de même besoin de ses coordonnées bancaires afin de voir si un paiement a bien été fait à son nom au traiteur.

— Bien sûr, je vous donne ça tout de suite.

Madame Lambert obtempéra et revint avec une feuille sur laquelle elle avait noté les renseignements demandés par le policier.

— Ces vérifications vont prendre un certain temps. Et dans cette affaire, le temps nous est compté. La vie de cette jeune fille est en jeu. Je vois que vous avez un ordinateur. Il vous arrive de faire des achats sur Internet, n'est-ce pas, puisque c'est par ce biais que vous avez pris vos billets pour Londres ?

— Oui.

— Vous avez un compte Paypal ?

CHAPITRE 17

— Oui.

— Est-ce que vos enfants utilisent votre mot de passe pour régler leurs propres achats ?

— Oui, ça leur arrive.

— Pourriez-vous vous connecter à votre banque afin de vérifier si votre fils n'aurait pas fait cette dépense en votre nom ?

— Certainement.

La femme se leva et, gagnant l'ordinateur installé dans un coin de la pièce, elle s'assit, se connecta et fit les manipulations nécessaires à l'écran. Mais lorsqu'elle révéla au commandant la page où s'affichaient ses débits de carte bancaire, il ne trouva pas ce qu'il cherchait.

— Je suppose que votre fils a un ordinateur ? Est-ce que ça vous ennuie si je consulte ses mails ? Je vais peut-être y trouver un courriel en rapport avec cette soirée.

Bien que de plus en plus gênée et inquiète, la femme accepta sans hésiter et accompagna le commandant à l'étage. Quentin les suivit, prévenant Ferreira qu'il allait aux toilettes avant de le rejoindre.

Sébastien Lambert, le fils de la maison, avait de nombreux courriels. Il fallut à Ferreira une bonne dose de patience pour parcourir l'ensemble des mails envoyés et reçus, puis pour les trier. Sa lecture était en outre régulièrement interrompue par les questions de madame Lambert. Les rôles s'étaient inversés. Si elle avait répondu sans rechigner à toutes ses questions, l'angoisse faisant son chemin dans son esprit, c'était à son tour d'en poser. Si jamais le commandant trouvait ce qu'il cherchait, son fils aurait-il des ennuis ? Et si le ravisseur était un de ses amis, que se passerait-il ? N'allait-on pas en conclure qu'il était complice ? Elle qui était certaine que ses enfants ne lui mentaient pas, elle commençait à en douter sérieusement. Jamais, par exemple, elle n'avait eu l'idée de fouiller dans leur ordinateur. Sans parler de cette pauvre jeune fille, que risquait-il de lui arriver ? Elle laissait sa propre fille, du même âge, aller et venir à sa guise, y compris le soir, devait-elle la surveiller davantage ?

Objet : Mega teuf.

Mes parents se barrent la semaine prochaine. J'ai la baraque pour moi tout seul. On va s'éclater. Je propose qu'on se déguise. Mais pas n'importe comment. Faudra des costumes super classe.

A +

Les lèvres de Ferreira s'étirèrent en un sourire victorieux. Le mail avait fait l'objet d'un envoi groupé à une cinquantaine de personnes. Il la tenait, sa liste d'invités ! Tout en lançant l'impression, il parcourut les noms affichés à l'écran, dans l'espoir que l'un d'eux se détache des autres. Sa lecture ne fut pas interrompue par madame Lambert qui, apparemment, en avait fini avec ses questions, mais par le ronflement d'un puissant moteur, dehors. Ferreira se fit machinalement la réflexion que le quartier n'était pas aussi calme qu'il le pensait. Si les bruits de la circulation parisienne n'arrivaient pas jusque-là, ils étaient remplacés par un autre type de nuisances sonores, propres à la campagne ou à la banlieue. Les moteurs des tondeuses étaient aussi puissants que ceux des voitures. Il s'efforça d'en faire abstraction et de se concentrer, mais le cri que poussa madame Lambert, postée à la fenêtre, lui fit lever le nez de l'écran. La rejoignant, il eut juste le temps de voir une silhouette dévaler à toute allure la pente de la rue David-d'Angers.

CHAPITRE 17

Quentin. Qui filait sur la Harley Davidson.

Tandis que madame Lambert, interloquée, lui lançait un regard interrogateur – pire, un regard qui signifiait : « Non mais vous allez vous décider à bouger ? Faites quelque chose ! » – Ferreira resta immobile, quasi paralysé.

Quelque chose n'allait pas. Et il ne s'agissait pas de Quentin filant avec la moto des propriétaires. Ça, c'était secondaire.

Ce qui n'allait pas, c'était le mail.

Sans faire cas de son hôtesse qui continuait à fixer sur lui des yeux écarquillés de stupeur, Ferreira revint vers l'ordinateur. Relut le mail avec plus d'attention. Il n'avait pas pris garde à la date. Le mail disait « la semaine prochaine », or il avait été envoyé la veille seulement.

La fête n'était pas passée. Mais à venir.

Et, seconde faute d'inattention de sa part : s'attachant au contenu du mail, il n'avait pas lu les mentions précisant expéditeur et destinataire.

De : jeanloupper@hotmail.fr

A : seblambert@wanadoo.fr

C'était un dénommé « jeanloupper » qui l'avait envoyé au fils Lambert, pas l'inverse. La fête était non seulement à venir, mais prévue à un tout autre endroit que la rue David-d'Angers.

— Je m'en occupe tout de suite ! s'écria enfin Ferreira. Je vous rapporte votre moto dans la demi-heure !

Il était bien décidé à honorer sa promesse. Parce que retrouver la moto, c'était retrouver Quentin. Or il avait deux mots à lui dire, à ce prince charmant décidément peu orthodoxe. Et cette fois, il ne mettrait aucun frein à l'agressivité qu'il avait éprouvée, dès le début et à juste titre, à son égard.

CHAPITRE 18

Un bleu. Un débutant.

Il avait abordé cette affaire avec la maladresse d'un novice, avec la naïveté du stagiaire qu'il avait été, onze ans auparavant. Non, même pas. Le stagiaire de l'époque s'était posé des questions, il s'était montré consciencieux, soucieux du détail. Il avait pris la peine de passer des coups de fil, de relancer Vidal à plusieurs reprises, soulignant ce qui lui paraissait manquer dans l'enquête sur la disparition de Mathias Lefaure. Alors que là…

Avait-il seulement eu l'idée de vérifier l'adresse que le garçon avait donnée quand il s'était présenté ? Avait-il téléphoné au lycée Turgot pour demander si un certain Quentin Weber y était bien inscrit, en classe de terminale ? S'était-il renseigné auprès du traiteur « Chef à la maison » pour savoir s'il avait bien employé le même dénommé Quentin Weber ? S'était-il interrogé plus avant sur cette sensation de « déjà-vu » qu'il avait éprouvée ? Le visage de Quentin ne lui était pas inconnu, parce qu'il s'agissait probablement d'un délinquant déjà fiché par les services de police. Mais cette idée ne lui avait alors pas effleuré l'esprit. Il n'avait rien fait dans les règles. Il n'avait même pas été à l'écoute de son instinct.

Cette enquête était trop chargée en émotion pour lui. Elle l'impliquait de manière personnelle. Il se montrait trop réactif par rapport à la victime. Il aurait dû en tenir compte dès le début, le dire clairement à la mère d'Anna lorsqu'elle l'avait sollicité et refuser de s'en charger. Le cœur du problème, il en avait bien conscience, était que cette affaire lui en rappelait une autre. Bien plus lointaine. Personnelle et douloureuse. Il n'était pas flic à l'époque, il n'était qu'un… Il s'empressa de chasser le souvenir qui menaçait de se préciser. Trop tard pour revenir en arrière, il avait accepté l'enquête, il devait maintenant tout faire pour la mener à terme.

Ce je-ne-sais-quoi qui l'avait tant gêné dans l'attitude de Quentin tout au long de l'interrogatoire trouvait à présent une explication : le garçon avait appris par cœur ce qu'il comptait lui dire. Mieux encore, il avait lu, à sa barbe, sur l'écran de son iPhone, *via* des SMS, tous les éléments nécessaires pour répondre aux questions qu'il lui posait. L'iPhone lui avait servi d'antisèche, comme lors d'un examen. Y compris durant le trajet jusqu'au 19e arrondissement. Il n'écoutait pas de la musique, comme l'avait supposé Ferreira, mais plutôt les nouvelles consignes qu'on lui donnait. Tout, dans son comportement, avait été suspect, du début à la fin. Il n'avait manifesté aucune émotion vis-à-vis d'Anna, il avait rechigné à l'accompagner chez les Lambert, à entrer dans la maison – maison qu'il n'avait, bien entendu, pas reconnue. Et pour cause.

Ferreira s'était fait avoir en beauté.

Quentin Weber n'existait pas.

Ou plutôt si, il y avait des dizaines de Quentin Weber, mais aucun n'avait le moindre rapport avec le garçon qui s'était présenté, tel un *deus ex machina*, comme « le prince charmant » qui allait, sinon délivrer lui-même Anna, aider la police à y parvenir. En fait de prince charmant, c'était plutôt « le grand méchant loup ». Un complice de celui-ci. Dire qu'il lui aurait suffi de confisquer son satané portable ! Il aurait alors su avec qui Quentin – comment l'appeler autrement, pour l'instant ? – correspondait. Il aurait pu pister le ravisseur. Au lieu de cela, il n'avait fait que se laisser stupidement berner par Fournier et ses abracadabrantes théories de psy.

La chaussure de Cendrillon. Le prince charmant. Conneries !

Ce vieux fou était tellement persuadé d'être dans le vrai que, lors du coup de fil qu'il avait passé à la fin de l'interrogatoire, il avait suggéré à Quentin les réponses précises qu'il attendait. La chaussure trouvée sur l'escalier, l'armoire ouverte dans la chambre, cette aberrante histoire de cauchemar et de croque-mitaine. Fournier, lui aussi, était tombé dans le piège.

Pour l'heure, il ne restait plus à Ferreira qu'une somme d'interrogations. Pourquoi le ravisseur lui avait-il envoyé ce gamin ? Muni, qui plus est, de l'adresse rue David-d'Angers. Une adresse piochée au hasard ou sciemment choisie ? Pourquoi avoir pris le risque de lui envoyer un complice aussi maladroit ? Avec un soupçon de perspicacité, il l'aurait démasqué. Restait en outre le mystère du mail adressé au fils Lambert, annonçant une fête costumée dans quelques jours. Pure coïncidence ou indice ?

Pourquoi ? Pourquoi ? Pourquoi ?

Ferreira n'avait aucune réponse.

Et en attendant… Évaporé, Quentin.

Il avait laissé la Harley Davidson des Lambert au métro Danube. Juste à côté de la voiture de Ferreira, lui faisant ainsi un dernier pied de nez. Ensuite, il avait dû s'engouffrer dans le métro et se fondre dans la foule.

Moteur à l'arrêt, le policier demeura un instant immobile dans sa voiture qu'il venait de garer boulevard Diderot. Il contemplait rêveusement la paire de chaussures rouges, soigneusement emballée dans un sac plastique. Même ça, il n'avait pas été foutu de le remarquer ! Il l'avait pourtant spécifié à Fournier lors de leur entrevue : les semelles étaient quasiment intactes, à peine salies par un trajet en ville, assez court. Or si Anna s'était rendue rue David-d'Angers, les semelles auraient révélé des traces de boue. Car il avait plu le 31 octobre au soir. Les sentes de La Mouzaïa et le jardin des Lambert devaient être boueux.

Crétin !

Ferreira décida de mettre un terme à cette séance d'autocritique. Pousser plus avant son *mea culpa* ne le mènerait à rien. Il avait prévenu Audrey Caron qu'il passerait la voir, mais, avant de se rendre à son salon de coiffure situé boulevard Diderot, il passa un coup de fil à l'un de ses coéquipiers. Il voulait savoir où en étaient les recherches sur l'acheteur des chaussures, ainsi que les analyses des empreintes qu'on y avait relevées. Si la chance tournait enfin, il apprendrait quelque chose de positif à la mère d'Anna.

Les empreintes, lui répondit-on, ne correspondaient à aucune personne fichée. (Première déception. À laquelle, toutefois, il s'était préparé. C'eût été trop facile.) Quant à l'acheteur des chaussures, ça se précisait, mais doucement. Celui-ci avait pris d'habiles précautions pour demeurer dans l'anonymat le plus complet… Quentin ? se demanda Ferreira. Non, il ne semblait pas assez futé pour ça. Il avait l'air de s'intéresser davantage aux voitures et aux motos qu'aux secrets de l'informatique. Il n'avait pas le profil d'un hacker de talent. Mais il pouvait se tromper. Il s'était déjà trompé à son sujet.

— Vous avez rendez-vous, monsieur ? C'est pour une coupe ?… (L'employée prit conscience, mais trop tard, que l'homme à qui elle s'adressait était chauve.) Enfin je veux dire, vous désirez une petite… retouche au rasoir ?

Ferreira nia de la tête et porta son regard sur Audrey, à l'autre bout du salon. Elle ne l'avait pas vu entrer. Concentrée sur le brushing de sa cliente, elle discutait à bâtons rompus avec celle-ci. Souriante, décontractée. Rien à voir avec la femme qui l'avait appelé, en larmes, pour le prévenir de la disparition de sa fille. Lorsque Ferreira l'avait rencontrée très rapidement, avant son rendez-vous avec Fournier, elle était déjà plus calme. Mais pas autant. Personne n'aurait pu soupçonner l'inquiétude qui, probablement, devait la miner. Ferreira se demanda si, à sa place, il aurait eu la force morale nécessaire pour continuer à travailler dans de telles conditions. *A priori* non, mais comment savoir ? Audrey, telle qu'il l'avait connue après le départ de son mari, était une femme énergique. Elle n'avait pas dû changer. Comme elle n'avait pas beaucoup changé physiquement non plus. Sa taille et ses hanches s'étaient un peu empâtées, elle avait les cheveux plus courts, roux et non plus blonds. Travailler d'arrache-pied était sans doute la meilleure façon pour elle de conjurer son angoisse. Toutefois, pendant une fraction de seconde, Ferreira la jugea un rien trop détendue et l'idée lui vint à l'esprit que, peut-être, tout était fini. Qu'elle avait omis de le prévenir qu'Anna était rentrée. Que toute cette histoire n'était qu'un malentendu.

Lorsqu'elle le vit, Audrey ne le remit pas immédiatement.

Comme si elle avait oblitéré leur premier rendez-vous et s'apercevait maintenant seulement à quel point il avait changé. Elle l'avait connu à vingt et un ans, il en avait trente-deux à présent. Elle se souvenait d'un gamin, elle retrouvait un homme. Chauve, qui plus est. Après s'être excusée auprès de sa cliente, elle s'avança vers lui.

— Bonjour Matteo, dit-elle en lui tendant la main.

Elle continuait à l'appeler par son prénom, ne s'embarrassant pas du titre de commandant.

— Vous avez du nouveau ?

— Pas vraiment, mais comme je vous l'ai dit au téléphone, j'ai besoin de faire le point avec vous.

— Très bien, je termine avec ma cliente, j'en ai pour deux minutes. Attendez-moi au sous-sol. Au fond, il y a une petite salle de détente. Nous y serons plus à l'aise pour parler.

Ferreira résuma point par point ce qui venait de se passer. L'épisode Quentin. La façon dont il s'était présenté, comme témoin clé de l'enlèvement d'Anna, la visite chez les Lambert et, pour terminer, sa fuite. Il avoua sans détour qu'il était tombé dans un piège. Ne disposant malheureusement pas d'une photo du garçon, désormais considéré comme complice du ravisseur, il en fit à Audrey une description précise. Est-ce que, par hasard, elle le connaissait ? Est-ce qu'elle avait eu l'occasion, sinon de le rencontrer, au moins de l'apercevoir dans l'entourage d'Anna ? Il était un peu plus âgé que cette dernière, mais on pouvait supposer qu'il fréquentait le même lycée, ou à défaut qu'il était, par exemple, l'ami d'une copine.

Négatif. Ferreira lui montra ensuite le mail envoyé au fils Lambert. Cette fameuse soirée, durant laquelle on croyait qu'Anna avait été enlevée, n'avait pas eu lieu. Qu'en pensait-elle ?

CHAPITRE 18

— Je ne sais pas quoi vous dire. Anna est bien allée quelque part, ce soir-là. Apparemment pas chez ces… Lambert, mais ailleurs… Où ? Je n'en sais rien !

Ferreira la sentait mal à l'aise. Audrey fuyait son regard, ne cessait de tripoter ce qui se trouvait à portée de sa main. N'importe quoi. Tantôt le bord de sa tasse de café, sur lequel elle faisait glisser son index, tantôt le morceau de sucre posé sur la sous-tasse, qu'elle avait saisi et émiettait sur la table sans s'en rendre compte.

Ferreira lui montra ensuite la liste des invités de cette fameuse fête. Elle contenait peut-être un indice. Y avait-il un nom qu'elle reconnaissait ? C'est à peine si Audrey y jeta un regard. Ces noms ne lui disaient rien. Rien du tout, affirma-t-elle avec nervosité.

— Vous soupçonnez toujours votre ex-mari d'être à l'origine de l'enlèvement ?

— Je ne sais pas. Je ne sais plus.

Ferreira laissa sciemment le silence se prolonger. Le bruit des séchoirs, au niveau supérieur, se faufilait jusqu'à eux, résonnant si fort qu'on avait l'impression que la petite pièce vibrait.

— Audrey ?

Son morceau de sucre réduit à présent en miettes, embarrassée de se retrouver les mains vides, elle finit par lever les yeux sur Ferreira.

— Est-ce que vous me cachez quelque chose ? demanda celui-ci.

— Moi ? Pas du tout !

Le ton était trop vif pour paraître naturel.

— Écoutez-moi bien ! reprit Ferreira avec autorité. Si jamais le ravisseur vous a contactée, si jamais il vous a demandé une rançon ou quoi que ce soit d'autre, en vous menaçant si vous prévenez la police, je dois le savoir. Ça ne peut être qu'un traquenard.

Audrey eut un rire forcé avant de nier à nouveau. Puis elle prétexta qu'elle avait du travail et se leva, mettant un terme à l'entretien. Elle raccompagna Ferreira à l'étage, puis jusqu'à la porte du salon. Lorsqu'il lui tendit la main pour la saluer, elle la garda un instant entre les siennes.

— Je pense… Je crois qu'il serait mieux que vous alliez trouver le docteur Fournier.

Fournier. Ça faisait longtemps.

Pourquoi Audrey le renvoyait-elle systématiquement au psychiatre ? Comme si c'était le bon Dieu en personne. Ferreira lui en fit la remarque.

— Je vous l'ai déjà expliqué, répondit-elle. Il a réussi à nouer une relation très forte avec Anna. Il est arrivé à la faire parler, à percer certains de ses secrets, bien mieux que moi. Je me demande même…

Elle s'interrompit et secoua la tête, chassant la pensée qui lui était venue à l'esprit.

— Quoi ? insista Ferreira.

— Non, non, rien, une idée saugrenue !

— Dites toujours !

— Au revoir, Matteo ! trancha-t-elle.

Sur ces paroles, elle retourna à son brushing, laissant Ferreira perplexe.

Le commandant décida de s'installer dans un café, un peu plus loin sur le boulevard Diderot. Pour surveiller Audrey. Bien qu'elle l'eût nié, il était certain qu'elle lui cachait quelque chose. D'une manière ou d'une autre, il avait la conviction que le ravisseur d'Anna avait pris contact avec elle. Il l'observa sans relâche pendant une heure. Il la vit enchaîner brushings, permanentes, couleurs, maniant habilement séchoirs, ciseaux et bombes de laque. De temps en temps, il devinait, par les gestes que faisait l'employée qui décrochait le téléphone posé sur le comptoir, qu'on la demandait au téléphone. Soit elle déclinait, soit elle prenait l'appel et conversait sans que rien, dans son expression, ne trahisse une tension ou une émotion quelconque. Pas une seule fois elle ne prit la peine de consulter son portable.

Quelque chose n'allait pas dans son attitude.

Elle n'avait pas le comportement d'une mère dont la fille a disparu.

CHAPITRE 19

— Mais enfin qu'est-ce qui t'a pris ? Pourquoi t'en as rajouté une dose ? C'était pas nécessaire ! Comment t'as fait ? T'as utilisé un raccourci clavier, c'est ça ? Lequel ?

— Fallait bien passer au niveau supérieur ! On allait s'endormir sinon ! C'est mon héros ! Et mon héros fout la pétoche ! Mets-toi bien ça dans le crâne !

— Je te rappelle que c'est notre héros à tous les deux ! On l'a conçu ensemble !

— Peut-être, mais j'ai pas envie qu'il ait l'air d'un jambon comme toi !

— Ah oui ? C'est mieux qu'il ait l'air d'une brute, comme toi ? Est-ce qu'il t'arrive de penser un peu aux autres ?

— Merde ! Tu me casses les couilles avec tes mièvreries à la con ! J'en ai plein le cul !

Ferreira n'avait pas entendu le début de l'échange, les voix des protagonistes étant lointaines, entrecoupées, brouillées par des bruits de fond et des fritures sur la ligne. À présent, il y avait, semblait-il, une forte bousculade. « Les jumeaux. » Ferreira les avait reconnus sans l'ombre d'un doute. Non contents de se disputer, ils en venaient aux mains. On devinait que c'était du sérieux car d'autres voix s'en mêlaient, probablement celles d'infirmiers qui s'interposaient, tentaient de les séparer et, visiblement, n'y parvenaient pas.

— T'as qu'à provoquer sa mort tant que tu y es, hein ? Pourquoi pas ?

— Laissez-moi lui péter la gueule, à ce trou du cul !

Il y eut ensuite une espèce de pétarade, suivie d'un crépitement, comme si on avait renversé des meubles et cassé du verre.

— Calmez-vous, voyons ! Arrêtez ces enfantillages ! Vous avez fait du bon travail tous les deux ! Là n'est pas le problème ! Est-ce que vous pourriez me laisser un instant, juste un instant, pour réfléchir en paix ?

La voix de Fournier, à présent.

Ferreira éprouva de la gêne à espionner ainsi les coulisses de son service. (Les jumeaux, cause de tout ce raffut, faisaient apparemment bien plus qu'une simple rechute, comme le médecin le lui avait affirmé quelques jours auparavant lors de leur entrevue.) Tant pis, après tout. Il n'avait pas eu l'intention d'espionner, on l'y avait contraint.

En effet, depuis le début de la matinée, il essayait vainement de joindre Fournier. Il l'avait d'abord appelé sur son portable. Malgré les nombreux messages qu'il lui avait laissés, le psychiatre ne l'avait pas rappelé. Il avait ensuite téléphoné dans son service. Là, il s'était heurté à la secrétaire. « Impossible de déranger le docteur, lui avait-elle dit d'une voix autoritaire, il est au laboratoire. Je ne peux pas y transférer l'appel. » Et de raccrocher sans autre façon. Ferreira avait dû rappeler, insister, menacer d'une inculpation pour « entrave à enquête policière » avant qu'enfin le barrage ne cède. L'appel avait été transmis, mais à peine le médecin avait-il décroché qu'il avait abandonné le récepteur. C'est à ce moment-là que Ferreira avait entendu la dispute entre les jumeaux. Le policier désespérait de s'entretenir avec le psychiatre, lorsque celui-ci reprit enfin l'appareil.

— Ce n'est vraiment pas le bon moment, commandant, désolé, je ne vais pas pouvoir vous parler longtemps.

— Il le faut, pourtant ! J'ai besoin de quelque chose, docteur, parce que vous savez quoi ? Votre « prince charmant » était bidon ! L'adresse de la soirée était bidon ! Tout était bidon !

— Ah ?... Il ne manquait plus que ça ! Je croyais cependant que...

Fournier s'interrompit, incapable de poursuivre sa phrase. Ferreira perçut que son silence traduisait une réelle déception, et sa colère en fut atténuée.

Il s'apprêtait à s'expliquer, lorsqu'une autre voix retentit dans la pièce, ou du moins dans le fameux laboratoire où se trouvait le médecin et que Ferreira avait du mal à se représenter. Un endroit rempli d'éprouvettes et de microscopes ? Avec lesquels Fournier jonglait, tel un savant fou, tout en observant le comportement d'éventuels cobayes ? Des souris ? Des rats ? Ou les patients de son service ? Quel rapport avec la psychiatrie ?

— Ça ne va pas ! Ça ne va pas du tout, docteur ! Il faut que vous veniez tout de suite !

— Je vous rappelle, j'ai une urgence ! lança Fournier d'une voix blanche avant de raccrocher.

Ferreira fut contraint d'attendre à nouveau devant son téléphone, qui s'obstinait à demeurer muet. Il n'éprouvait plus de rancœur vis-à-vis du psychiatre. Ça avait l'air sérieux, cette urgence. Qu'est-ce que c'était, d'ailleurs, une urgence dans un service psychiatrique ? se demanda le policier. Une crise de démence ? De panique ? Une agression ? Les jumeaux étaient-ils toujours en cause ? Est-ce que l'un s'en était pris à l'autre et l'avait blessé ? Grièvement ? Ferreira se souvenait parfaitement des deux garçons. Ils lui avaient fait une forte impression, même s'il ne les avait qu'aperçus derrière une porte. L'un était vêtu de clair, l'autre de couleurs sombres. Ce dernier avait l'air agressif, violent, aussi bien dans ses paroles que dans son comportement. Comme si l'un était le reflet négatif de l'autre. Il songea aussi à ce que Google lui avait révélé sur le psychiatre. Son service accueillait des adolescents, dont certains étaient sous le coup d'une condamnation judiciaire. Pourtant, Fournier avait banni de son service les chambres de détention et le recours systématique aux neuroleptiques. Il triait son personnel sur le volet, rien ne devait ressembler de près ou de loin à une prison dans son service. Aucun infirmier, aucun aide-soignant ne devait se montrer violent ou autoritaire, y compris lorsqu'il s'agissait de protéger les adolescents d'eux-mêmes.

Il s'efforça, en attendant le coup de fil de Fournier, de se concentrer sur ce qu'il avait à faire. Il lança des recherches sur l'expéditeur du mail envoyé au fils Lambert. Le fameux « jeanloupper ». Il lui fallait connaître son nom, son adresse. Bien qu'il eût peu d'espoir que ça le mène à une piste sérieuse, c'était tout ce qu'il avait à se mettre sous la dent pour l'instant. Il lui faudrait, après cela, diffuser un portrait-robot de Quentin, trouver sa véritable identité et son domicile, à défaut de l'endroit où il se cachait. Tout cela lui permit de patienter activement.

CHAPITRE 19

Il arrivait au bout de ses recherches lorsque Fournier le rappela enfin. Il remarqua que son cœur battait à un rythme accéléré lorsqu'il décrocha. Comme s'il avait eu peur. Oui, peur d'apprendre, à l'autre bout du fil, une mauvaise nouvelle.

— On peut se voir si vous le désirez, mais tout de suite, lui dit Fournier d'une voix qui trahissait l'épuisement.

Ferreira aurait aimé demander si l'urgence était passée, si tout était rentré dans l'ordre, mais, préférant se montrer discret, il s'en abstint. Il prit sa voiture et fit le trajet qui séparait le 36, quai des Orfèvres de l'hôpital Pitié-Salpêtrière en un temps record. Il fit même retentir, alors que rien ne le justifiait, le hurlement de la sirène qu'il posa sur le toit de son véhicule afin d'aller plus vite.

Il éprouvait tout à coup une sensation de danger imminent. Une tension soudaine électrisait chaque particule de son corps.

Pourquoi ? Il n'en avait pas la moindre idée.

Fournier attendait le policier à l'entrée de l'hôpital. Ferreira l'aperçut alors qu'il se garait. Il fut frappé par le changement qui s'était opéré en lui depuis leur précédent rendez-vous. Le psychiatre avait l'air harassé et la fatigue accusait le vieillissement de ses traits. Regard fixé au sol, épaules voûtées, il paraissait encore plus petit. Pas de costume ou de nœud papillon comme l'autre jour. Il portait un vieux jean et un pull informe aux couleurs défraîchies. Il plissait constamment les yeux, comme s'il venait de quitter un sous-sol ou une cave et que, par contraste, la lumière du jour le gênait. Il avait en outre l'air transi ; tenant à deux mains un gobelet en plastique, il cherchait à se réchauffer au contact du café.

Il glissa une main faible et glacée dans celle du policier. Comme Ferreira prenait le chemin de son bureau, Fournier le retint par le bras.

— Restons dehors si ça ne vous ennuie pas, j'ai besoin de prendre l'air.

Ils firent quelques pas dans la cour de l'hôpital, puis Fournier s'assit sur un banc et convia Ferreira à prendre place à côté de lui. Il poussa un long soupir et passa la main dans ses cheveux décoiffés, tout en demeurant muet, pensif.

Ne sachant comment rompre le silence qui menaçait de se prolonger, Ferreira balbutia :

— Tout va bien, docteur ? Cette urgence, dont vous m'avez parlé tout à l'heure, ce n'était pas trop grave, j'espère ?

— Disons que… nous l'avons échappé belle.

— Qu'est-ce qui s'est passé ? Enfin… si ce n'est pas trop indiscret.

— Non, il n'y a rien d'indiscret. C'est gentil de vous en préoccuper. Une de mes patientes a fait un coma hystérique… Vous savez de quoi il s'agit ?

Ferreira nia de la tête.

— Comment vous expliquer ça clairement ? dit-il en soupirant à nouveau. Pour faire simple, disons qu'un coma hystérique est une forme particulière de coma qui ne repose sur aucune base organique, il est en général la traduction d'une névrose. Néanmoins, il s'accompagne de tous les signes du coma classique. La personne n'est plus là, elle est partie. Et si cet état se prolonge, il est tout aussi dangereux que le coma classique… Ah ! Les maux de l'esprit sont parfois bien plus difficiles à soigner que ceux du corps ! ajouta-t-il avec un sourire triste.

— Mais maintenant, votre patiente est réveillée ? Elle est tirée d'affaire ?

— Oui, je crois. Mais il s'en est fallu de peu et le danger

d'une récidive plane toujours, c'est pourquoi je dispose de peu de temps, je vais devoir rapidement retourner auprès d'elle… Alors, commandant, enchaîna Fournier en s'efforçant de retrouver un semblant d'énergie, vous me disiez au téléphone que notre jeune prince n'était pas si charmant que ça ?

Ferreira confirma d'un signe de tête et résuma, comme il l'avait fait précédemment pour Audrey, ce qui s'était passé avec Quentin chez les Lambert. À l'évidence, Fournier ne l'écoutait que d'une oreille. S'il était là, assis près de lui, son esprit était ailleurs, au chevet de sa patiente. Ferreira n'en prit pas ombrage et poursuivit. Lorsqu'il en vint au mail envoyé au fils Lambert, spécifiant que la fête costumée était prévue ailleurs qu'à l'adresse donnée par Quentin, et surtout qu'elle n'avait pas encore eu lieu, l'œil de Fournier s'alluma. Alors que son regard fixait jusque-là un point vague, quelque part derrière les barrières qui séparaient l'hôpital de la rue, il se tourna brusquement vers lui.

— Mais c'est très intéressant ! s'exclama-t-il. Pourquoi diable n'avez-vous pas commencé par là ? La fête costumée va avoir lieu ? C'est bien ce que vous êtes en train de me dire ?

Ferreira hocha la tête.

— Incroyable, ce mélange du présent, du passé et du futur ! s'écria Fournier, s'adressant davantage à lui-même qu'au policier. Tout simplement incroyable ! Et où est-elle prévue, cette fête ? Avez-vous l'adresse ?

— Oui, je l'ai, mais je doute qu'elle vous dise quelque chose. En revanche, le nom de la personne chez qui elle aura lieu risque de vous interpeller. Il s'agit d'un certain Jean-Loup Perrin.

— Perrin ? répéta Fournier. Perrin, Perrin, Perrin, dit-il plusieurs fois de suite, comme l'ex-voisin du père d'Anna ? Y a-t-il un rapport entre les deux ou bien s'agit-il simplement d'un homonyme ?

— Il y a bien un rapport, je l'ai vérifié avant de venir. Jean-Loup Perrin est le fils de Christophe Perrin, l'ex-voisin de Mathias Lefaure.

— Ça alors ! s'exclama Fournier, si vivement qu'il faillit renverser le contenu de son gobelet. J'avais donc raison !

— Raison ? Mais en quoi ? J'ai bien peur de ne plus vous suivre à nouveau.

— Le passé ! Le passé est la clé du présent, je vous l'ai déjà dit ! Notre ravisseur nous renvoie au père d'Anna.

— Mais pourquoi ? Parce qu'il s'agirait de Mathias lui-même ? Au début, je croyais à cette hypothèse, mais plus le temps passe plus j'en doute. Même Audrey, que j'ai vue avant de vous appeler, n'y croit plus.

— Je pense plutôt que le ravisseur a été mêlé de près ou de loin à la disparition de Mathias et qu'il veut vous contraindre à rouvrir le dossier de cette affaire qui, à l'époque, a été classée trop rapidement.

Il y eut un bref silence durant lequel Ferreira réfléchit à ce que Fournier venait de lui dire. Ça tenait la route. Pourquoi pas ? Mais, à part Perrin qu'il se proposait de rencontrer au plus vite, comment lancer cette enquête sur de nouvelles bases ? Comment retrouver les autres voisins de l'époque, les personnes que Mathias côtoyait ? Comment leur demander de remonter le temps sur plus de dix ans ?

— Admettons ! dit-il enfin. Mais j'aimerais comprendre la logique du ravisseur. Pourquoi m'a-t-il envoyé ce garçon, Quentin ?

— Je n'ai pas changé d'avis là-dessus, rétorqua Fournier. Il faisait bien référence à *Cendrillon*.

CHAPITRE 19

— Oh ! Non ! Vous n'allez pas remettre le couvert, docteur !

Fournier leva le bras en signe de protestation.

— Laissez-moi réfléchir ! Laissez-moi un instant, juste un instant, pour réfléchir en paix ! s'exclama-t-il.

Ferreira se souvint que c'étaient les paroles que le psychiatre avait prononcées à l'intention des jumeaux, lors de leur dispute. Cette similitude le frappa. Plus qu'elle n'aurait dû, sans doute.

— Vous avez reçu la chaussure d'Anna, non ? reprit Fournier. C'est ça, le plus important. Quant à Quentin, il n'est qu'un instrument dans l'affaire. Un véritable complice, j'en doute, je pencherais plutôt pour un jeune qui traînait dans la rue et que le ravisseur aura choisi au hasard, qu'il aura payé pour qu'il vienne vous voir… Vous comptez le retrouver ?

— Quentin ? Oh que oui ! confirma Ferreira. Je vous prie de croire qu'il ne se cachera pas bien longtemps, ce p'tit con, je vais mettre la main sur lui très vite.

Fournier parut choqué par la détermination du policier.

— Ne soyez pas trop sévère avec lui, commandant ! En tout cas, maintenant, ce que je crains, c'est que… Après *Cendrillon*, le ravisseur ne passe à la vitesse supérieure.

— Qu'est-ce que vous voulez dire par là ?

— Eh bien, *Cendrillon* est une histoire somme toute assez gentillette. Certes, Cendrillon est maltraitée par ses sœurs et sa marâtre, mais sa vie n'est jamais menacée. Alors que… Prenons *Blanche-Neige*, par exemple. (Ferreira remarqua que la voix du psychiatre s'altérait en prononçant ces mots, que les traits de son visage étaient à nouveau tendus.) Dans *Blanche-Neige*, le sang coule. La marâtre de l'héroïne ne projette ni plus ni moins que de lui arracher le cœur.

Sur ces paroles, Fournier fixa Ferreira, l'invitant à faire un commentaire. Mais il n'y en eut pas. Si Ferreira percevait la tension de son interlocuteur, il ne parvenait pas à suivre son raisonnement.

— Dans *La Belle au bois dormant* aussi le sang coule, poursuivit Fournier. Malgré le soin que prennent ses parents à l'éloigner de tout objet tranchant, l'héroïne se pique au fuseau de la vieille femme, et elle tombe dans un long sommeil. Un coma, pourrait-on dire... Tiens ! C'est étrange, nous parlions justement de coma tout à l'heure.

« Divagations de psy », pensa Ferreira. Néanmoins, il prit conscience que, sans comprendre les idées du médecin, ses paroles commençaient à lui donner la chair de poule.

— Je ne vous suis toujours pas, docteur. Qu'est-ce que vous êtes en train de suggérer ? Dites-le-moi clairement, s'il vous plaît ! Arrêtez les métaphores ! Est-ce que vous pensez que le ravisseur va cette fois blesser Anna ? Pire, qu'il va attenter à sa vie ? Que... Quoi ? Si je poursuis votre raisonnement, ce n'est pas une chaussure qu'il va m'envoyer, mais un doigt sectionné ? Une oreille coupée ? Ou carrément... son cœur ?

Fournier ne répondit pas immédiatement.

— Non, je ne crois pas, trancha-t-il enfin. En dépit des apparences, je pense que le ravisseur ne veut pas de mal à Anna. Ce serait même tout le contraire.

— Alors c'est quoi, ces histoires de sang qui coule ?

— Il ne faut pas le prendre au premier degré. Le sang des contes de fée, selon une interprétation psychanalytique, est une image pour figurer les règles des jeunes filles. Savez-vous...

Fournier hésita un bref instant avant de poursuivre.

— Savez-vous qu'Anna n'a eu ses règles que très tardivement ? Non, vous ne le savez pas, bien sûr ! Je ne vois pas pourquoi Audrey vous l'aurait dit. En revanche, moi, je lui ai posé la question et sa réponse ne m'a pas surpris. Anna n'a eu ses règles qu'à seize ans, il y a quelques mois, ce qui est très tardif. Ce retard est la conséquence du traumatisme qu'elle a vécu dans son enfance… Avoir ses règles, c'est un moment clé pour une jeune fille, c'est le moment où elle devient femme. Et pour en revenir au sang des contes de fée, il évoque le passage de l'enfance à l'âge adulte, le moment où les filles quittent leur père pour épouser un homme. En outre, les contes de fée disent que les rêves, et les cauchemars sont des rêves, insista Fournier, deviennent parfois réalité.

Ferreira allait protester. Ce discours était beaucoup trop confus et abstrait pour lui, mais Fournier eut le même geste d'impatience que précédemment pour l'empêcher de parler.

— L'épreuve est la raison même du conte, poursuivit-il, la matière de son enseignement. En d'autres termes, le ravisseur fait passer une épreuve à Anna pour qu'elle coupe le cordon. Non pas avec sa mère, mais avec son père. On en revient toujours au même point, commandant. Il faut faire la lumière sur la disparition de Mathias pour qu'Anna puisse enfin le couper, ce fichu cordon !

En ayant fini, Fournier attendit la réaction de Ferreira. Qui demeura muet.

— Vous pensez que je déraille, n'est-ce pas ? demanda le médecin avec un sourire amer. Ce n'est pas impossible, après tout ! ajouta-t-il en changeant subitement de ton. Je ne faisais que réfléchir à voix haute. Cependant… Cependant je terminerais par une dernière référence, si vous le permettez. Et je suis sûre que celle-là parlera davantage au policier que vous êtes. *Barbe bleue*. On a souvent fait le rapprochement entre le héros de ce conte et les tueurs en série. *Barbe bleue* illustre parfaitement le thème de la femme soumise à une épreuve. Cette épreuve consiste précisément à ne pas percer les secrets masculins. Poussée par sa curiosité, la femme transgresse l'interdit et elle est cruellement punie.

Cette fois c'en fut trop pour Ferreira.

— Mais vous venez de me dire que le ravisseur n'était pas dangereux pour Anna. Or maintenant, vous me parlez d'« épreuve » et de « punition ». Je n'y comprends plus rien ! Est-ce qu'Anna doit percer le secret de la disparition de son père ou pas ?

Fournier jeta un coup d'œil sur sa montre et se leva brusquement.

— Il faut que je retourne auprès de ma patiente, dit-il. Désolé, désolé si j'ai semé la confusion dans votre esprit, si je ne vous ai pas aidé autant que je le souhaitais !

Ferreira se leva à son tour. Il avait encore une foule de questions à poser au médecin. C'était trop facile de clore ainsi la discussion par une pirouette, doublée d'une vague excuse. Il allait exprimer haut et fort le fond de sa pensée lorsqu'il vit le visage de Fournier se teinter d'inquiétude en fixant un point derrière lui. Il suivit la direction de son regard et aperçut un homme, posté à l'autre bout de la cour, à l'entrée d'un bâtiment neuf. Vêtu d'une tenue stérile, comme s'il sortait d'un bloc opératoire, il adressait à Fournier de grands gestes pour lui signifier de venir le rejoindre.

— Il faut vraiment que j'y aille ! dit ce dernier en s'éloignant.

Mais à peine avait-il fait quelques pas qu'il rebroussa chemin.

— Une dernière chose, commandant ! « Morel ». Est-ce que par hasard ce nom vous dit quelque chose ?

— *A priori* non, pourquoi ?

CHAPITRE 19

— Il se pourrait qu'une enfant du nom de Morel ait été, elle aussi, enlevée par l'homme que vous recherchez. Elle aurait été enlevée à l'âge de quatre ou cinq ans. Il serait bon de le vérifier, d'autant que… je pense qu'elle est morte.

— Attendez, attendez, docteur ! s'écria Ferreira tandis que le médecin partait, pour de bon cette fois. Comment avez-vous eu ce nom ? Qu'est-ce qui vous fait croire qu'il s'agit d'une précédente victime du ravisseur ?

Sa phrase se perdit dans le vide.

Fournier ne répondit pas. Ne se retourna même pas.

CHAPITRE 20

Je n'arrive pas à ouvrir les yeux. Je le voudrais, mais je n'y parviens pas. Mes yeux s'obstinent à rester fermés, comme s'ils obéissaient à un mécanisme dont quelqu'un d'autre que moi aurait les commandes. Pourtant je ne dors pas, je suis consciente.

Est-ce qu'il m'a encore jeté un de ces sorts dont il a le secret ? Un sort de paralysie ? Si c'est le cas, il doit être très puissant.

Il m'a punie.

Parce que je n'ai pas respecté mes habitudes, ou plutôt « ses » habitudes, celles qu'il m'a imposées depuis qu'il me retient prisonnière. Au lieu de dîner dans la grande salle du rez-de-chaussée et d'attendre sa visite quotidienne, j'ai fait autre chose. Quoi ? Impossible de m'en souvenir. Mais je sais que j'ai rompu le rituel.

Il n'a pas aimé ça. Ça l'a mis en colère.

La cave. Mon cœur bondit dans ma poitrine à l'idée d'y

être enfermée.

Pas la cave ! Pas la cave ! S'il vous plaît ! Non ! Pourquoi est-ce que je serais revenue au point de départ ?

Une vague de panique monte en moi, heureusement elle ne dure que quelques secondes. Autour de moi, l'air n'est pas saturé d'humidité, je ne sens pas cette odeur caractéristique de moisi, de pourriture qui règne dans la cave. Bien que je ne puisse pas bouger les doigts (je suis donc vraiment paralysée ?) j'ai la certitude de ne pas être couchée sur le vieux matelas, jeté à même la terre battue. Malgré mes yeux fermés, malgré mon immobilité forcée, je suis sereine. Je sais qu'autour de moi ce n'est pas le noir, l'obscurité.

C'est même tout le contraire. Je suis environnée de blanc. Oui, je me souviens soudain que j'ai vu du blanc avant de fermer les yeux. Je suis allongée sur un lit. Ce lit ne se trouve ni dans la chambre de la petite fille ni dans la mienne. Où, alors ?

Quelque chose au creux de mon bras. Une sangle ? Une corde ? Un lien quelconque pour m'attacher ?

Non, la sensation n'est pas désagréable. C'est comme un fourmillement, comme une très légère piqûre, indolore. Je crois qu'une aiguille est plantée dans mon bras. Elle diffuse un liquide. Je le sens courir dans mes veines, se répandre dans mes muscles, dans mon corps tout entier. Il a l'effet d'un baume apaisant. Il me procure une sensation de sérénité totale, de calme parfait. Un puissant sédatif ? Je ne crois pas, ma conscience serait altérée. Alors que là…

Je suis shootée ? En plein trip ?

Le blanc tout autour de moi.

Je suis dans une sorte de laboratoire.

CHAPITRE 20

Je sers de cobaye à une expérience. C'est lui qui dirige cette expérience. Il n'est pas magicien, c'est un scientifique de génie. Le génie l'a rendu fou. Il veut faire de moi une créature à son image.

La fiancée de Frankenstein. La fiancée du croque-mitaine. Ou plutôt la « fille » du croque-mitaine, puisqu'il me demande sans arrêt si-je-veux-bien-être-sa-fille.

Je déraille complètement.

Ou pas.

N'empêche. Si jamais il fait de moi un monstre, comme lui, je serai sur un pied d'égalité avec lui. Je n'aurai plus peur.

Un ronronnement de machines. Un bruit. Comme un goutte-à-goutte. Des voix. Très lointaines. Je crois qu'elles crient mon prénom, qu'elles m'appellent. Je voudrais ouvrir la bouche pour leur répondre, mais de même que mes yeux sont clos, mes lèvres sont scellées. Je ne parle que dans ma tête. Et personne ne m'entend.

J'ai la bouche sèche. J'ai soif. Très soif. Sensation d'avoir du papier de verre sous le palais, la langue en carton-pâte. Quelqu'un peut m'aider ? Me donner à boire ? Un glaçon à sucer ? Ou mieux, une glace ! Je ne sais pas ce que je donnerais pour manger une glace !

Nouveau souvenir qui surgit.

J'avais trois ou quatre ans, j'étais à l'hôpital, je venais d'être opérée des végétations. Mes parents étaient avec moi – les deux, à l'époque mon père et ma mère n'étaient pas encore divorcés. Avant l'opération, je pleurais, j'avais peur, mais la perspective de manger autant de glaces que je le souhaiterais après l'intervention m'avait donné du courage. J'avais ravalé mes larmes. Ensuite, tout était allé si vite, le temps de dire au revoir à mes parents, de traverser une multitude de couloirs sur un lit roulant, de me retrouver sur une table et… pouf ! Dodo. Réveil. J'avais fermé les yeux pour les rouvrir dans la seconde, m'avait-il semblé, sur mes parents qui me disaient : « Tu vois, c'est déjà fini ! Et maintenant, elle est pour qui, cette grosse glace à la fraise ? »

« C'est fini ! C'est fini, Anna ! »

La voix de maman. Je jurerais l'avoir entendue. Comme si elle était vraiment près de moi.

Je veux manger une glace.

Glace.

À manger.

Glace.

Pour se regarder.

Miroir.

Miroir. Ce mot résonne en moi.

Ça y est ! Je me souviens ! La nuit dernière, j'ai essayé de m'enfuir. Je suis allée dans la chambre qui a une fenêtre donnant sur l'extérieur. J'ai ouvert les stores, pas complètement, ils se sont bloqués, mais j'ai réussi à me faufiler entre le sol et les premières lames des stores. Comme l'espace était trop petit, je me suis blessée. J'ai saigné. Abondamment. (Après le blanc, j'ai eu une vision tout en rouge.) Malgré ma blessure, j'ai couru. Couru. Ensuite j'ai dû perdre connaissance et quelqu'un m'a trouvée…

Le blanc. L'aiguille dans mon bras. Le ronronnement des machines. Le bruit du goutte-à-goutte. Les voix qui crient mon prénom. Maman, près de moi.

CHAPITRE 20

Je suis à l'hôpital. Je suis sauvée. Libérée. Quand je rouvrirai les yeux, je serai sortie du cauchemar.

Non, ce n'est pas ça.

Blanc. Rouge. Glace. Miroir.

Le miroir, dans la chambre. Il y avait un miroir accroché au mur. Je ne me voyais pas dedans. Comme si j'avais été invisible. Je me souviens que j'ai souhaité voir dans le miroir le reflet de mon père, et mon souhait a été exaucé. En partie du moins, car sa silhouette était déformée. Puis le miroir a soudain volé en éclats et il y a eu du sang par terre. Mais ce n'était pas mon sang. Je n'étais pas blessée, je l'ai vérifié. Ensuite, la pièce a rétréci, le sol s'est mis à onduler sous mes pieds, les murs menaçaient de se refermer sur moi. J'ai essayé d'atteindre la porte. Impossible, elle s'éloignait. Il est apparu à ce moment-là.

Il n'avait pas le visage rouge, signe de colère. Pour la première fois, j'ai été heureuse de le voir apparaître. Il venait m'aider. M'aider à sortir de ce piège. Il m'a tendu la main. Mais avant de répondre à son geste, j'ai regardé par terre. Il y avait un morceau de miroir plus grand que les autres. J'y ai à nouveau vu mon père. Sa silhouette n'était pas déformée, elle était nette. En revanche, j'ai aperçu une autre silhouette, à côté de lui. Celle-là était complètement floue, ce n'était qu'un corps sans visage. Qui bondissait sur mon père. Ce dernier tentait de résister, il se battait… Je n'ai pas vu la suite. Il a mis sa main devant mes yeux en me disant de sa voix de robot : « Ne regarde pas le miroir ! C'est mieux pour toi, Anna ! »

Pourtant je voulais regarder ! Je voulais voir qui agressait ainsi mon père ! Je voulais connaître l'issue du combat dont je n'avais vu que le début ! J'ai voulu repousser sa main. Impossible.

Parce que ma main passait au travers de la sienne.

Ça y est, j'ai ouvert les yeux.

Mais finie, la sérénité. Je ne me sens pas bien. Pas bien du tout. J'ai mal, terriblement mal. Une douleur atroce. J'ai l'impression qu'un étau enferme ma poitrine, qu'il broie les os de ma cage thoracique pour atteindre mon cœur avec des pinces et serrer, serrer.

Bruits de moniteurs. En état d'alerte maximale. Cris de panique. Quelqu'un – qui ? Lui ? – est en train de me faire un massage cardiaque. Ça ne marche pas. J'ai toujours aussi mal. Mes yeux vont se refermer. Du blanc au-dessus de moi. Que du blanc. Un plafond.

Soudain, un choc puissant. Dans ma poitrine. Boum ! Boum ! Boum ! Ce sont les battements de mon cœur qui repart. Je me redresse en hurlant. J'arrache la perfusion reliée à mon bras. Je me lève en dépit des interdictions qu'on me fait. Je ne sais pas qui m'ordonne de rester allongée, j'y vois trouble. Puis tout tourne autour de moi. Comme dans un film, lorsque la caméra balaie le décor en virevoltant. J'ai mal aux yeux. Il y a une paire de lunettes noires, là, à côté de moi. Je la mets, ça va mieux. Le plafond blanc au-dessus de moi est alors remplacé par une grande verrière. Derrière, la nuit, le ciel étoilé. Je reconnais la verrière qui surplombe la grande pièce, dans la maison. Le mouvement circulaire se poursuit, s'intensifie, il m'emporte, me transporte. Comme si j'étais au centre d'une puissante tornade. Je tiens le coup. J'arrive à respirer, à tenir debout. Je n'éprouve plus aucune nausée.

Lorsque cesse enfin cette sensation de tourbillon, je me retrouve dans la grande pièce du rez-de-chaussée.

CHAPITRE 20

Il me faut quelques instants pour reprendre mes esprits. Reprendre mes marques.

Ce que j'éprouve est étrange. Tout à l'heure, lorsque j'étais… je ne sais où, probablement dans une pièce de la maison que je n'ai pas encore visitée, je me suis crue à l'hôpital, libre. Je constate maintenant qu'il n'en est rien, que je suis toujours prisonnière. Et je ne suis pas déçue. Est-ce que je serais sujette à… Comment appelle-t-on ça, déjà ?… Lorsqu'un otage finit par éprouver de la sympathie pour son ravisseur ?… Le syndrome de Stockholm.

Il n'y a pas de miroir ici, mais comme au début de ma captivité je m'aperçois que je porte une tenue très élégante. Une robe de cocktail. En taffetas marron clair, mordorée, elle laisse les épaules dénudées, se resserre au niveau de la taille par un drapé orné d'un gros nœud. Elle arrive juste au-dessus du genou. Du sur-mesure. Elle est magnifique.

Merci.

Je monte les marches qui mènent à la salle à manger. Mon couvert est posé, comme chaque nuit. Sur la table, trois cloches en argent maintiennent les plats au chaud. Le menu est inscrit sur un bristol posé contre le verre :

Briochette au foie gras poêlé
Filet d'empereur et saumon sauce échalote
Trilogie glacée

Trilogie glacée. Toujours difficile de deviner les ingrédients cachés derrière les noms ronflants qui composent les menus des restaurants de luxe, mais là je crois bien qu'il s'agit de trois boules de glace aux parfums différents. (Il a su que j'en avais envie. Il lit dans mes pensées.) Je me passerais bien de l'entrée et du plat de résistance pour dévorer le dessert tout de suite, car j'ai toujours la bouche aussi sèche. Mais je m'en abstiens.

Je suis habillée comme une princesse et un repas de fête a été préparé pour moi. Trop triste de manger seule. De porter une aussi belle robe alors qu'on n'a pas d'invité. J'ai besoin de compagnie. Je vais peut-être regretter ce que je m'apprête à faire, mais tant pis. On verra bien.

— Est-ce que…

Je m'interromps. Ma voix tremble. L'émotion. Je ne sais pas si je vais arriver au bout de ma phrase. Si je vais oser formuler ma demande.

— J'aimerais…

Mais la voix de robot m'interrompt.

— Souhaiterais-tu une compagne, Anna ? Pour être moins seule ?

CHAPITRE 21

Jusqu'à quand allait-elle s'éterniser, cette fichue fête ?

Ferreira n'en voyait pas le bout. Minuit passé. Plus de trois heures qu'il était sur le pied de guerre. Au milieu d'une bande d'ados surexcités. Déguisés en zombies, fantômes ensanglantés, vampires, veuves noires et sorcières de tout poil, aussi tassés les uns contre les autres sur une estrade aménagée en piste de danse que s'ils se trouvaient dans le métro à l'heure de pointe, ils se trémoussaient sur du rap, de la techno ou du hard rock. Volume sonore maximal, évidemment. Le tout sous l'éclairage de projecteurs tournants qui balayaient la pièce d'une lumière jaune, rouge ou mauve. Et lorsque ceux-ci s'éteignaient, les smartphones, dont ces créatures fantasmagoriques n'avaient pu se séparer pour la circonstance, prenaient le relais, faisant office de lampes-torches et organisant un ballet de lucioles dans l'obscurité.

Cette planque, pendant la fête costumée d'Halloween donnée par le fils Perrin, le mènerait-elle à un nouvel indice ?

Ferreira avait auparavant fait le point avec son équipe. La

liste des invités, garçons et filles, avait été minutieusement étudiée. Il s'agissait en majorité de lycéens, inscrits en première ou en terminale au lycée que fréquentait le fils Perrin, auxquels s'ajoutaient quelques étudiants en première année de médecine, de droit ou en classe préparatoire, des anciens de ce même lycée. Aucun n'avait de casier judiciaire. Aucun n'avait eu le moindre problème avec les autorités. La fête se déroulait entre fils de bonne famille. Jean-Loup Perrin était issu d'un milieu très aisé. Son père, avocat, était propriétaire de sa maison, rue d'Alésia, une villa avec piscine en plein cœur de Paris, et il possédait également la maison des Lambert, rue David-d'Angers. C'était d'ailleurs au cours de la location de cette dernière que les familles Perrin et Lambert s'étaient liées d'amitié.

Les invités de Jean-Loup n'étaient *a priori* pas suspects. Le danger venait des inconnus qui participeraient à la soirée sans y avoir été conviés, les amis des amis, le petit copain de l'une ou de l'autre, etc. Le ravisseur, déguisé, pourrait se glisser parmi eux. Ferreira avait en outre décidé de tenir compte de l'avis du docteur Fournier. Selon ce dernier, le ravisseur voulait mettre l'accent sur la disparition de Mathias Lefaure, onze ans auparavant. Avait-il l'intention de s'en prendre à Coraline Perrin, la fille de l'avocat ? Car celui-ci, à l'époque, était non seulement le voisin de Mathias, mais aussi son ami. Coraline était âgée de quatorze ans, deux ans de moins seulement qu'Anna. Elle présentait ainsi un profil similaire et faisait une cible parfaite. Autre victime potentielle : la fille Lambert, âgée de seize ans, comme Anna. Le ravisseur ayant conduit, *via* Quentin Weber, Ferreira chez les Lambert, la piste était peut-être valable.

Le policier avait ainsi donné ordre à ses agents, dissimulés parmi les invités, de ne pas quitter les deux jeunes filles d'une semelle. Il avait minutieusement choisi ses « infiltrés ». Il les avait directement sélectionnés à l'école de police, parmi les éléments les plus brillants. Outre leur efficacité en cas de danger, ils devaient être très jeunes pour se fondre dans la masse des invités et ne pas éveiller les soupçons. Pour « cette mission d'infiltration » peu commune, *exit* les pirates, zombies, diablotins et autres accoutrements débiles du genre, il avait opté pour un déguisement de pompier, pratique pour dissimuler l'attirail nécessaire en cas d'intervention.

La surveillance de la soirée était planifiée de la manière suivante : plusieurs voitures étaient postées rue d'Alésia ainsi que dans les rues adjacentes, afin de surveiller l'arrivée d'un véhicule suspect. Ferreira, lui, ferait des allers-retours entre la maison et sa propre voiture, garée devant l'entrée, où Christophe Perrin l'attendrait, en planque lui aussi.

Il avait rencontré ce dernier dans son cabinet, place du Trocadéro. Après lui avoir exposé l'affaire qui l'amenait, l'enlèvement d'Anna par un mystérieux individu qui, semblait-il, avait mis au point une mise en scène autour du croque-mitaine et des contes de fée, il lui avait expliqué comment il en était arrivé jusqu'à lui. Sa visite chez les Lambert, le mail envoyé par son fils au sujet de la fête qu'il comptait organiser en l'absence de ses parents.

— Ah ! Le p'tit con ! Dans quel pétrin il s'est fourré ! s'était écrié Perrin, décrochant aussitôt son téléphone dans l'intention de s'expliquer avec son fils.

Ferreira l'en avait dissuadé. Il ne fallait surtout pas empêcher Jean-Loup d'organiser sa fête. Bien au contraire. La soirée devait avoir lieu comme prévu. C'était le seul moyen de savoir ce que le ravisseur avait en tête.

Après la colère, l'inquiétude avait saisi Perrin.

— Quel rapport peut-il y avoir entre ce cinglé et mon fils ? avait-il demandé. Comment sait-il que Jean-Loup projetait une fête, alors que sa mère et moi n'étions pas au courant ? Qu'est-ce qu'il compte faire ?

N'ayant pas de réponse aux deux premières questions, Ferreira fut contraint, pour la troisième, de confier à Perrin ses craintes concernant Coraline et la fille Lambert.

L'avocat devint aussitôt livide.

— Ne vous inquiétez pas, le rassura Ferreira. Nous serons là pour protéger votre fille. Partez avec votre épouse comme prévu, et laissez-moi faire.

— Pas question ! Je tiens à être là, avec vous.

— Ça ne me paraît pas une très bonne idée, monsieur Perrin, je préférerais que…

— Commandant, il s'agit de mes enfants. Vous m'avez flanqué la frousse. Soit je viens avec vous, soit je fais en sorte d'annuler cette fête.

Ferreira fut contraint d'accepter.

— Pourquoi on danze plus ?

— Eh bien… Parce qu'on a déjà pas mal dansé, non ? D'ailleurs, regarde, y a plus personne sur l'estrade.

Ferreira prit sur lui pour ne pas laisser échapper un soupir d'agacement. Oui, il avait dansé. Bien obligé. Plusieurs fois, qui plus est, avec une gamine de quatorze ans déguisée pour la circonstance en « sorcière gonflable ». Coraline Perrin portait en effet une tunique noire 100 % polystyrène resserrée à la taille par un ruban orange, qu'elle avait enfilée sur un pantalon vert pomme. Le gonflement de la tunique, qui lui donnait l'air d'une baudruche prête à s'envoler, était actionné par un ventilateur intégré fonctionnant avec des piles. (Elle lui avait dévoilé le savant mécanisme avec fierté.) Ce travestissement s'accompagnait du traditionnel chapeau pointu noir en feutrine et de l'incontournable balai à franges. Coraline chaussait par ailleurs des lunettes aux verres si épais que ses yeux paraissaient grossis par le même ventilateur que la tunique. Quant à ses dents, elles étaient ornées de deux rangées de bagues qui ne faisaient pas partie du déguisement, d'où le cheveu sur la langue.

La gamine s'était tout d'abord méfiée de cet adulte qui semblait s'intéresser à elle, puis peu à peu elle avait oublié la différence d'âge.

Pour son plus grand soulagement, le policier remarqua que sa partenaire montrait quelques signes de fatigue.

— Tu t'en vas à quelle heure, toi ? demanda-t-elle sans prendre la peine de réprimer un énorme bâillement qui fit glisser ses lunettes sur le bout de son nez.

Bonne question.

— Je ne sais pas au juste. Quand mes copains partiront, je les suivrai.

D'un geste du menton, Ferreira indiqua ses « camarades pompiers ». L'un, assis sur un canapé, discutait avec Jessica Lambert. L'autre se tenait à l'extrémité de la pièce, près de la porte, et comme Ferreira faisait semblant de chercher des yeux le troisième, à qui il avait demandé de faire une ronde à l'étage, Coraline, suivant son regard, lui affirma :

— Il est là-haut ! Y en a plein qui zont montés !

Ferreira sauta sur l'occasion.

— Tu veux monter te reposer, toi aussi ? Tu as l'air fatiguée.

Ferreira attendit avec impatience la réponse de Coraline. C'est qu'il n'avait qu'une hâte, la mettre au lit, la gamine. Seule, bien entendu. Porte fermée, verrouillée, après avoir vérifié qu'aucun monstre ne se cachait dans l'armoire ou sous la couette.

— Non, non, ze zuis pas fatiguée, répliqua Coraline.

Pourtant tout, dans son allure, disait le contraire. Ses lunettes, toujours sur le bout de son nez, étaient de travers, ce qui lui infligeait un léger strabisme. Elle avait égaré son balai quelque part, retiré son chapeau, et la sueur plaquait sur son front une frange qui, parfaitement lisse au début de la soirée, était à présent ourlée de nombreux frisottis. Son maquillage avait disparu, mangé par la transpiration, révélant un teint pâle et des traits tirés.

— Tu as vraiment l'air crevée ! Viens au moins t'allonger sur le canapé !

Coraline balbutia quelques « non ! non ! » pour la forme, d'une voix pâteuse, se laissa néanmoins conduire d'une démarche vacillante jusqu'au canapé sur lequel elle tomba, fermant les yeux avant même que sa tête ne repose sur un coussin. Elle prit ainsi place à côté de Jessica Lambert, endormie elle aussi, alors que quelques minutes auparavant elle discutait encore avec le jeune policier déguisé en pompier.

Le sommeil l'avait cueillie d'un coup tandis qu'elle était assise, les bras posés sur ses genoux, paumes vers le haut, la tête inclinée sur l'épaule de son interlocuteur. Jessica promettait d'être très belle d'ici peu de temps. Elle était en outre – Ferreira avait pu le constater au fil de la soirée – discrète et réservée. Elle portait une robe de cocktail noire, courte, arrivant au-dessus du genou, dont l'élégance résidait dans la simplicité. Le déguisement de rigueur pour la soirée tenait dans un détail humoristique, ajouté par le talent d'une couturière professionnelle : la robe était dotée d'une large capuche rouge en forme de bouche. On avait ainsi l'impression que le visage de Jessica était englouti par deux énormes lèvres. Elle était « à croquer ». Ferreira avait entendu cette réflexion de nombreuses fois au cours de la soirée.

Mais il n'apprécia soudain plus du tout cette note humoristique.

Ferreira pensa aussitôt à Anna. Était-elle endormie, comme Jessica et Coraline en ce moment ? Il contempla les deux jeunes filles. Elles paraissaient si fragiles, dans leur sommeil. Yeux fermés, traits détendus, elles gagnaient toutes les deux en beauté. Même Coraline. Le sommeil avait effacé tous les détails disgracieux de son visage.

Il s'efforça de chasser les idées morbides qui lui traversèrent l'esprit – sommeil, mort, quelle différence ? – et fit un signe discret à son collègue, lui signifiant de veiller sur les deux « belles au bois dormant ».

C'était maintenant qu'il fallait se montrer vigilant. Le sommeil fragilisait les filles, en faisait des proies faciles. Alors qu'on ne l'attendait plus, « le croque-mitaine » allait peut-être se manifester. Selon Fournier, il était directement issu des cauchemars d'Anna. Et les cauchemars viennent pendant le sommeil.

Il s'assura que l'autre agent se trouvait toujours à proximité avant de s'éclipser pour faire un tour à l'étage.

Il n'y vit rien de suspect. Trois ou quatre couples qui s'ébattaient. Le fils de la maison et sa compagne, dans sa chambre. Un deuxième couple avait investi la chambre des parents, un troisième la chambre d'amis. La salle de bains était elle aussi « occupée ». Pas son problème. Pas plus que les « space cake » ou les comprimés d'ecstasy qu'il avait vus circuler au cours de la soirée. Il n'était pas là pour surveiller ces jeunes. Il était là pour pister un dangereux individu.

Il décida, après avoir vérifié une dernière fois que, sous bonne garde, Coraline et Jessica étaient toujours profondément endormies (la première ronflait même), d'aller retrouver Perrin. Celui-ci avait déjà plusieurs fois, au cours de la nuit, menacé de faire irruption dans la maison.

En regagnant sa voiture, Ferreira fut soulagé de constater que Perrin semblait fatigué, lui aussi, en tout cas moins nerveux qu'au début de la soirée.

— Alors ? demanda néanmoins l'avocat avec anxiété, tandis que Ferreira prenait place à côté de lui sur le siège conducteur.

— Tout va bien.

— Ma fille ?

— Elle dort comme un bébé. Et son ange gardien veille sur elle.

— Tout va bien, tout va bien, répéta Perrin, c'est vous qui le dites ! Non mais regardez-moi ça !

D'un geste du menton, il indiqua un garçon qui sortait de la maison. Avançant d'une démarche titubante, trébuchant tous les deux pas, il s'approchait dangereusement de la piscine. Il se tint en équilibre instable au bord de celle-ci pendant un court instant, menaçant de s'étaler sur la bâche qui la recouvrait, mais il ne fit qu'y vider ses entrailles malades.

— Et vous allez me soutenir que toutes ces chères têtes blondes n'ont bu que du lait fraise ou du chocolat chaud ?

Ferreira haussa les épaules en signe d'impuissance.

— Bon, c'est vrai, ils ont bu un peu d'alcool, mais qu'est-ce que vous voulez y faire ? Ils sont jeunes après tout, certains, d'ailleurs, sont majeurs ! C'est les vacances, ils s'amusent. Vous en faisiez autant à leur âge, non ?

CHAPITRE 21

Perrin ne répondit pas.

— Est-ce qu'il y a de la came ? demanda-t-il après un bref silence. N'oubliez pas ma profession, commandant. Des dealers, j'en côtoie tous les jours dans mon boulot, et je connais l'âge de leur clientèle, à ces salauds !

— Je vous l'ai déjà dit tout à l'heure, quelques-uns, les plus âgés, ont fumé un joint, rien de plus.

— Mon fils ?

Ferreira soupira. Inutile de mentir.

— Il a tiré quelques bouffées, oui.

— Ma fille ?

— Alors là, non, rien ! s'offusqua Ferreira. Je ne l'ai pas quittée d'une semelle, j'ai veillé à ce qu'elle ne boive que du Coca et ne touche pas à une seule cigarette. D'ailleurs à ce propos… ça vous ennuierait d'éteindre la vôtre ? Vous avez fumé deux paquets depuis le début de la soirée. C'est à peine si je vous vois tellement l'habitacle est enfumé.

Perrin obtempéra à contrecœur et jeta sa cigarette à moitié consumée par la vitre de la portière.

— Pourquoi est-ce qu'il y a des lumières dans les chambres ? s'inquiéta-t-il, revenant à la charge. Qu'est-ce qu'ils trafiquent là-haut ? Et ne me dites pas qu'ils sont en train de jouer au Trivial Pursuit !

Ferreira soupira cette fois avec ostentation. Bon sang ! Il en avait assez de toutes ces questions. Il se sentait fourbu et déprimé.

— Ils flirtent, c'est tout ! répliqua-t-il d'une voix morne.

Perrin observa un silence un peu plus long. L'interdiction de fumer accrut sa nervosité. Il se mit à ouvrir et fermer plusieurs fois de suite la boucle de sa ceinture de sécurité, ce qui mit les nerfs de Ferreira à rude épreuve. Un regard éloquent de ce dernier le lui signifia et il stoppa net.

— Vous avez des enfants, commandant ?

Ferreira nia de la tête, non sans se rappeler que Fournier lui avait posé la même question. Non, il n'avait pas d'enfant. Il ne voulait pas en avoir, à cause d'une petite fille qui était morte trop tôt… *Merde, pas le moment de remuer les vieux souvenirs.*

— Si je peux me permettre un conseil, réfléchissez bien avant d'en faire, reprit Perrin. La vie change du tout au tout quand on devient parents. Ce n'est pas que je regrette d'en avoir, au contraire, mais… Quand on a des gosses, on se sent poussé à faire plus, toujours plus. Pour eux. Oui, toujours plus, répéta-t-il, songeur. Enfin, vous êtes jeune, vous avez le temps d'y réfléchir… Dites-moi, ça fait un moment déjà que je voulais vous poser la question. Est-ce qu'on ne se serait pas déjà rencontrés ? Votre visage m'est familier. J'ai l'occasion de croiser pas mal de policiers dans mon boulot, alors, peut-être que…

Ferreira s'était demandé quand Perrin lui ferait enfin la remarque. Il ne l'avait pas remis lorsqu'ils s'étaient vus, à son cabinet. Lui, en revanche, l'avait parfaitement reconnu. Perrin n'avait pas beaucoup changé. Si ce n'est que ses cheveux, à peine poivre et sel à l'époque, avaient à présent blanchi, et qu'il avait maigri. Son visage paraissait osseux, la peau était tendue sur les pommettes et, comme souvent avec l'âge, le nez s'était allongé et légèrement pincé. Il avait en outre une discrète cicatrice qui démarrait au-dessus du sourcil droit, le traversait et se terminait sur la paupière supérieure, au-dessus de l'œil, creusant un léger trou dans la pilosité du sourcil, comme si celui-ci avait été maladroitement épilé. Perrin n'avait pas cette cicatrice, onze ans auparavant, et Ferreira se fit machinalement la réflexion que la blessure qui en était à l'origine avait dû être douloureuse, l'œil aurait pu être atteint et perdu. Mis à part ces détails, Perrin avait gardé son élégance et sa prestance naturelles. La cicatrice ajoutait même à son charme.

— Oui, on s'est déjà rencontrés, confirma Ferreira. Il y a onze ans… (Il attendit un moment avant de poursuivre.) Pour la même affaire, en quelque sorte.

Perrin porta sur lui un regard interrogateur. Ses yeux s'attardèrent sur ceux de Ferreira, puis remontèrent sur son crâne.

— J'avais des cheveux à l'époque, devança le policier.

Perrin eut un léger mouvement de recul.

— Ça y est, ça me revient ! Vous étiez là, la nuit où Mathias est parti ! Vous accompagniez le commissaire… Comment s'appelait-il déjà ?

— Vidal. J'étais avec lui en tant que lieutenant stagiaire.

— Ça alors ! Est-ce une coïncidence ?

— Non, pas vraiment. Cette enquête n'aurait pas dû me revenir, mais Audrey Caron, la mère d'Anna, a tenu à ce que je m'en charge. Alors j'ai demandé à être détaché sur l'affaire.

— Pourquoi ?

— Parce que j'ai justement rencontré Anna cette nuit-là. Audrey a pensé que je prendrais l'enquête plus à cœur qu'un autre.

— Et c'est le cas ?

— Oui, c'est le cas.

Il y eut un silence plus long que les précédents.

— Audrey Caron, répéta Perrin. Comment va-t-elle ?

— Elle n'est pas au mieux de sa forme, vu les circonstances.

— Oui, bien sûr ! J'imagine qu'elle doit être affreusement inquiète. J'ai l'air ridicule, moi, à me faire du souci parce que mon fils m'a menti en organisant une fête et qu'il boit un peu d'alcool, alors qu'elle, sa fille a été enlevée. Elle doit vivre un cauchemar !

— Oui, un cauchemar, répéta Ferreira. Vous ne croyez pas si bien dire.

— Vous avez une piste ? Quelque chose de concret sur l'identité du ravisseur ?

— Eh bien, au début, Audrey pensait que Mathias avait réapparu et que c'était lui qui avait enlevé sa fille.

— Et vous, vous en pensez quoi ?

— J'étais plutôt favorable à cette hypothèse, mais plus le temps passe, plus je trouve que ça ne tient pas la route. Si Mathias a réapparu, s'il veut récupérer sa fille, pourquoi s'embarrasser de toute cette mise en scène en se travestissant en croque-mitaine ? Pourquoi faire peur à sa propre fille ? Ce n'est pas le meilleur moyen de lui prouver son amour. Ça ne colle pas.

— En effet, ça ne paraît pas logique. Mais vous allez tout de même creuser de ce côté-là ? Vous allez rouvrir l'enquête sur le départ de Mathias ?

— Oui, c'est déjà fait, en partie. Il y a un certain nombre de détails assez troubles dans cette affaire, je ne vais pas vous en faire la liste, mais, entre autres, j'ai découvert, en épluchant les relevés de carte bleue de Mathias, qu'il avait réservé et payé un week-end à Disneyland avec Anna. Ce séjour devait avoir lieu deux jours après sa disparition. Il avait également contacté une entreprise pour faire des travaux dans sa maison, il avait donc des projets… Il n'aurait pas repris contact avec vous, par hasard ? En vous demandant de ne pas révéler où il se cachait ? Vous étiez son ami à l'époque, je conçois parfaitement que vous ayez respecté sa volonté, mais maintenant c'est différent.

Perrin secoua la tête avec énergie.

CHAPITRE 21

— Non, non, il n'a jamais repris contact ! Je n'ai jamais plus entendu parler de lui, je vous assure. Pour ma part, dans les mois qui ont suivi le départ de Mathias, j'ai souvent appelé Audrey pour prendre des nouvelles d'Anna, parce que la pauvre petite avait été bien secouée cette nuit-là, mais j'ai vite compris que mes appels l'ennuyaient. Elle avait plutôt l'air soulagée que son mari soit parti, et moi, en tant qu'ami de ce dernier, je n'étais pas le bienvenu.

Exact. Ferreira avait fait la même expérience et en était arrivé à la même conclusion.

Les deux hommes se turent pendant un instant. Tout semblait calme dans la maison ainsi qu'aux alentours. De temps en temps, la porte s'ouvrait, un bruit de voix retentissait. Les derniers retardataires rejoignaient voitures ou motos.

Ferreira se tourna vers Perrin.

— Vous dites toujours « parti », en parlant de Mathias. Vous voyez, un autre détail étrange dans cette affaire, qui me revient à l'esprit à l'instant, Mathias a abandonné sa voiture. Elle est restée plus de six mois devant son domicile avant d'être enlevée. S'il avait prévu de prendre un avion ou un train pour fuir, la voiture, c'était tout de même plus rapide, plus pratique. Vous pensez vraiment qu'il est parti volontairement ?

— C'est ce qui avait été conclu à l'époque, non ?

Ferreira acquiesça.

— Est-ce qu'il vous aurait confié les raisons de ce départ ? Ou au moins dit quelque chose qui allait en ce sens. Une nouvelle fois, je vous répète que vous ne le trahirez pas. Plus maintenant.

— Désolé, commandant, je voudrais bien vous aider, mais je vous assure que je ne vous cache rien.

— Est-ce que vous vous souvenez si, à part vous, Mathias

fréquentait quelqu'un d'autre ? Je ne sais pas... Un autre voisin, par exemple. Auriez-vous remarqué quelqu'un, en particulier, qui lui rendait visite ?

— C'est tellement loin, tout ça ! J'ai bien peur de ne pas pouvoir vous répondre précisément. Un autre voisin, non, ça, je peux vous l'affirmer. À part nos deux petites bicoques, les maisons avoisinantes avaient été murées par la mairie en attendant leur démolition. Je pense cependant à... ces squatteurs qu'on voyait de temps en temps. C'étaient des Slaves ou des Polonais. Je me souviens que, lorsqu'ils étaient bourrés, on les entendait chanter en pleine nuit. Ils ne chantaient pas mal du tout, d'ailleurs.

— Des squatteurs ? répéta Ferreira, intéressé. Ça n'a été mentionné nulle part dans les rapports. C'est peut-être une piste ? Mathias n'aurait pas verrouillé sa porte cette nuit-là, un squatteur se serait introduit, d'où l'absence d'effraction et....

— Et ?

Ferreira haussa les épaules. L'énergie qu'il avait retrouvée l'espace de quelques secondes s'envola.

— Je ne sais pas. J'allais dire que le squatteur se serait introduit dans la maison pour voler quelque chose, Mathias l'aurait surpris, ils se seraient battus, les choses auraient mal tourné, la petite Anna, réveillée brusquement, aurait assisté à la scène et, voyant son père en danger, elle aurait pris l'intrus pour le croque-mitaine...

— Mais dans ce cas, j'aurais entendu du bruit. Nos deux maisons n'étaient séparées que par une cloison fine comme du papier.

Ferreira acquiesça, tout en continuant de réfléchir.

— Bon, admettons, reprit Perrin un moment après, admettons l'hypothèse que je dormais profondément et que je n'ai rien entendu avant d'être réveillé par les cris d'Anna, on aurait trouvé, je ne sais pas, du sang, ou au moins des traces de lutte dans la maison, non ?

— Le type a peut-être eu le temps de tout nettoyer avant votre arrivée ?

— Possible. Mais Mathias ? Parce que, si je poursuis votre raisonnement, Mathias aurait été soit blessé, soit… assassiné, c'est bien ça ?

— Oui.

— On l'aurait retrouvé. Blessé ou mort, on l'aurait retrouvé, non ?

— Exact. Or on ne l'a pas retrouvé, confirma Ferreira, découragé. De même qu'il ne semble pas y avoir eu de vol. À croire que son agresseur, si agresseur il y a eu, était vraiment un fantôme !

Un nouveau silence ponctua sa phrase.

— Un fantôme qui réapparaîtrait onze ans après ? Pour s'en prendre, après le père, à la fille ?… Écoutez, je ne veux pas vous vexer, commandant, mais votre histoire n'est pas très convaincante. Pourquoi cet homme, parce que nous parlons bien d'un homme, n'est-ce pas ? Nous sommes bien placés vous et moi pour savoir que crimes et délits sont commis par des êtres de chair et de sang, pas par des fantômes ! Pourquoi cet homme se travestirait-il en croque-mitaine ?

— Parce qu'il sait qu'Anna en a une peur phobique.

— Vous voulez dire en avait peur, quand elle avait cinq ans ?

— D'après le psychiatre qui la suit, Anna fait un cauchemar récurrent dans lequel le croque-mitaine qui, pense-t-elle, a dévoré son père, revient la chercher pour la tuer à son tour. Elle souffre de cette peur phobique depuis la disparition de son père. D'où la mise en scène du ravisseur.

— Je n'étais pas au courant, remarqua Perrin. Quand j'appelais Audrey, elle me disait que la petite allait bien, que son père lui manquait, mais sans plus…

— Je sais, elle ne m'en avait rien dit, à moi non plus.

— Pauvre gosse ! s'exclama Perrin. C'est moche.

Les deux hommes s'abîmèrent un instant dans leurs pensées respectives. Perrin, comme de juste, s'en extirpa le premier.

— Dans ce cas, reprit-il, cela voudrait dire que le ravisseur sait qu'Anna rêve toujours du croque-mitaine ? Comment peut-il le savoir ? Il la fréquente ? Ou alors il… sonde, si je puis dire, son esprit ?

Ferreira demeura silencieux.

Quelqu'un qui la fréquente. Quelqu'un qui sonde son esprit. Ou les deux à la fois.

Une tension soudaine s'empara du policier. Penché en avant, mains crispées sur le volant, il fixa un point derrière le pare-brise. Il semblait prêt à mettre le moteur en route et démarrer la voiture pour prendre en chasse un individu qui aurait surgi derrière la brume qui commençait à se lever. Les mots de l'avocat tournaient en boucle dans son esprit. Ils avaient un sens même si, pour l'instant, Ferreira se refusait à l'admettre. Sa tension finit par se communiquer à Perrin qui suivit la direction de son regard.

— Qu'est-ce qui se passe ? Vous avez vu quelque chose ?

Ferreira nia de la tête, sans pour autant se détendre.

— Est-ce que vous connaissez le docteur Fournier ? demanda-t-il enfin.

— De réputation, oui, c'est un pédopsychiatre, je crois ?… Pourquoi me demandez-vous ça ?

— Pour rien.

CHAPITRE 21

Nouveau silence. Que Perrin rompit encore une fois.

— Commandant ?

— Oui ? répliqua celui-ci sans tourner la tête, le regard toujours rivé sur un point visible de lui seul.

— Je ne sais pas si c'est la fatigue, le manque de sommeil qui commence à se faire sentir, mais votre histoire de fantôme, de croque-mitaine ou de... je ne sais comment l'appeler... commence à me flanquer la frousse. Est-ce que je peux aller voir si ma fille va bien ? J'ai vraiment envie de la serrer dans mes bras ! Je n'ai pas oublié ce que vous m'avez dit, que ce... qu'on risquait de s'en prendre à elle.

Ferreira jeta un coup d'œil sur sa montre. Il n'était pas loin de six heures du matin. Il avait donné des instructions pour attendre le lever du jour et il ferait encore nuit pendant plus d'une heure. Mais le danger était passé. Le danger ne rôdait pas aux environs de la maison de Perrin. Il était ailleurs. Où ?... Il commençait à en avoir une idée précise.

— Allez-y ! dit-il à Perrin.

Celui-ci s'expulsa littéralement hors de la voiture et partit comme une flèche jusque chez lui.

CHAPITRE 22

Réunion exceptionnelle à sept heures du matin. Sébastien Kowan et Adrien Moldano, les officiers de police qui travaillaient avec Ferreira sur l'affaire, l'attendaient déjà. L'un consultait l'écran de son iPhone, l'autre sirotait rêveusement un café en bâillant et en s'étirant.

Ferreira ne leur livra pas tout de suite la raison de cette réunion matinale. Une piste sérieuse commençait à s'esquisser. Il avait longuement réfléchi après sa discussion avec Perrin. Seul, dans sa voiture, devant la maison de l'avocat où il était resté jusqu'à l'aube et d'où il était venu directement, se contentant de changer de chemise avant de démarrer. Pour affirmer qu'il tenait quelque chose, il avait besoin des dernières informations que ses collègues, espérait-il vivement, allaient lui livrer dans un instant. Il prit place et attaqua sans tarder.

— Kowan, fais-moi un bilan rapide de l'enquête de voisinage. L'interrogatoire des profs, des amis d'Anna, des voisins, la lecture de ses mails, des dossiers de son ordinateur.

Ça a donné quelque chose ?

— Le bilan sera très rapide : niet. Que dalle.

— Et tes recherches sur une enfant nommée Morel qui aurait été enlevée et qui serait morte ?

— Eh bien, on a en effet trouvé une fillette de ce nom, morte à l'âge de cinq ans comme tu le supposais, mais…

L'hésitation de son collègue annonça à Ferreira que la suite allait être décevante.

— Elle n'a été ni enlevée ni assassinée. La mort a été subite, pas criminelle pour autant. Maïté, c'est son prénom, est décédée des suites d'une violente crise d'asthme à l'hôpital Robert-Debré. Ça s'est passé en 2011, aux urgences où elle a été transportée en pleine nuit par les pompiers, accompagnée de ses parents. Ses parents, ce sont Geneviève et Bernard Morel. Ils se sont séparés peu après la mort de leur enfant. Geneviève a déménagé dans la région de Lyon, où elle a de la famille. Quant à Bernard Morel, les renseignements que j'ai obtenus à son sujet sont assez minces. Il était comédien. Après la mort de sa fille et la séparation d'avec sa femme, ça a été pour lui la descente aux enfers. Plus de travail, plus de domicile, il est devenu SDF. On l'a repéré dans plusieurs foyers d'hébergement, après, plus rien. J'ai arrêté là mes recherches, conclut Kowan. Ça ne me semblait pas très utile de poursuivre. Maintenant, si tu veux que je creuse un peu plus…

— Non, tu as raison, c'est inutile, répondit Ferreira. Si la petite Morel n'a pas été enlevée, si elle n'a pas été assassinée, c'est qu'il n'y a aucun rapport avec Anna. L'information qu'on m'a donnée était erronée… Quentin Weber ? On en est où avec lui ? enchaîna-t-il.

— C'est mieux de ce côté-là, poursuivit Kowan. On n'a pas encore mis la main sur le gamin, mais ça ne saurait tarder.

CHAPITRE 22

Parce qu'il a un casier pas mal rempli pour son âge. Il est fiché comme délinquant multirécidiviste. Il ne s'appelle pas Quentin Weber, mais Jérémy Mercier. Il a été arrêté plusieurs fois pour vol de voitures. Des voitures de luxe uniquement. C'est en quelque sorte une spécialité chez lui, pire, une espèce d'obsession. Il n'a pas été condamné à une peine de prison, mais à une détention en hôpital psychiatrique.

— En hôpital psychiatrique ? répéta aussitôt Ferreira. Quel hôpital ? Quel service ? Quand ça ?

Kowan fut pris de court par la tension soudaine de Ferreira, par la pointe d'agressivité à peine dissimulée dans ses trois dernières questions.

— Je ne sais pas, attends… (Il consulta ses notes, sans y trouver les renseignements demandés.) C'est un détail, non ? J'avoue que je me suis plutôt focalisé sur l'adresse du gosse, et d'ailleurs je l'ai eue. Je me suis pointé à son dom…

— On se fiche pas mal de son adresse ! le coupa Ferreira. Rien à foutre qu'on le retrouve ou pas, ce gamin était juste un pion manœuvré par le ravisseur. Ce qu'il me faut, c'est le nom de l'hosto où il a été placé en détention. Il me le faut tout de suite ! insista Ferreira.

— Bon ! Bon, très bien, je vais aller te chercher ça, ça doit être quelque part sur mon bureau… Je te rappelle tout de même que t'avais insisté pour qu'on le coince, ce gosse ! Je pouvais pas savoir que t'avais changé d'avis, rétorqua Kowan en se levant de mauvaise grâce.

— Non, attends !

D'un geste, Ferreira l'invita à ne pas bouger et se tourna vers Moldano, qu'il fixa avec une intensité soudaine tandis que celui-ci portait son gobelet de café à ses lèvres.

— Qu'est-ce qu'il y a ? demanda ce dernier. Mon rouge à

lèvres a bavé ?

La plaisanterie tomba à plat. Sans répondre, Ferreira s'empara du gobelet. Il le fit si brutalement qu'il renversa quelques gouttes de café sur le pantalon de son collègue.

— Merde ! Qu'est-ce qui te prend ? s'écria Moldano. T'avais qu'à le dire que tu voulais un café, je serais allé t'en chercher un, mon vieux !

De plus en plus tendu, Ferreira ne répliqua rien et se contenta d'un autre geste, tout aussi autoritaire que le précédent, pour signifier à Moldano de se taire. Il ne but pas le café dont il s'était emparé, mais, sous l'œil ahuri de ses coéquipiers, se borna à en respirer l'odeur. Plusieurs fois de suite. Gardant les yeux fermés. Ou les rivant au contraire sur le breuvage, comme si celui-ci était à même de lui révéler des informations capitales.

Cette odeur. Une odeur écœurante. Celle d'un café grossièrement filtré, puis réchauffé au micro-ondes. Une odeur de café brûlé. La même que…

Ferreira se remémora le premier rendez-vous qu'il avait eu avec Fournier, dans son bureau, à l'hôpital. Tout en parlant avec le psychiatre, il regardait ce qui se passait dans le couloir. Les patients en pyjama qui circulaient, ceux qui, dans une pièce voisine dont la porte était ouverte, se regroupaient autour d'une table où des aides-soignants distribuaient du café. L'odeur de café brûlé s'était faufilée jusqu'à lui. Elle l'avait écœuré, lui avait noué l'estomac. Son attention avait ensuite été attirée par les jumeaux, par leur dispute tandis qu'ils jouaient tous deux sur leur tablette. Mais avant l'intervention des jumeaux, Ferreira avait remarqué quelqu'un. Un garçon. Quelque chose avait dû le frapper, sa démarche, peut-être, ou ses cheveux, ramenés sur le front en une longue mèche qui lui cachait les yeux. Ou le fait que, à l'inverse des autres patients et comme les jumeaux, il n'était pas en pyjama… Ce garçon, c'était Jérémy Mercier. Ferreira en était certain. Tout s'expliquait à présent : la gêne qu'il avait éprouvée lorsque Jérémy, Quentin, s'était présenté, bien trop rapidement, quelques heures à peine après la divulgation de l'avis de recherche, la chaussure d'Anna sous le bras. Lorsque, au cours de l'interrogatoire, il ne lui avait servi qu'une suite de mensonges. Ferreira avait eu la sensation de l'avoir déjà croisé quelque part. Et pour cause… Ensuite, il y avait eu le coup de fil de Fournier. Comme un fait exprès. Qui avait donné lieu à ce simulacre de conversation entre Jérémy et lui. Le garçon avait soi-disant révélé l'endroit exact où il avait trouvé la chaussure d'Anna, dans l'escalier. Il avait évoqué l'odeur de chloroforme, la porte de l'armoire ouverte dans la chambre…

Mise en scène, tout cela.

Une mise en scène soigneusement orchestrée. Bien à l'avance.

— Pourquoi ? Mais pourquoi donc ? ! s'exclama Ferreira, sans se rendre compte qu'il parlait à voix haute, tandis que ses collègues passaient de l'ahurissement à l'inquiétude.

Il finit par revenir à lui, rendit à Moldano son café et porta son regard sur Kowan qui, toujours debout, attendait de savoir si oui ou non il devait aller chercher le nom de l'hôpital où Jérémy avait été placé en détention.

— Peu importe le nom de l'hôpital, conclut Ferreira, sans juger nécessaire de s'expliquer. On passe à la suite. L'acheteur des chaussures sur Internet ?

La question était pour Moldano.

— Je vais faire bref, dit celui-ci d'un ton bougon, frottant avec ostentation la tache de café sur son pantalon. Je passe sur les détails techniques. L'homme qui a acheté les chaussures sur Internet est un sacré bon hacker. Je n'ai réussi à remonter sa piste qu'en partie. Il a craqué un compte sur eBay sous le pseudonyme « black&white », comme la marque de whisky. Le serveur qu'il a utilisé m'a mené à une adresse mail, laquelle m'a conduit à une société qui fabrique des jeux vidéo. Je me suis pointé dans les bureaux de la société, j'ai repéré l'ordinateur suspect, c'était celui de la secrétaire du boss. La jeune femme a reconnu qu'elle utilisait de temps en temps son poste pour faire des achats persos, mais elle est tombée des nues lorsque je lui ai affirmé qu'elle avait récemment fait l'acquisition d'une paire de chaussures rouges de la marque Mary-Kiry. Encore plus quand elle a vu sur son compte bancaire qu'elle avait payé ces chaussures quatre cents euros. Elle avait l'air sincère, mais par acquit de conscience j'ai quand même relevé ses empreintes. Aucune concordance avec celles que nous avons trouvées sur la première chaussure. Alors je me suis dit que quelqu'un d'autre, dans la société, avait dû utiliser son ordinateur à son insu, et j'ai relevé les empreintes de tout le personnel, soit une vingtaine d'employés au total. Ça n'a rien donné. Donc, pour l'instant, le mystère qui entoure notre hacker demeure entier. Mais j'attends d'autres infos concernant l'adresse de livraison des chaussures, qui n'était pas celle de la société, ça me permettra d'avancer.

— Une société qui fabrique des jeux vidéo ? répéta Ferreira après un long moment de réflexion.

— Exact. C'est une petite société, mais qui a le vent en poupe. Ils ont sorti il y a quelques mois un jeu qui a fait un tabac. Les ados se l'arrachent, à ce qu'il paraît.

— « black&white » ? C'est bien ça, le pseudo de l'acheteur ?

Moldano acquiesça.

CHAPITRE 22

— Black and White, Black and White, répéta encore Ferreira. Noir et Blanc. Noir et Blanc…

— Merci pour la traduction ! T'es un as en anglais, Matteo !

Ferreira ne prit pas garde à l'ironie de la remarque. Comme tout à l'heure lorsqu'il humait l'odeur du café, il rompit le contact avec ses collègues et se plongea dans ses pensées.

Noir et blanc. Vêtements sombres. Vêtements clairs. L'un vulgaire et violent, l'autre poli et plutôt doux. Les jumeaux.

Les jumeaux qui, chez Fournier, aussi bien à l'hôpital que lorsque Ferreira les avait entendus se disputer par téléphone, se chamaillaient le bec à propos d'un jeu vidéo. Les jumeaux qui, aux dires de Fournier, avaient été hospitalisés dans son service car ils souffraient d'une dépendance trop marquée aux jeux vidéo.

— Moldano, reprit Ferreira, parmi les employés de cette société, tu n'aurais pas repéré par hasard deux jeunes types âgés de… disons… dix-sept ou dix-huit ans environ ? Des types qui pourraient passer pour des frères. Ils ont à peu près la même silhouette, la même taille, mais l'un porte des vêtements clairs et assez élégants, genre pantalon beige et polo Lacoste blanc, tandis que l'autre porte des vêtements sombres, tee-shirt noir, jeans noirs troués aux genoux. Ces deux types passent leur temps à s'engueuler… Ça te dit quelque chose ?

— Non, j'ai vu personne correspondant à cette description, répondit Moldano.

— Appelle la société ! Demande au patron si les types que je viens de te décrire font partie des employés. Ils n'étaient peut-être pas là le jour où tu y es allé.

— Tu veux que j'appelle tout de suite ?

— Évidemment, tout de suite ! Pourquoi attendre ? s'impatienta Ferreira.

— Il n'est que sept heures trente, ça m'étonnerait que j'arrive à joindre quelqu'un.

— Tu as les coordonnées personnelles du patron ?

— Oui, j'ai son portable.

— Alors vas-y, appelle ! Réveille-le !

Moldano obtempéra. Après s'être excusé auprès de son interlocuteur pour son appel matinal, il posa la question que Ferreira lui avait transmise. Il écouta attentivement la réponse, tout en prenant quelques notes sur une feuille de papier.

— Alors ? s'enquit Ferreira lorsqu'il eut raccroché.

— Positif ! Non seulement le boss a bien embauché les deux types en question, mais ce sont même eux les créateurs du jeu qui a fait un tabac. D'après ce que j'ai compris, il s'agit de deux surdoués dans leur domaine. Ils ont craqué l'an passé plusieurs des jeux de la société et ils n'en étaient pas à leur premier cyberdélit. Mais au lieu de porter plainte, le boss a préféré les astreindre à travailler pour lui. Le résultat a été concluant puisque la société a triplé son chiffre d'affaires. Aujourd'hui ils ne font plus partie du staff. Ils ont été recrutés par… Attends voir… (Moldano consulta ses notes.) Ils sont partis à l'université de Washington où ils travaillent pour le laboratoire HIT : Human Interface Technology… J'ai aucune idée de ce que ça veut dire, ajouta-t-il, pensif. Et toi ?

— Washington, tu parles ! s'écria Ferreira sans répondre à la question qui lui était posée. Ils y ont peut-être fait un tour, mais en ce moment je peux t'affirmer que ces deux petits cons sont à Paris… Tu peux stopper tes recherches sur l'acheteur des chaussures. « black&white », c'est eux. Les jumeaux.

— Tu les connais ? demanda Moldano.

Pas de réponse. Ferreira ne semblait même pas avoir entendu son collègue. Moldano se tourna vers Kowan et leva les deux mains, l'air de dire : « Mais qu'est-ce qui lui prend à la fin ? » Ils ne connaissaient pas bien Ferreira – ils travaillaient sous ses ordres depuis que le commandant avait été exceptionnellement détaché sur l'enquête – mais il paraissait évident que son comportement n'était pas normal.

— Tu pourrais nous éclairer, s'il te plaît ? intervint Kowan.

— Non, répondit Ferreira. Non, pour l'instant je ne peux pas. Mais si vous me donnez quelques minutes pour réfléchir, pour réfléchir seul, insista-t-il, je pourrai peut-être le faire dans un moment.

Comprenant qu'on leur donnait congé, les deux hommes se levèrent et quittèrent la pièce. Arrivé près de la porte, Kowan fit demi-tour et posa une feuille de papier devant Ferreira.

— L'emploi du temps d'Audrey Caron et le relevé de ses appels téléphoniques, précisa-t-il. Au cas où ça t'intéresse toujours.

Fournier.

Tout convergeait vers lui. Jérémy/Quentin, le prétendu « prince charmant », était un de ses patients. Les jumeaux, acheteurs des chaussures sur Internet, la pseudo-pantoufle de verre de Cendrillon, étaient également d'anciens patients du psychiatre.

La piste Fournier se confirmait donc. C'était bien celle que Ferreira avait envisagée avant la réunion. L'idée lui avait été suggérée par Perrin, sans que celui-ci en eût conscience, à la fin de leur conversation.

Fournier fréquente Anna. Fournier, en tant que psychiatre, est à même de sonder son esprit. Et Anna lui a raconté son cauchemar.

Ferreira avait désormais le nom du ravisseur. Mais le

mobile… Il avait beau réfléchir aux morceaux du puzzle qu'il venait de collecter sans parvenir à les assembler, le policier n'arrivait pas à trouver un mobile valable, à part… la folie du praticien.

Cependant Ferreira n'était pas au bout de ses surprises.

Les notes de Kowan sur lesquelles, en dernier lieu, il jeta un coup d'œil, lui apprirent qu'Audrey Caron se rendait tous les jours à l'hôpital Pitié-Salpêtrière. Elle y passait des après-midi entières. À en croire le rapport de Kowan, elle y était même restée une nuit complète. Quant à ses relevés téléphoniques, un numéro revenait de manière récurrente, celui du docteur Fournier.

Ferreira n'en croyait pas ses yeux. Pourtant, ces informations confirmaient les doutes qu'il avait eus au sujet d'Audrey lorsqu'il était passé la voir au salon de coiffure. Il avait alors jugé son attitude étrange. Elle paraissait à la fois trop décontractée pour une mère dont la fille avait disparu et mal à l'aise vis-à-vis de lui. Il avait eu le sentiment qu'elle lui cachait quelque chose. En dernier lieu, elle avait écourté l'entretien et l'avait renvoyé à Fournier. Comme si, à mots couverts, elle voulait dénoncer ce dernier. Ce que Ferreira, alors, n'avait pas été en mesure de comprendre.

Que le psychiatre et le ravisseur d'Anna ne fassent qu'un, ça n'avait déjà aucun sens, mais qu'Audrey, la propre mère de la victime, soit sa complice, ça, ça dépassait l'entendement.

CHAPITRE 23

« Souhaiterais-tu une compagne, Anna ? »

Une compagne ?… Mais non ! Pas du tout !

Il s'est mépris sur mes intentions. Pour une fois, il n'a pas été capable de lire dans mes pensées. Une compagne, ça voudrait dire une autre fille. Une fille qu'il enlèverait à sa famille, à qui il ferait subir le même sort que moi. Cela peut signifier aussi une compagne « virtuelle », une hallucination, comme les visites d'Anna Petite. Je n'ai aucune envie d'attirer le malheur sur une pauvre fille choisie au hasard, encore moins de jouer aux devinettes avec Anna Petite.

Je ne veux pas d'une compagne.

Ce que je veux, c'est honorer le repas de fête que tu as préparé pour moi. Ce que je veux, c'est te remercier pour la robe que je porte. Ce que je veux, c'est rompre ma solitude et profiter d'un dîner en tête-à-tête.

Avec toi.

Une dernière hésitation, puis j'exprime mon souhait à voix haute.

— Voudriez-vous dîner avec moi ?

J'ai peine à croire que j'ai posé cette question. Pendant une fraction de seconde, je regrette mes paroles qui résonnent dans le silence de la maison. Je viens de réclamer son apparition. Insensé ! Dément !

Mais non. J'ai bien fait. Je devais le faire. Je me place désormais sur le même terrain que lui. Depuis que je suis sa prisonnière, il fait référence aux contes de fée que me racontait mon père. *La Belle et la Bête* semble être sa référence récurrente. Une sorte de code. Alors, à mon tour d'utiliser ce code. Dans *La Belle et la Bête*, la Bête demande à la Belle si elle veut l'épouser. Lui, il me demande si je veux être sa fille. La Bête demande aussi à la Belle, un soir, si elle consent à ce qu'il reste pour la voir souper. J'ai inversé les rôles. En le conviant à dîner avec moi, je ne fais que le devancer.

Je prends les commandes.

Si je parviens à réclamer son apparition, c'est que j'ai vaincu ma peur. D'ailleurs, c'est bien le cas. Je ne tremble pas, ma respiration est régulière, mon cœur bat normalement. Je suis sereine. (Je pense machinalement à maman et au docteur Fournier. Ils seraient fiers de moi.)

Je dois maintenant non seulement supporter sa présence, mais lui parler. Sans mentir, sans détour. D'égal à égal. Je ne l'ai jamais fait. Je ne me suis entretenue avec lui qu'une seule fois, au début de ma captivité, après m'être introduite dans la chambre interdite, et je lui ai alors menti.

À présent, c'est moi qui vais le questionner. Le fantôme de mon père hante cette maison et je veux savoir pourquoi.

Si je dialogue avec lui, j'aurai franchi le dernier échelon de la peur.

CHAPITRE 23

Game over. Ce sera la fin de ce jeu maléfique.

Il y a comme un parfum de fleur dans l'air. Ça sent le jasmin. Ou la rose. Ou… Je ne sais pas quoi, au juste.

Les lumières baissent. Sur la table, la vaisselle se met soudain à tinter. Les verres s'entrechoquent, émettant un son de cristal. La porcelaine des assiettes tintinnabule… Parce que la table tremble. Le sol tremble. Je le sens sous mes pieds. La pièce est secouée de vibrations. L'intensité de la lumière faiblit, mais les ampoules ne clignotent pas, comme c'est le cas lorsqu'il est en colère. Je lève la tête. Derrière la grande verrière, j'aperçois une kyrielle de points scintillants. Des étoiles. Jamais je n'en ai vu autant. C'est magnifique. On dirait que leur nombre ne cesse de croître, qu'il n'y a pas assez de place pour elles dans le ciel, si bien qu'elles franchissent la barrière de la verrière. Comme un orage d'étoiles. Oui, il pleut des étoiles ! C'est une véritable explosion d'étincelles, de paillettes qui envahissent la pièce et qui, bientôt, dessinent les contours de sa silhouette.

Jamais il n'est apparu de cette manière. Je suis au cœur d'un incroyable spectacle de magie. Et je m'en réjouis ! Éblouie par l'éclat de ce magnifique scintillement, j'ai du mal à garder les yeux ouverts. Je le distingue mal. Sa silhouette semble projetée sur un écran telle une diapositive. Elle est d'abord floue, puis, comme si mes yeux se substituaient à l'objectif d'un appareil photo et faisaient la mise au point nécessaire, j'arrive enfin à le voir nettement.

La lumière retrouve son intensité. Le sol ne tremble plus.

Quelques paillettes courent encore çà et là, sur ses épaules, ses bras, ses cheveux, comme les étincelles d'un courant électrique, puis elles s'éteignent. J'ai presque envie d'applaudir au « spectacle », à cette nouvelle performance de sa part. S'il a voulu m'épater, c'est réussi.

Il est là, devant moi.

Mais il est différent.

Il n'a plus cette pâleur crayeuse comme avant, bien qu'il soit encore livide. Comme s'il était malade. Ses yeux ont changé. Ils ne sont plus striés de veinules rouges. L'incandescence qui caractérise habituellement son regard a disparu. Elle s'est éteinte. Je lis dans son regard quelque chose qui ressemble à de l'étonnement. Il ne s'attendait pas à ce que je l'invite à me rejoindre. Il ne se tient plus aussi droit et raide qu'à l'ordinaire. Légèrement penché, il semble mal campé sur ses jambes. Il manque d'assurance, fait preuve d'une forme de timidité. Sa bouche n'est plus figée, ses lèvres frémissent et les commissures en sont légèrement relevées, comme s'il essayait de sourire, sans toutefois y parvenir. Étonnement. Timidité. Pas de franc sourire, mais une ébauche. Il a des sentiments. Il devient… humain.

Quant à moi, je vérifie que ma peur s'est envolée.

Il s'approche de moi et me tend la main. Je réponds à son geste. Cette fois je ne suis pas effrayée de constater que ma main passe au travers de la sienne. La sensation n'est pas désagréable, c'est comme percer une toile d'araignée ou un voile de coton. Je cale mon pas sur le sien et j'ai l'impression de glisser sur le sol, mieux, de voler jusqu'en haut des marches qui conduisent à la salle à manger. Il me convie d'un geste à passer à table et ne prend place que lorsque je suis assise. Il est galant.

Un moment de gêne.

Je suis embarrassée. Je l'ai invité à dîner avec moi, or sur la table, il n'y a qu'un seul couvert et les placards de la cuisine sont vides. Tant pis, j'improvise ! Je prends la première assiette, posée sur une deuxième, plus grande, que je suis censée utiliser pour le plat de résistance, et la pousse vers lui. Je fais de même pour le verre à vin, la fourchette et le couteau à poisson. Ce n'est pas très classe, mais ça ira, non ? Je soulève l'une des cloches, celle qui couvre le foie gras, coupe en deux la portion qui m'était destinée pour lui en servir la moitié. Je m'apprête ensuite à manger, en l'invitant d'un regard à m'imiter. Mais il ne le fait pas.

Bien sûr. Il ne peut pas manger.

J'entame le foie gras, en mâche lentement une première bouchée pour me donner une contenance. Mais ça passe mal. Le bruit de ma mastication résonne à outrance dans le silence. Ce n'est pas vraiment l'ambiance du « dîner aux chandelles » que j'espérais.

— Tu n'as qu'à me dire de m'en aller si je t'ennuie, je partirai tout de suite.

— C'est vous qui décidez. C'est vous le maître des lieux.

— Non, la maîtresse du jeu, c'est toi.

Un jeu ? C'est donc ainsi qu'il conçoit ma captivité ?

Il a toujours sa voix mécanique, sa voix de robot. On dirait qu'il récite des phrases apprises par cœur. Mais quand on apprend ainsi par cœur les répliques d'un dialogue, il faut que le partenaire ait connaissance des réparties prévues. Ce qui n'est pas mon cas.

Pour l'instant, mon silence a valeur de réponse. Non, je ne veux pas qu'il parte, il le comprend. En paraît rassuré. J'avale une seconde bouchée de foie gras.

— Tu me trouves effrayant, n'est-ce pas ?

Il a décidément bien appris sa leçon. Notre « conversation » est directement inspirée de *La Belle et la Bête*. D'accord.

Je continue sur ma lancée et me fie à mes souvenirs pour répondre à peu près comme le fait la Belle dans le conte :

— Oui, c'est vrai. Je mentirais en affirmant le contraire. Mais je crois que... si vous êtes effrayant, vous n'êtes pas méchant. (De fait, ma réponse est sincère.)

— Tu as raison. Je suis effrayant. Je n'ai pas d'esprit, pas d'intelligence, je ne sais pas parler. Je ne suis qu'un monstre.

— Avoir conscience qu'on n'a pas d'intelligence, c'est déjà une forme d'intelligence.

Il demeure immobile un instant, comme s'il lui fallait du temps pour que mes paroles parviennent jusqu'à son cerveau, pour qu'il les comprenne et les assimile. Est-ce bien la réponse qu'il attendait ? Va-t-il pouvoir poursuivre ou être contraint d'interrompre notre conversation, faute de savoir improviser ?

— Mange donc ! me dit-il enfin en voyant que je ne touche plus à mon assiette.

— Vous ne m'accompagnez pas ?

Il me fait un signe négatif de la tête. J'avale une troisième bouchée. On dit que l'appétit vient en mangeant, mais là c'est l'inverse. D'autant que, si «la briochette de foie gras poêlé » – le nom pompeux inscrit sur le menu – a l'air appétissante, elle n'a aucun goût, aucune saveur. Je mâche, j'avale, et rien. J'ai l'impression de manger du vide. Néanmoins je continue. Je poursuis le *jeu*.

— Anna, veux-tu être ma fille ?

La question rituelle. On dirait qu'il est programmé pour la poser à heure fixe, quelles que soient les circonstances. Même si j'y suis habituée, cette question me coupe le peu d'appétit que j'avais. Sans hausser le ton, sans craindre sa réaction, je réponds calmement :

— Non.

CHAPITRE 23

Puis j'ajoute :

— J'ai déjà un père.

Je repousse mon assiette. Maintenant, ça suffit. On oublie la mascarade de *La Belle et la Bête*. Maintenant, c'est à moi de mener le jeu.

— Que savez-vous de mon père ?

Cette question n'était pas prévue au programme. Elle le met mal à l'aise. Il plisse les yeux, comme s'il essayait de faire appel à des souvenirs, puis laisse dériver son regard vers un point, loin, à l'autre bout de la pièce. Revient ensuite vers moi. Pour un monstre, une bête sans intelligence, comme il l'a dit lui-même, je trouve qu'il mime assez bien les réactions humaines.

— Mathias. Un bon père. Toujours à la maison pour toi. Toujours à te raconter une histoire, le soir. J'ai pris exemple sur lui. Je l'ai imité. Cette maison, en forme de bateau, c'est celle qu'il voulait construire. Je lui ai volé sa vie. J'ai été puni.

— Comment savez-vous que mon père se prénommait Mathias ? Vous l'avez donc connu ? Quand ? Comment ? Qu'est-ce que ça veut dire, lui « voler sa vie » ? Pourquoi dites-vous que vous avez été puni ?

J'ai posé trop de questions d'un coup. Il a déjà fait un effort en me répondant une première fois sans réciter des phrases apprises par cœur. Sa voix était différente. Moins monocorde, plus vibrante, alternant bizarrement les graves et les aigus, comme si ses cordes vocales se substituaient à celles d'un instrument de musique et qu'il s'essayait maladroitement à des gammes. Une lueur s'allume soudain dans ses yeux. Plus qu'une simple lueur, c'est une lumière. Rouge. Un signal d'alarme. Il panique. Il ouvre la bouche pour tenter de me répondre, mais aucun son n'en sort. Il lutte contre quelque chose qui l'empêche de parler, grimace comme s'il était subitement aphone.

— Ma fille. Morte ! articule-t-il enfin à grand-peine.

— Votre fille ?

Ses yeux rouges s'emplissent de larmes tandis qu'il hoche la tête.

— Votre fille, c'était la petite qui habitait…

D'un geste du doigt, je désigne la « chambre de princesse », à l'étage.

Le hochement de tête se poursuit, s'intensifie, comme une mécanique qui, une fois lancée, ne s'arrêterait plus. Même chose pour les larmes qui baignent son visage. Je les vois qui tracent des sillons sur ses joues, qui tombent sur la table, mouillant la nappe, y formant même une petite flaque. Personne ne pleure de cette façon ! Personne n'a autant d'eau dans les yeux !

— Comment votre fille est-elle morte ?

— Le croque-mitaine. La malédiction. Moi. Je suis maudit.

Ses propos sont de plus en plus confus. Je n'y comprends rien. Il pleure, il a déjà pleuré, c'est vrai, en évoquant la mort de l'enfant juste après ma première visite dans sa chambre. Il m'avait dit alors l'avoir tuée, sans révéler qu'il s'agissait de sa propre fille. Ça n'a pas de sens. Il déraille. J'ai tout à coup la certitude que sa disparition est imminente et que je dois faire vite si je veux obtenir d'autres réponses. Les contours de sa silhouette commencent déjà à se flouter, je le vois trouble, comme si je le regardais à travers un plan d'eau.

Je répète ma question en haussant le ton, en cherchant sa main, en essayant de la garder entre les miennes. Impossible. C'est comme empêcher une poignée de sable de filer entre les doigts.

CHAPITRE 23

— Comment votre fille est-elle morte ?

— Morte de… peur. Le croque-mitaine. Moi. Comme toi. Toi aussi, je t'ai fait peur. Puni… Maudit, je suis ! Et… Et…

Sa voix se brise, elle se casse, au sens propre du terme.

— Mais je n'ai plus peur de vous !

— Maintenant, non, mais avant…

— Vous voulez dire, quand j'étais petite ?

Il acquiesce.

— Parce que c'était bien vous que je voyais quand j'étais petite ?

— Oui, tous les soirs, dans le placard. C'était moi.

Morel. Anna Petite m'a affirmé que la petite fille de la chambre interdite s'appelait ainsi. Elle m'a dit que l'ours avait entendu ce nom dans « la vieille maison pourrie de papa avant que l'ogre le mange ». *Son* nom, donc.

— Mais alors, alors… Ça signifie que c'est vous qui avez dévoré… (Je me corrige aussitôt.) Tué mon père ?

Sa panique s'intensifie. Il pousse un véritable cri d'horreur.

— Non ! Non ! Pas moi !

Il se lève d'un bond et recule violemment. Avec cette façon qu'il a de se déplacer à toute vitesse, j'ai à peine le temps de me lever moi-même qu'il est déjà en bas des marches. Je dévale l'escalier quatre à quatre pour le rejoindre.

— Alors qui l'a tué ? Parce que c'est bien ça, hein ? Il n'a pas seulement disparu ? Quelqu'un l'a tué ? Qui ? Dites-moi ce qui s'est passé !

— Celui qui l'a tué… Mort de suis le voir revenu après Maïté.

Ses mots, qu'il a toujours autant de mal à prononcer, sortent à présent de sa bouche dans le désordre. Il s'éloigne alors que je m'approche de lui. L'un de ses bras, le gauche, disparaît tandis que je tente de l'agripper. Son bras s'efface. Comme si on l'avait gommé.

— Placard ! Moi, dans le placard ! Lui, dans le miroir !

Le miroir.

Le miroir, dans la pièce où j'ai tenté de m'enfuir. Il avait éclaté en morceaux. J'y avais aperçu une silhouette agresser celle de mon père, sans la voir distinctement. Et tandis que les murs se refermaient sur moi, tandis que je me croyais prise au piège, c'est lui, lui-même qui était venu me secourir et m'empêcher de regarder dans ce miroir.

— Qui était-ce ? Dans le miroir, qui se battait avec mon père ?

Il ne répond pas. Sa bouche s'ouvre et se referme plusieurs fois de suite. Cette fois plus aucun son n'en sort. Du moins aucune parole audible. Il ne s'en échappe plus qu'une sorte de bourdonnement. On dirait le toussotement d'un moteur qui va tomber en panne, ou un bruit de friture sur une ligne téléphonique. On dirait qu'il va… bugger. C'est le seul terme qui me semble convenir pour décrire son état.

Le sol tremble à nouveau. Les murs ondulent. Les lumières de la pièce ne clignotent pas car c'est lui, cette fois, qui clignote, comme si tout son corps n'était plus qu'un SOS, un signal de détresse. Puis c'est l'explosion d'étincelles.

Il a disparu.

Les vibrations qui secouent la maison se poursuivent pendant plusieurs longues minutes. Une légère nausée monte en moi, mais je parviens à la surmonter sans mal. Je dois poursuivre. Obtenir les réponses à mes questions. Même sans lui.

Je monte l'escalier conduisant à la mezzanine et me

dirige vers la pièce où se trouvait le miroir. Je n'y vais pas pour m'enfuir cette fois, mais dans l'espoir que les éclats de miroir s'y trouvent encore. La maison est en proie à un bouleversement total. Toutes les portes sont grandes ouvertes, révélant l'intérieur des pièces en train de se vider. Les chambres n'ont plus que la moitié de leurs meubles. Un vent violent s'y engouffre, faisant voler les objets qui s'éparpillent dans l'air avant d'exploser et de disparaître.

« C'est la fin du jeu. LA FIN DU JEU. » Cette phrase tourne en boucle dans ma tête.

Non, non ! Pas encore ! Une minute, juste une minute !

J'arrive enfin dans la chambre au miroir. Les éclats sont encore éparpillés au sol, comme autant de couteaux entre lesquels je dois slalomer pour les éviter. Je saisis l'éclat le plus gros, celui où j'avais aperçu le combat entre mon père et la mystérieuse silhouette.

Mon geste est trop brutal et je me blesse. Rien de grave, juste une égratignure. Une petite goutte de sang perle à mon doigt sans que j'éprouve de douleur.

En revanche, ce que je vois dans le miroir n'a aucun rapport avec ce que j'espérais. Ce n'est pas l'image de mon père qui apparaît. C'est celle de ma mère.

Maman. Pâle. Épuisée. Les traits déformés par l'inquiétude. Les yeux bouffis et rougis par les larmes. (Je crois bien que, aussi loin que remontent mes souvenirs, je ne l'ai jamais vue pleurer ainsi.) Elle semble désespérée, paniquée. Elle s'adresse à quelqu'un que je ne vois pas dans le miroir en le suppliant :

— Arrêtez ! Arrêtez tout ! Ça suffit maintenant ! s'écrie-t-elle. Je n'en peux plus ! Je n'aurais pas dû vous permettre de faire ça ! ajoute-t-elle, éclatant en sanglots.

Mon cœur se serre. Je ne sais pas depuis combien de temps je suis prisonnière. Trop longtemps. J'oublie instantanément ce pour quoi je suis venue dans cette pièce. Il n'y a plus qu'une seule chose que je désire. Revoir maman.

Maman dont je caresse le visage sur le miroir. Avec l'impression qu'elle est là, réellement, tout près de moi. Avec l'impression de sécher ses larmes par le seul effleurement de mes doigts.

— Ne t'inquiète pas ! Ne t'inquiète pas, maman ! Je vais bien !

J'aimerais tellement qu'elle m'entende.

Mais c'est lui qui m'entend.

— Tu veux rentrer chez ta mère ? me demande-t-il.

Je me retourne. Personne. Je ne le vois pas, je ne peux que l'entendre.

— Oui, je le veux.

— Très bien. Tu seras chez toi demain, au matin. Quand tu te réveilleras, tu seras auprès de ta mère.

La voix de synthèse. Plate. Sans inflexion. Comme si elle avait été restaurée. Réparée. Il peut parler à nouveau parce qu'il revient à « son programme », au dialogue inspiré de *La Belle et la Bête*, lorsque la Bête donne la permission à la Belle de revoir son père.

— Je te donne deux jours. Deux jours, pas plus, ensuite tu reviendras, sans quoi je mourrai.

Dans le conte, la Belle n'a qu'à poser sur la table une bague que la Bête lui a donnée pour revenir au château. Or moi, s'il m'a offert de belles robes, des « robes de princesse », depuis que je suis sa captive, il ne m'a jamais parée d'aucun bijou.

— Comment pourrai-je revenir ici ? Je ne sais pas où je suis.

CHAPITRE 23

— Le moment voulu, tu sauras retrouver ton chemin.

À peine a-t-il prononcé ces paroles que je sombre dans un gouffre noir.

À mon réveil.

Le lendemain ? Un jour après ? Deux ? Dix ? Dans la minute qui suit ?…

J'ouvre les yeux sur le visage du docteur Fournier. Je suis allongée sur un lit d'hôpital. Je tente de me redresser. Impossible. Mes bras et mes jambes sont sanglés.

— Laissez-moi seule avec elle ! dit maman en entrant dans la pièce.

CHAPITRE 24

Et maintenant ? Qu'allait-il faire ? Poursuivre ses réflexions en solitaire ? Continuer à achopper sur ce fichu mobile ? Pourquoi d'ailleurs s'obstiner à en trouver un ? La priorité, l'urgence, c'était de filer libérer Anna.

Et d'arrêter Fournier. Mais d'abord…

Ferreira saisit son téléphone dans un mouvement de rage pour composer le numéro d'Audrey. Non contente d'être la complice du ravisseur de sa propre fille, elle avait peut-être aussi, onze ans auparavant, tué son mari ? Pourquoi pas, après tout ? Car Mathias était probablement mort. Alors il fallait maintenant qu'elle s'explique, cette veuve qui ne s'était pas donné la peine, à l'époque, de paraître éplorée, mais qui, en revanche, avait parfaitement joué la comédie lorsque, en larmes, elle l'avait appelé pour lui annoncer qu'Anna avait été enlevée.

Ferreira se ravisa au dernier moment. Appeler Audrey reviendrait à la prévenir, à lui révéler qu'elle était démasquée. Elle pourrait alors alerter Fournier. Hors de question. Elle s'expliquerait en temps et en heure. C'est-à-dire très bientôt.

Ferreira jeta un œil à ses collègues, qu'il apercevait à travers la porte vitrée de son bureau. Assis derrière leurs ordinateurs respectifs qu'ils n'avaient pas allumés, ils affichaient ostensiblement leur mauvaise humeur. Kowan consultait ses messages personnels sur son portable et Moldano en était encore à frotter la tache de café sur son pantalon. Ils ne cessaient, l'un et l'autre, de couler des regards en coin dans sa direction. Après la réunion à laquelle Ferreira avait mis un terme pour le moins abrupt, ils attendaient des directives précises pour poursuivre leur travail. Ils attendaient surtout que Ferreira se décide à leur révéler ce que, à l'évidence, il savait et gardait pour lui. Ils n'allaient pas tarder à le manifester clairement.

Il lui fallait prendre une décision.

Maintenant. Tout de suite.

Arrêter Fournier. Oui, bien sûr. Mais comment ? Avec l'aide de ses collègues ? Celle d'autres officiers qui encercleraient l'hôpital Pitié-Salpêtrière ? Car Fournier devait tenir sa victime prisonnière au sein même de l'hôpital. Aucun doute là-dessus. Audrey s'y rendait tous les jours, y compris la nuit. Le numéro qui revenait sur ses relevés téléphoniques était soit le portable de Fournier, soit celui de son service.

Où exactement, dans l'hôpital, Anna était-elle séquestrée ? Dans ce fameux « laboratoire » où, lorsqu'il avait cherché à joindre le psychiatre, on ne le lui avait passé qu'avec une réticence marquée ? Cela signifiait que, outre les jumeaux et Quentin, le médecin y avait d'autres complices. Comme, par exemple, ce type en tenue stérile que Ferreira avait aperçu le jour où il discutait avec Fournier, quand celui-ci l'avait à nouveau éconduit en lui parlant de la petite Morel… Sûrement.

CHAPITRE 24

Il paraissait improbable que Fournier ait pu séquestrer Anna dans un placard ou un sous-sol quelconque, uniquement avec l'aide de ces deux tarés de jumeaux, hackers surdoués et génies en informatique certes, mais complètement déjantés par ailleurs.

Insensé. Insensé.

Ferreira ne faisait que répéter ce mot.

Insensé aussi le fait que, au lieu de se réjouir de la perspective de retrouver Anna, au lieu de filer la libérer avant qu'il ne soit trop tard, il demeurait là, à s'interroger plus avant. La mère d'Anna, il lui passerait les menottes sans hésiter, mais Fournier… Il avait des scrupules envers lui. Il imaginait déjà la mise à jour des pages Internet consacrées au psychiatre. Les commentaires sur les divers forums. Les gros titres dans la presse : « Un célèbre scientifique sombre dans la folie. »

— T'as fini de cogiter ? Tu peux nous mettre au parfum maintenant ?

Kowan et Moldano étaient entrés dans son bureau sans que Ferreira s'en rende compte. Ils se tenaient dressés tels deux piquets, deux sentinelles de part et d'autre de la porte.

— Oui, oui, j'ai fini, enfin… Pas tout à fait.

Ferreira se leva, prit son blouson qu'il ne réussit à enfiler qu'après s'être aperçu qu'il avait glissé le bras gauche dans la manche droite.

— J'ai un dernier détail à vérifier.

Il jeta un coup d'œil sur sa montre, prenant soin d'éviter le regard de ses collègues.

— Si je ne suis pas revenu dans… disons deux heures, si je ne vous ai pas appelés l'un ou l'autre, si je ne réponds pas sur mon portable à l'issue de ce délai, venez me chercher à l'hôpital Pitié-Salpêtrière, au service psychiatrie.

À peine avait-il terminé sa phrase qu'il prit conscience de son ambiguïté. Quant à ses collègues, perplexes, ils s'écartèrent sur son passage comme s'il avait une maladie contagieuse.

— On fait quoi en attendant ? lui lança Moldano alors qu'il entrait dans l'ascenseur. Sur quoi on planche exactement ?

— J'en sais rien. Piquez un somme, puisque je vous ai réveillés tôt ce matin ! Ou allez vous balader ! Quartier libre pendant deux heures. Moldano, tu peux porter ton pantalon au pressing, je me chargerai de régler la note. Ou mieux, va t'en acheter un autre, je te l'offre !

Les portes de l'ascenseur se refermèrent tandis qu'il bafouillait encore n'importe quoi. Tout ce qui lui passait par la tête. Tout, sauf la vérité.

Il s'attendait à ce qu'on lui rétorque que Fournier était absent, parti sans laisser de consigne, sans mentionner où on pouvait le joindre. Tout le long du chemin, il n'avait pensé qu'à ça.

Il n'en fut rien.

L'insigne que Ferreira brandit sous les yeux de la secrétaire ne l'effraya pas le moins du monde. Au contraire, le visage de la jeune femme s'éclaira d'un large sourire.

— Ah oui ! Commandant Ferreira ! Le docteur Fournier vous attend dans son bureau, dit-elle d'un ton aussi aimable que décontracté.

Comme s'il avait rendez-vous. Comme un vulgaire patient. Pendant une fraction de seconde, Ferreira se demanda si ce n'était pas lui qui avait sombré dans la folie. S'il n'avait pas inventé toute cette histoire sur le divan du psy qu'il allait consulter.

CHAPITRE 24

Il mobilisa ses forces pour aller jusqu'au bout du couloir désert. Jetant un œil sur les chambres de part et d'autre, il remarqua le calme peu coutumier qui y régnait. Sans doute à cause de l'heure encore assez matinale. Neuf heures à peine. La machine hospitalière ne s'était pas tout à fait mise en branle, au moins dans le service.

Ferreira entra dans le bureau sans frapper et il y trouva Fournier qui, avec deux aides-soignants, rangeait ses dernières affaires dans des cartons. La pièce était pratiquement vide, le bureau débarrassé, les étagères démontées. Ferreira se demanda si ce rangement était dû au fait que le médecin savait ce qui l'attendait. Devinant qu'il allait être démasqué et arrêté sous peu, il avait tenu à tout laisser en ordre à un successeur peut-être déjà nommé. Puis Ferreira se souvint que, lors de leur premier rendez-vous, il y avait déjà de nombreux cartons et dossiers éparpillés par terre, dans le bureau. Fournier lui avait d'ailleurs précisé qu'il espérait le recevoir ailleurs pour une prochaine entrevue, qu'il comptait déménager.

Le psychiatre avait l'air fatigué. Ses yeux étaient cernés, ses traits tirés. Il avait pris la peine de s'habiller élégamment, pensait-il, mais le résultat était assez pitoyable. Il portait un costume trois pièces – gilet, veste, pantalon – à la coupe désuète et arborait un nœud papillon rouge qui jurait avec le rose de sa chemise. Outre cette faute de goût, d'autres détails disaient qu'il s'était changé en hâte. Sa chemise était froissée et son pantalon trop grand à la taille ; comme si le médecin avait brusquement maigri et que, s'en apercevant à la dernière minute, il n'avait pu trouver une ceinture.

Malgré la fatigue, son attitude traduisait un calme et une sérénité qu'il n'avait pas la dernière fois. Il paraissait heureux, satisfait d'avoir accompli une mission.

« Il s'est fait beau pour son arrestation », pensa Ferreira, non sans éprouver malgré lui un pincement au cœur.

Fournier se retourna en entendant la porte s'ouvrir. Dès qu'il aperçut le policier, au premier regard échangé avec lui, il comprit ce qui allait se passer. Il demanda aussitôt aux deux aides-soignants de le laisser seul. Ce dont Ferreira lui sut gré. (Vu la corpulence des deux malabars, si jamais Fournier avait sollicité leur concours, les choses auraient pu dégénérer.)

La sortie des deux hommes fut suivie par un long silence. Le médecin et le policier, debout l'un en face de l'autre, se dévisageaient sans ciller. Ferreira, la mine maussade, Fournier, avenant, un sourire flottant sur ses lèvres.

— Ça y est, dit-il enfin. Vous avez compris ?

Ferreira acquiesça.

— Est-ce que je dois envisager d'utiliser ça ? (Il ouvrit son blouson pour révéler menottes et revolver.) Ou bien vous allez me suivre sans faire d'histoires ?

— Je ne ferai pas d'histoires.

— Très bien. Anna est bien quelque part, ici, dans ces bâtiments, n'est-ce pas ?

— Dans les nouveaux bâtiments, oui, précisa Fournier.

— Très bien, dans ce cas, allons-y ! Conduisez-moi jusqu'à elle !

— Je vais vous conduire à Anna, confirma Fournier, parfaitement, étrangement docile. Mais auparavant, est-ce que vous me permettez une question ?

— Les questions, c'est à moi de les poser. Et j'en ai un bon paquet. Mais ce n'est pas le moment.

— S'il vous plaît, insista Fournier, c'est très important pour moi. Vous ne pouvez pas imaginer à quel point c'est capital.

— Est-ce qu'on a le temps ? répliqua Ferreira, signifiant par là qu'il s'inquiétait pour la santé de la captive.

Fournier comprit le sous-entendu.

— Oui ! Rassurez-vous ! Anna va bien.

— Je vous écoute.

— Avez-vous fait des recherches sur la petite Morel ?

Ferreira poussa un soupir excédé avant de répondre.

— Oui. Cette enfant est morte à l'âge de cinq ans, comme vous me l'aviez dit. Elle est morte d'une violente crise d'asthme, aux urgences de l'hôpital Robert-Debré où elle se trouvait avec ses parents. Mais Maïté – c'est son prénom – n'a jamais été enlevée.

Les joues de Fournier s'enflammèrent, il vacilla, comme s'il allait perdre l'équilibre, et faillit manquer la chaise qu'il avait tirée à lui pour s'asseoir. Ferreira crut qu'il avait un malaise, ou qu'il en feignait un, mais l'expression de stupeur mêlée de joie qui se peignit peu après sur le visage du médecin démentit aussitôt son hypothèse.

— Alors... Alors cette enfant a bien existé ! s'écria Fournier, se parlant à lui-même, sans faire cas du policier. Elle s'appelait bien Morel ! Maïté Morel ! C'est bien ça, hein, c'est ça ?

La question était pour Ferreira, qui ne prit pas la peine de confirmer.

— Incroyable ! Incroyable ! reprit Fournier. Elle est morte à cinq ans ! Morte d'une crise d'asthme, dites-vous ?... (Il s'interrompit un moment pour réfléchir.) L'asthme est consécutif à une forte poussée de stress. La peur provoque le stress. Cette enfant est morte de peur ! La peur du croque-mitaine ! conclut-il, arrivant au bout d'un raisonnement qu'il était le seul à comprendre.

— Vous n'allez pas remettre ça, avec votre histoire de

croque-mitaine ! intervint Ferreira, exaspéré par ce discours totalement décousu. Je vous ai dit que cette enfant n'a jamais été enlevée. Elle est morte, alors que son père et sa mère l'entouraient ! précisa-t-il, sans comprendre pourquoi il se donnait la peine de poursuivre ce dialogue de sourds.

— Son père ! Son père ! répéta Fournier. Elle avait donc bien un père ?

— Évidemment qu'elle avait un père ! Bernard Morel !

— Bernard ? Il s'appelle Bernard Morel ? demanda Fournier, comme s'il venait d'être mis au fait de la plus grande des découvertes. Il existe ! Bon Dieu, il existe, lui aussi ! Où est-il ? Vous l'avez rencontré ?

— Bien sûr que non ! J'en ai rien à foutre de ce Morel ! s'écria Ferreira, excédé.

— Mais vous pourriez le retrouver, n'est-ce pas ?

— Non, bon sang ! Quelle utilité de le retrouver ? Il n'y a aucun rapport entre Anna et cette enfant ! Je vous le répète encore, Maïté n'a jamais été enlevée ! D'ailleurs, vous êtes bien placé pour le savoir !

Fournier demeura muet. Il porta un regard interrogateur sur Ferreira, comme s'il ne comprenait pas bien ses dernières paroles. Il attendit qu'elles fassent leur chemin dans son esprit confus, avant de revenir enfin à la réalité.

— Bien sûr, elle n'a pas été enlevée, confirma-t-il. Je ne connaissais pas cette enfant. C'est Anna qui me l'a fait connaître.

— Bon, maintenant ça suffit ! trancha Ferreira. Conduisez-moi à Anna !

— Oui, oui, tout de suite.

Fournier tenta de se lever, mais, épuisé, il se laissa aussitôt retomber sur sa chaise.

CHAPITRE 24

— Est-ce que… vous pourriez m'aider, s'il vous plaît ? demanda-t-il. Je suis tellement ému, tellement fatigué ! conclut-il, avec un sourire qui démentait ses paroles.

Ferreira s'approcha et glissa sa main sous le bras du vieil homme pour l'aider à se mettre debout. (Un vieil homme, un vieillard, c'est ainsi que Fournier lui apparaissait tout à coup.) Puis, alors qu'il s'apprêtait à retirer sa main, le psychiatre la retint. Il avait besoin d'aide aussi pour marcher.

Ils sortirent ainsi du bureau. Le policier soutenant son prisonnier, se félicitant d'être venu seul, sans ses coéquipiers.

L'arrestation n'avait pas été musclée. Loin de là.

CHAPITRE 25

Les deux hommes sortirent par l'arrière du bâtiment Pinel, enceinte de l'unité psychiatrique, et se trouvèrent face à la pharmacie de l'hôpital. Un vaste édifice, beaucoup plus grand que celui qu'ils venaient de quitter, renfermant une quantité considérable de médicaments déclinés en anesthésiants, neuroleptiques, antidépresseurs ou barbituriques de toutes sortes. Autant de drogues que Fournier avait eues ainsi sous la main, pensa Ferreira, pour endormir Anna et la tenir à sa merci. L'inquiétude le saisit à nouveau. Dans quel état allait-il retrouver la jeune fille ? Apathique ? Ensuquée ? À l'état végétatif ? Soudain agressif, oubliant les scrupules et la pitié qu'il avait éprouvés précédemment pour le vieil homme, il lui donna une poussée dans le dos afin de le forcer à marcher plus vite.

Revigoré, semblait-il, par l'air extérieur, Fournier ne s'en formalisa pas. N'ayant plus besoin de l'aide du policier, il s'engagea rapidement dans la rue Vincent-de-Paul. L'hôpital a ses rues, baptisées chacune de noms savamment choisis.

Une ville dans la ville. D'ailleurs la ville, la vraie, Paris, semblait avoir disparu au profit de la cité hospitalière. On n'apercevait ni le boulevard Vincent-Auriol ni la gare d'Austerlitz ou le Jardin des plantes, pourtant proches de la partie ouest de l'hôpital.

Le chemin qu'empruntait Fournier était différent de celui que Ferreira avait pris en arrivant. Entré par le boulevard Vincent-Auriol, où il avait garé sa voiture dans le parking réservé au personnel, il avait traversé à pied le quart nord-ouest de l'hôpital. Il était alors passé par les bâtiments réservés à la blanchisserie et à la lingerie, devant lesquels il s'était arrêté un moment, hésitant à y pénétrer, se disant que les sous-sols de ces édifices emprisonnaient peut-être celle qu'il était venu délivrer. Il y avait finalement renoncé. Seul dans ces labyrinthes, il n'aurait fait que perdre un temps précieux.

Fournier avançait maintenant d'un pas alerte, prenant une légère avance sur lui. À l'évidence, il avait hâte d'arriver. Il émanait de lui une fébrilité, une manière d'émoustillement dont le policier ne pouvait comprendre la raison. Quelle joie perverse pouvait-il donc tirer de cette situation ?

— C'est là, dit enfin le médecin.

La bâtisse rectangulaire devant laquelle il s'arrêta comportait trois étages. Le premier était doté d'un alignement de hautes fenêtres en arc, les deuxième et troisième, de mansardes. Quelques pots de fleurs, ici et là, avaient été disposés sur les rambardes pour égayer la façade qui, par ailleurs, n'en avait nul besoin, sa beauté naturelle suffisant à attirer l'œil. Un dôme surmontait l'ensemble en arrière-plan. Déplacé ailleurs que dans le contexte de l'hôpital, l'édifice avait un faux air de musée ou d'un petit manoir du XVIIe siècle. Le soleil pâle de cette fin d'automne donnait une teinte ocre irisée à la pierre fraîchement ravalée. Un rond de pelouse émergeait des pavés qui conduisaient aux marches de l'entrée, tandis qu'une rangée d'arbres bordait les soubassements. Quelques bancs, installés sous leur feuillage, invitaient au repos.

La vétusté des locaux dans lesquels ils se trouvaient quelques instants auparavant n'était plus qu'un lointain souvenir.

— Il s'agit d'un bâtiment classé monument historique, précisa Fournier en lisant l'admiration et l'étonnement dans les yeux de son interlocuteur.

Mais le regard de ce dernier s'assombrit rapidement lorsque, levant la tête, le policier lut le nom inscrit au-dessus du porche d'entrée : *Bâtiment de la Force.*

— C'est une blague ? demanda-t-il, agressif.

Fournier ne saisit pas tout de suite le sens de la question. Une fois qu'il eut fait le lien entre le nom du bâtiment et l'enlèvement d'Anna, il eut un petit rire que le policier jugea déplacé et qui accrut sa mauvaise humeur.

— Il ne faut voir là aucun sous-entendu, répondit Fournier. Ce nom est celui qui avait été donné à l'asile de l'hôpital, lors de sa création, en 1680. C'était, de fait, une prison. Comme vous pouvez le constater, comme vous allez le vérifier très bientôt, précisa-t-il, il ne reste de cette prison que le nom. Cet ensemble a bénéficié d'une restauration complète qui s'est achevée récemment. Toute l'unité psychiatrique sera désormais réunie dans ces locaux. L'ancienne unité n'existe déjà quasiment plus. Mon service, qu'un confrère dirigera après mon départ, est le dernier à déménager… Ici, c'est presque trop… luxueux à mon goût, vous allez voir, ajouta-t-il, mais ce n'est que mon opinion personnelle, la vision nostalgique du vieux praticien que je suis. Les patients, eux, s'en trouveront beaucoup mieux.

— Très bien, maintenant allons-y ! déclara Ferreira d'un

ton sec, signifiant que la visite guidée était terminée.

Luxueux. Le terme n'était pas exagéré, et le contraste, saisissant avec l'ancien service, ses couloirs sombres, ses murs rayés par les chariots, son lino brûlé ou entaillé par endroits, ses portes ouvertes sur des chambres lugubres et monacales.

La réception ressemblait à celle d'une grande société commerciale. Comptoir d'accueil imitant un bar. Alternance de bois et peinture italienne donnant un effet de velours aux murs. Rangements discrets et fonctionnels. Deux infirmières étaient en poste derrière le comptoir. Leurs blouses blanches juraient avec le décor, l'élégant tailleur d'une hôtesse dans un magasin de luxe aurait été plus seyant. On imaginait davantage ces jeunes femmes faire l'éloge d'un parfum signé Guerlain plutôt qu'insérer une carte vitale dans un ordinateur. Elles saluèrent les nouveaux arrivants d'un franc sourire et d'un joyeux « Bonjour, docteur Fournier ! » « Bonjour, monsieur ! » à l'attention de Ferreira. Ce qui ne fit que renforcer la perplexité du policier.

Qu'est-ce que c'est que ce cirque ? Est-ce que je suis censé considérer ces deux femmes comme complices ? Ça n'a pas de sens !

Les portes donnant accès aux différents services étaient toutes percées d'un hublot. Petite note importée d'un univers maritime. Une baie vitrée circulaire s'ouvrait sur le réfectoire des patients – vide, pour l'heure. Un coin salon y était aménagé, la pièce devant également servir d'espace détente ou de lieu de rencontre pour les visites. Fauteuils de cuir couleur rouille, table basse garnie de magazines. Ambiance intime. Un couloir tout en courbes menait à une salle d'attente, dont les sièges en tissu rappelaient les couleurs du lino, au sol, qui alternait des motifs géométriques roses, verts ou bleus. Sur les murs, des appliques, ainsi que de nombreux spots encastrés au plafond dont certains, rectangulaires, créaient de vastes puits de lumière. *Exit* les traditionnels néons jaunâtres qui vous donnent l'air malade même si vous ne l'êtes pas.

Un panneau indiquait: « Consultation de psychiatrie, deuxième étage», mais Fournier n'en prit pas la direction. Il bifurqua à gauche, suivant un autre panneau qui mentionnait : « CLICC ».

Le mot était trop énigmatique. Ferreira se renseigna aussitôt sur sa signification.

— Il s'agit de la « clinique d'investigation des comportements et des cognitions », répondit Fournier, sans juger nécessaire d'ajouter de plus amples précisions.

Je ne peux pas faire mon boulot de flic ici. Je ne peux pas !

L'embarras de Ferreira ne faisait que croître. Gêné par les menottes et le revolver qu'il portait à la ceinture, craignant qu'ils ne soient trop visibles, il s'efforça de les dissimuler en fermant son blouson.

Il suivit Fournier jusqu'au bout d'un couloir. Au fond, une porte, placardée d'une nouvelle inscription :

Laboratoire de cyberpsychologie
Centre Émotion
Annexe du CNRS

Une fois la porte ouverte, Ferreira crut pénétrer dans un autre monde. Bien loin des sous-sols de la blanchisserie, de la chaufferie, de la lingerie ou de la cave sordide qu'il avait imaginés comme théâtre de la séquestration d'Anna.

La première chose qu'il vit, une fois que ses yeux se furent accoutumés à la pénombre qui contrastait avec la lumière largement dispensée à l'accueil, fut un immense espace aménagé en forme de cube. Ses parois étaient tapissées d'écrans mesurant environ trois mètres de large sur quatre mètres de haut tandis que le sol, lui, était transparent. Le cube était séparé du reste de la salle, du laboratoire – ce fameux laboratoire sur lequel Ferreira s'était maintes fois interrogé – par une vitre protectrice derrière laquelle il discerna six PC, huit caméras infrarouges ainsi qu'une série de projecteurs reliés eux aussi à des ordinateurs. Les câbles, dont on devinait qu'ils constituaient un large réseau courant sur l'ensemble de la pièce, étaient dissimulés par un système de gainage en PVC.

Fournier claqua des doigts et les projecteurs s'allumèrent. Ferreira découvrit alors, derrière les PC, une équipe composée d'une dizaine d'informaticiens. Il en reconnut immédiatement deux. Eux au moins, il s'attendait à les voir.

Les jumeaux. « black&white ». Faute de connaître leurs vrais noms, Ferreira s'en tenait à ce pseudonyme qui, de fait, leur allait comme un gant. White lui fit un salut de la main, un « coucou » presque enfantin, doublé d'un sourire amène. Black, lui, concentré et la mine renfrognée, ne daigna pas lever le nez de son écran et continua à cliquer avec frénésie.

— Je ne…

Ferreira fut incapable de prononcer un troisième mot après ces deux-là.

— Vous allez comprendre, rassurez-vous, lui dit Fournier.

Sur un nouveau claquement de doigts destiné aux jumeaux, un écran panoramique géant, LCD HD, installé sur le mur gauche du laboratoire, aussi grand qu'une table de billard, s'alluma, projetant une image. Une image fixe, mais qui, supposa Ferreira, se mettrait en mouvement dès que les jumeaux entreraient des instructions *via* le clavier de leurs ordinateurs. Le policier ne put l'observer sans se sentir, de la tête aux pieds, hérissé par la chair de poule.

La silhouette de la créature qui venait d'apparaître à l'écran, si haute et si imposante qu'elle en occupait toute la superficie, était drapée dans une cape noire. Comme dépourvu de torse et de membres, un visage en émergeait. Une fois qu'on y avait posé le regard, il semblait impossible de l'en détacher. Un nez long et maigre, dont l'extrémité touchait les lèvres. Des yeux petits, ronds comme des boutons, aussi rouges que du sang et ombrés de paupières cernées de noir. Une bouche si large, si rouge elle aussi qu'elle évoquait une plaie sanguinolente. Sur le crâne, des cheveux, ou plutôt des poils, qui tombaient jusqu'aux épaules, d'une couleur rousse, aussi vive que des flammes.

Ferreira ne vit pas le nouveau signe que Fournier adressa aux jumeaux qui pianotèrent aussitôt sur leurs claviers. S'il avait bien deviné, quelques secondes auparavant, que l'image s'animerait, il recula néanmoins vivement lorsqu'il vit la bouche de la créature s'ouvrir et dire d'une voix d'outre-tombe, qui résonna dans toute la pièce :

« Veux-tu être ma fille, Anna ? »

Phrase qu'il répéta. Encore et encore. En boucle. Comme un disque rayé, jusqu'à ce que les jumeaux le fassent taire.

— Cher commandant, intervint alors Fournier, je vous présente le ravisseur d'Anna, le vrai, si je puis dire. Il se nomme… Bernard Morel.

CHAPITRE 26

Ferreira n'eut guère le temps de réagir. Une porte s'ouvrit. Parfaitement intégrée au décor high-tech du laboratoire, elle était à peine visible et donnait sur une petite pièce qui ressemblait à une chambre d'hôpital. Du moins au vu des quelques éléments que Ferreira entraperçut rapidement : un lit, une perche à perfusion, une table de chevet, un fauteuil. Il n'eut pas loisir d'en voir davantage, car Audrey se faufila par la porte et pénétra dans le laboratoire. Elle n'était pas seule. Anna lui tenait le bras.

— Bonjour Matteo, dit Audrey, s'avançant vers le policier en lui tendant la main.

Voyant que, sur la défensive, il hésitait à répondre à son geste, elle ajouta aussitôt :

— Je vous dois des excuses. Nous vous en devons tous, n'est-ce pas ? précisa-t-elle en se tournant vers le reste de l'équipe, Fournier en particulier. S'il vous plaît, ne m'en veuillez pas !

Elle avait du mal à cacher son émotion. Les yeux rougis,

légèrement bouffis, elle avait l'air éprouvée, fatiguée. Elle était vêtue d'un jogging défraîchi et ses cheveux, décoiffés, ternes, ne faisaient guère honneur à sa profession. Ferreira se demanda si ce n'était pas elle qui avait dormi la nuit passée dans le lit d'hôpital qu'il venait d'apercevoir. Toutefois, malgré la fatigue, elle paraissait sereine.

Après que Ferreira se fut décidé à lui serrer la main sans grand enthousiasme, Audrey s'adressa à Anna.

— Ma chérie, je doute que tu te souviennes du commandant Matteo Ferreira, mais comme nous t'avons beaucoup parlé de lui ces dernières heures…

La jeune fille s'avança sans laisser sa mère terminer sa phrase. Pendant un instant durant lequel le laboratoire fut plongé dans un silence religieux, le policier et l'adolescente s'observèrent mutuellement. Ferreira mit un certain temps à discerner la ressemblance entre le visage qu'il découvrait et celui de l'enfant qu'il avait connue. Les joues rondes de la petite s'étaient creusées, les cheveux étaient à présent très longs, plus raides et d'un noir profond. Les yeux eux aussi s'étaient assombris. Plus petits que ceux de l'enfant, ils étaient étirés en amande. Il fut surpris par sa taille. Anna devait mesurer environ un mètre soixante-dix, peut-être plus, car son extrême minceur la faisait paraître très élancée. Elle était vêtue d'un jean slim délavé, d'un pull marron à col roulé sur lequel était fixée une broche représentant un ourson en strass, et chaussée de Converse rouges. Ses cheveux, rassemblés en une longue tresse ramenée sur le côté, accentuaient l'ovale de son visage, ainsi que les boucles qui ornaient ses oreilles, deux fines chaînettes en or au bout desquelles était accroché un chiot doté d'un œil microscopique en brillant.

Broche et boucles d'oreilles avaient un côté enfantin qui

contrastait avec la féminité naissante de la jeune fille. Elle n'était pas maquillée. Son teint était très pâle – trop, jugea Ferreira, sans toutefois en être inquiété outre mesure. Il commençait à deviner, bien que très confusément encore, les raisons de cette pâleur ainsi que des cernes qui intensifiaient la profondeur de son regard. Excepté ces deux détails, ajoutés à son extrême minceur, Anna avait l'air en parfaite santé. Ferreira, pour l'heure, n'en demandait pas plus. De toute façon, l'émotion qu'il éprouvait – un soulagement doublé d'une immense bouffée de tendresse – l'empêchait de réfléchir ou de se poser davantage de questions. Elle était là, devant lui, souriante, détendue, elle n'avait rien de la captive traumatisée qu'il s'attendait à trouver, et cela suffit à effacer l'image de l'enfant terrorisée, recroquevillée dans un placard sous un évier, qu'il avait rencontrée autrefois. Et qui le renvoyait immanquablement à l'image d'une autre enfant. Celle de son passé...

De son côté, Anna l'observait avec un intérêt égal. Sa mère ne le savait pas, Fournier l'ignorait lui aussi, mais elle avait gardé un lointain souvenir du jeune homme croisé la nuit où son père avait disparu. Il lui fut cependant difficile de superposer le visage enfoui dans un coin de sa mémoire à celui de Ferreira, tel qu'il se présentait aujourd'hui. Elle avait devant elle un homme d'âge mûr – pour une adolescente de seize ans, la trentaine est quasiment l'amorce de la vieillesse – et surtout... Son regard se posa sur le crâne chauve du policier, qu'elle scruta avec insistance sans que, pour une fois, celui-ci en fût gêné ou agacé. Comme elle levait une main timide, Ferreira crut qu'elle voulait échanger une poignée de main. Mais non, elle poursuivit son mouvement et effleura son crâne du bout des doigts, comme on le fait lorsqu'on touche le pompon d'un marin pour attirer la chance. Ensuite, très vite et sans que rien, dans son attitude, ne l'ait annoncé, elle jeta ses bras autour de son cou.

Le même geste que onze ans auparavant.

Surpris, Ferreira recula un peu et souleva légèrement la jeune fille du sol. Sa natte chatouilla son nez et il respira son parfum, l'odeur d'un savon à la vanille, lui sembla-t-il. Il pensa de nouveau à l'autre petite fille. Celle qui n'avait pas eu la chance de grandir. Elle aurait eu l'âge d'Anna aujourd'hui. Pendant un bref instant il fut en proie à une confusion totale, croyant que c'était elle qui se pendait à son cou. Il eut envie de rire et de pleurer tout à la fois et ne reprit pied dans la réalité qu'en entendant les paroles qu'Anna lui murmura à l'oreille. Des paroles prononcées si vite, d'une voix si faible, qu'il ne fut pas sûr de les avoir comprises.

— S'il vous plaît, continuez ! Continuez ! Ne nous abandonnez pas !

Continuer quoi ? Ne pas abandonner qui, au juste ?

Anna retira les bras de son cou et se détourna pour jeter un regard furtif à sa mère, à Fournier, puis en dernier lieu à l'écran géant où s'affichait toujours l'image de la créature que le médecin avait baptisée *Bernard Morel*. Ce regard-là fut beaucoup plus insistant.

Fournier s'avança et invita Ferreira, ainsi qu'Audrey, Anna et les jumeaux, à prendre place autour d'une table de conférence, installée à proximité de l'écran géant. Les informaticiens, eux, avaient disparu. Sans doute s'étaient-ils éclipsés discrètement lorsque la mère et la fille étaient entrées dans le laboratoire. Ferreira prit place à droite de Fournier. White, souriant, ému par les retrouvailles dont il venait d'être témoin, s'apprêtait à prendre un siège à côté de lui, mais se ravisa.

— Tu voudrais peut-être t'asseoir près de notre invité ? demanda-t-il à Anna.

Comme celle-ci acquiesçait, il lui céda la place et, avec galanterie, avança la chaise vers elle pour la convier à s'asseoir. Après quoi, il s'installa à sa droite.

Audrey, quant à elle, choisit de tourner le dos à l'écran, non sans y avoir jeté auparavant un regard en coin.

— Désolée, dit-elle à Fournier, je n'arrive toujours pas à m'y habituer ! Il me fait horreur !

De fait, le personnage figé à l'écran semblait lui aussi convié à la réunion. Mieux, il était l'invité d'honneur. Ferreira remarqua qu'Anna levait souvent les yeux vers lui. Son regard était sombre, teinté d'une vague tristesse, d'une pointe de nostalgie, mais à l'inverse de celui de sa mère il n'était nullement apeuré. Alors que lui-même, comme Audrey, préférait éviter d'y poser les yeux.

Tout le monde était installé. À l'exception de Black, resté devant son ordinateur dont, à l'évidence, il n'avait pas l'intention de bouger.

— Tu nous rejoins, Aymerick ? le pria Fournier.

— Pas le temps ! J'ai trop de taf ! répondit-il sans quitter son écran des yeux.

— Tu auras tout le temps de travailler après. Pour l'instant, j'aimerais que tu nous fasses le plaisir de te joindre à nous, rétorqua Fournier d'un ton aimable, mais ferme.

Le garçon soupira avec ostentation, hésita un long moment, finit néanmoins par se lever. Il le fit de mauvaise grâce. Traînant les pieds, mains fourrées dans un jean taille basse – on apercevait une bonne moitié de son slip – il avança jusqu'à la table et, affichant sa mauvaise humeur, prit place à l'extrémité de celle-ci, signifiant ainsi qu'il préférait n'avoir personne à ses côtés. Son compère le fusilla du regard et secoua la tête d'un air excédé.

— Bien ! enchaîna Fournier. Matteo, Audrey a raison, nous vous devons tous des excuses. Moi, en particulier. J'ai beaucoup de choses à vous expliquer pour justifier ce que j'ai fait, et si je vais monopoliser la parole dans un premier temps, j'entends bien qu'ensuite ce ne soit plus le cas. J'aimerais que tout le monde participe à cette… comment l'appeler… séance de mise au point, d'information ?… Surtout toi, Anna, précisa-t-il en tapotant la main de la jeune fille. Parce que c'est de toi que nous allons essentiellement parler. Tu es la vedette du jour !

Les joues d'Anna rosirent tandis que tous les regards convergeaient vers elle. Elle acquiesça d'un timide hochement de tête.

— Comme l'indiquent les panneaux à l'accueil, reprit Fournier en s'adressant à Ferreira, ce laboratoire est abrité par la « CLICC », « La clinique d'investigation des comportements et des cognitions ». On développe ici des thérapies innovantes, ainsi que des travaux de recherche sur les troubles anxieux et phobiques. La clinique d'investigation dispense des consultations spécialisées et travaille en étroite collaboration avec « Le centre Émotion » du CNRS, dont ce laboratoire est une annexe. L'une des thérapies innovantes essentielles, mise en œuvre récemment, est la thérapie par réalité virtuelle. En avez-vous entendu parler, Matteo ?

Ferreira dut s'éclaircir la voix avant de répondre. Il prit conscience à cet instant que, depuis qu'il avait mis les pieds dans le laboratoire, il n'avait pas dit le moindre mot.

— Très vaguement, dit-il. J'en ai eu quelques échos, mais je serais incapable de dire au juste de quoi il s'agit.

En tout cas, cette mystérieuse thérapie par réalité virtuelle laisse supposer que tu n'existes pas, toi ! ajouta-t-il en pensée avec un regard sur l'écran.

— La réalité virtuelle repose sur une simulation informatique qui permet de visionner et d'interagir avec des objets et des environnements en trois dimensions, comme dans la vraie vie. On place sur la tête de l'utilisateur un visiocasque…

Sans que Fournier le lui demande, White se leva et alla chercher un spécimen qu'il montra à Ferreira, tandis que le médecin poursuivait ses explications.

— Le visiocasque est en quelque sorte une paire de lunettes ultra sophistiquées. Les verres sont constitués de deux écrans miniatures qui projettent des images sur la rétine, d'un appareil de suivi des déplacements qui réagit au mouvement des yeux ou de la tête, et d'un ordinateur qui fait varier l'information présentée en fonction du mouvement de l'utilisateur, pour lui donner l'impression d'évoluer dans un environnement 3D. Le sujet soumis à la réalité virtuelle est également muni de « gants numériques », qui lui permettent de prendre des objets ou d'appuyer sur des boutons. Les gants transmettent des ordres binaires par le mouvement des doigts. Ainsi, l'extrémité de la main permet de manipuler un objet virtuel. Ici cependant, nous n'utilisons ni visiocasque ni gants numériques, mais une salle immersive, ou encore « cube immersif », comme nous l'appelons. C'est là que l'environnement virtuel prend forme, précisa-t-il en désignant le cube qui trônait au centre de la salle, derrière la vitre protectrice. Nos informaticiens ont travaillé en étroite collaboration avec de grands industriels qui ont mis au point un système permettant de suivre les mouvements du sujet par le traitement d'images capturées par plusieurs microcaméras. Les images sont projetées sur les écrans du cube, afin que le sujet ait l'impression d'évoluer dans un espace réel…

Fournier s'interrompit pour consulter quelques feuilles posées devant lui, mais les repoussa d'un geste agacé.

— Bon, ça suffira pour la partie technique ! Je n'ai pas envie d'entrer davantage dans les détails. De toute façon, j'en serais bien incapable, je ne suis pas informaticien, mais clinicien. Ce qu'il vous faut savoir, mon cher Matteo, c'est que la réalité virtuelle est utilisée pour le traitement des phobies telles que l'agoraphobie, l'arachnophobie, la cynophobie, la peur de l'avion, le vertige, etc. Le principe est simple : les patients déambulent dans un univers virtuel qui les place de manière graduelle face à l'objet phobique, le but étant de leur apprendre à contrôler leur anxiété. C'est une sorte de désensibilisation, comme on la pratique en allergologie, c'est le même principe que le vaccin. On vous instille une dose de peur de plus en plus forte, et au fil des séances vous êtes immunisé contre cette peur. Le traitement par RV est très pratique et rapide. Dans le cas de l'arachnophobie, par exemple, on numérise une araignée, on la multiplie, et le tour est joué, alors qu'il est difficile pour le thérapeute, dans la réalité, d'accompagner un patient dans un lieu infesté d'araignées. Idem pour la peur de l'avion, le psychologue n'a pas besoin de se payer un billet pour voyager avec son patient, ou encore, si celui-ci souffre du vertige, de grimper au sommet de la tour Eiffel pour y jouer les funambules… Vous me suivez ?

— Parfaitement, affirma Ferreira qui, de fait, écoutait l'exposé du médecin avec beaucoup d'intérêt.

Au lieu d'être encouragé par cette réponse et de poursuivre,

CHAPITRE 26

Fournier demeura soudain silencieux, fixant son interlocuteur de ses petits yeux bleus et vifs qui avaient retrouvé tout leur éclat, leur piquant.

— Vous me permettez une question indiscrète ? demanda-t-il enfin. Elle concerne l'homme, pas le policier.

— Allez-y !

— Souffrez-vous d'une peur particulière, Matteo ?

— Vous voulez dire, une phobie similaire à celles auxquelles vous venez de faire allusion ?

Fournier hocha la tête. Ferreira eut un mouvement de recul à peine perceptible, un léger tremblement des mains qu'il s'efforça de maîtriser séance tenante. Sa gorge s'assécha et il eut du mal à déglutir. Il avait l'impression d'avoir reçu un coup de poignard en pleine poitrine. La question du psy était déplacée. Précisément parce qu'elle avait une réponse positive. Fournier était décidément redoutable. Mais il n'allait pas se faire piéger. Pas maintenant. Pas une seconde fois.

— Écoutez-moi bien, docteur ! dit-il d'une voix ferme. Les questions, c'est moi qui les pose, et j'en ai un sacré paquet ! Je ne suis pas ici en tant que patient, mais en tant que flic. Je suis venu ici avec la ferme intention de vous arrêter, et à l'heure qu'il est, je n'ai pas encore tous les éclaircissements nécessaires pour savoir si je dois y renoncer ou pas. Si apparemment vous n'êtes pas coupable d'enlèvement et de séquestration, vous l'êtes pour faux témoignage et duperie à l'encontre de l'officier de police que je suis. D'ailleurs…

Il s'interrompit pour sortir de sa poche menottes et revolver, ainsi que son portable qu'il posa sur la table.

— Il est dix heures et trois minutes. Avant de venir vous trouver, j'ai demandé à mes coéquipiers de m'accorder un délai qui expirera dans cinquante-sept minutes exactement. S'ils m'appellent et que je ne réponds pas, ou si je ne les contacte pas moi-même dans ce laps de temps, ils débarqueront ici en force. C'est clair ?

Ses propos jetèrent un froid. Audrey extirpa une cigarette de son sac et la mit à la bouche, sans l'allumer – un pictogramme affiché au mur l'interdisait – tout en jetant des regards inquiets au psychiatre. White fixait les menottes et le revolver d'un air effaré. Anna, elle, eut un nouveau regard pour la créature à l'écran, comme si les menaces du policier le concernaient, lui aussi. Seul Black paraissait décontracté. Mieux, intéressé pour la première fois par ce qui se passait.

— Je peux vous l'emprunter ? demanda-t-il à Ferreira en désignant le revolver. J'aimerais bien le numériser, j'en aurai besoin pour la suite.

— N'y songe même pas ! rétorqua Ferreira d'une voix sèche. Si tu es sage, tu pourras faire joujou avec les menottes une fois que nous en aurons terminé.

Il posa la main sur le revolver afin de dissuader le garçon de lui désobéir, tout en se disant qu'il devrait le garder à l'œil pour éviter tout incident.

— Il serait peut-être temps qu'on en vienne à ce qui m'est arrivé, non ? intervint Anna.

— Tu as raison, approuva Fournier d'une voix qu'on sentait affaiblie par l'agressivité soudaine du policier. Bien… Voici donc comment s'est déroulée notre affaire. Quand Audrey m'a parlé des problèmes d'Anna, j'ai d'abord pensé que celle-ci souffrait de la phobie du noir, de l'obscurité, qu'elle s'imaginait peuplée de monstres. C'est une phobie très courante chez les enfants et qui peut parfois laisser des séquelles à l'adolescence. Mais très vite, dès les premiers entretiens que j'ai eus avec Anna, et surtout à partir du moment où elle m'a confié qu'elle souffrait d'un cauchemar récurrent, j'ai compris que ce cauchemar était la conséquence d'un traumatisme. J'aurais pu utiliser l'hypnose pour en cerner la cause, mais le résultat n'était pas garanti chez Anna, son esprit était fermé à double tour. Et comme je travaillais sur les recherches que m'avait attribuées le CNRS, j'ai vu en elle le sujet idéal pour un traitement par RV. Son âge, le fait qu'elle soit habituée aux jeux vidéo et à la pratique quotidienne de l'informatique, notamment aux réseaux sociaux où l'on entretient pas mal de liens avec des amis virtuels, tout cela était parfait… Cependant, un traitement classique de RV n'était pas suffisant. Il en fallait davantage pour Anna. Une thérapie sur mesure, que nous avons dû mettre au point. Un traitement expérimental qui constituerait une première. Après en avoir discuté avec Audrey, celle-ci m'a donné son accord… Vous m'écoutez, commandant ? demanda Fournier avec une pointe d'agacement. Parce que, si je dois aller vite afin de respecter votre… ultimatum, souligna-t-il avec sécheresse, j'entends bien ne pas être interrompu.

— Oui, oui, je vous écoute, vous parliez d'un traitement expérimental, seulement… J'ai l'impression que… Qu'il se passe quelque chose d'anormal… Il… Il bouge !

Ferreira pointa du doigt l'écran géant. L'image n'était en effet plus figée. Quelqu'un semblait, à l'aide d'une télécommande invisible, avoir appuyé sur un bouton, comme on le fait lorsqu'on veut reprendre la projection d'un film que l'on a momentanément interrompue. Morel – un nom que Ferreira avait décidément bien du mal à associer au monstre représenté à l'écran – était en mouvement. Tantôt il marchait dans une pièce dont Ferreira ne parvenait pas à cerner les détails, car elle n'apparaissait qu'à travers une manière de voile, tantôt il s'arrêtait et, chose plus curieuse encore, il se transformait. Il s'allongeait, devenait de plus en plus grand, de plus en plus effrayant. L'instant d'après, un gros plan cadrait son faciès, soulignant ses innombrables rides, l'extrême largeur de sa bouche qui se tordait en un horrible rictus, tandis que ses petits yeux rouges se plissaient jusqu'à se réduire à deux fentes sanguinolentes. Puis subitement, la transformation s'inversait. Le visage devenait presque humain, la bouche esquissait un sourire, la silhouette tendait la main dans un geste avenant.

Suivant le regard de Ferreira, Fournier leva les yeux vers l'écran. Il les détourna aussitôt et les porta sur les jumeaux qui avaient quitté la table pour rejoindre leurs ordinateurs, derrière la vitre protectrice.

— Aymerick ! Octave ! cria-t-il. C'est pas bientôt fini, ce cirque ?

Les deux garçons jouaient du clavier avec virtuosité. Ferreira comprit que c'étaient eux qui « animaient » Morel, se répondant mutuellement à coups de clic, code et manipulations diverses. L'un plaçant l'image en «mode méchant », l'autre en « mode gentil ». Et ils ne se contentaient pas de dialoguer par le biais de l'informatique.

— Arrête, bon sang, arrête ! s'écria White.

— Mais puisque Anna n'en a plus peur, qu'est-ce que ça peut te foutre ? répliqua Black.

— C'est une question d'esthétique !

— Esthétique, mon cul ! C'est comme ça qu'il est beau, pas autrement !

(Nouveau clic pour passer en « mode méchant. »)

— C'est aussi une question de courtoisie ! Je te signale que P'tit Four n'a pas encore terminé ses explications !

(« Mode gentil. »)

CHAPITRE 26

— Rien à foutre ! Je me fais chier et Morel s'emmerde maintenant qu'il est tout seul ! C'est mon héros et il a besoin de bouger !

(« Mode méchant. »)

— Ce n'est pas uniquement *ton* héros, je te le rappelle !

— Messieurs, s'il vous plaît ! intervint Fournier en claquant des mains, tel un professeur qui s'efforcerait de ramener l'ordre dans sa classe. Vous voulez bien arrêter ces enfantillages ? Venez vous asseoir !

Il cria ce dernier ordre.

Docile, White reprit sa place à côté d'Anna. Quant à Black, il ne le fit qu'au bout de trois rappels supplémentaires. Et comme il se dirigeait vers l'extrémité de la table, Fournier, poursuivant son rôle de prof voulant avoir à l'œil le cancre de la classe, demanda à tout le monde de se décaler afin que Black puisse s'asseoir à côté de lui.

— Bon, où en étais-je ? demanda-t-il, à bout de patience. J'ai perdu le fil maintenant !

— Vous parliez du traitement expérimental mis au point pour moi, précisa Anna. Et je crois que vous alliez en venir aux jeux vidéo.

— Ah oui ! Merci, Anna ! Les jeux vidéo, répéta-t-il en s'adressant à Ferreira. Il existe des liens étroits entre les jeux vidéo et la réalité virtuelle. La RV se sert d'environnements de plus en plus scénarisés. Elle utilise des histoires analogues à celles des jeux vidéo. Pourquoi ? Plusieurs raisons à cela ! D'abord, pour permettre à la RV de créer des interactions dans un monde imaginaire ou symbolique, pour réaliser des scénarios impossibles à reproduire dans la réalité. Ensuite, parce que de nombreuses études ont prouvé que les jeux vidéo pourraient permettre aux joueurs aguerris de contrôler leurs rêves. Les joueurs ont un niveau élevé de concentration, et ils ont ainsi plus de facilité à faire face à un rêve effrayant. Ils ont l'habitude de contrôler leur environnement de jeu, et cette capacité, certains peuvent l'appliquer à leurs rêves. On a découvert des parallèles saisissants entre les rêves et les jeux vidéo ! Les joueurs aguerris font des rêves plus lucides, des rêves d'observateur où ils voient leur corps de l'extérieur. Ils déclenchent un mécanisme de contrôle qui leur permet d'influencer activement leurs rêves ou de changer le monde de leur rêve. Et du rêve au cauchemar, la frontière est mince, si bien qu'on avance actuellement l'hypothèse qu'un contrôle des cauchemars serait possible. Des études ont montré que les joueurs expérimentés peuvent assez facilement transformer le scénario d'un cauchemar. Ils ne le fuient pas, ils affrontent sa menace. C'est passionnant, vous savez, Matteo ! C'est… exaltant ! s'écria Fournier d'un ton subitement enflammé.

Il allait poursuivre sur sa lancée lorsque son regard accrocha le portable du policier. Se rappelant l'ultimatum qui lui avait été fixé, il se reprit.

— Quand je dis « on » ou « certaines études », je veux dire « les études effectuées par mon équipe ». Et mes premiers cobayes ont été, si je puis dire, les jumeaux ici présents. Vous avez déjà, par la bande, fait connaissance, mais je pense qu'il est temps de faire les présentations officielles. Matteo, je vous présente Octave Lefèvre et Aymerick Rey !

Octave se leva et tendit la main au policier en accompagnant son geste d'un : « Enchanté, commandant, ravi de faire votre connaissance ! » Quant à Aymerick, comme il ne bougeait pas, son compère lui prit la main et, la guidant vers celle de Ferreira, il lui souffla à l'oreille :

— On dit bonjour au monsieur !

CHAPITRE 26

Grimaçant un sourire, Black bougonna un vague « Salut ! » et Ferreira eut l'impression de saisir, non pas une main, mais un mollusque.

Il regarda alternativement chacun des deux garçons.

— Alors comme ça, vous vous prénommez Octave et Aymerick ? C'est curieux, je trouve que ça ne vous va pas du tout. Alors si vous n'y voyez pas d'inconvénient, je m'en tiendrai à vos pseudos : Black et White ! À moins que vous ne préfériez les frères Taloche ? Eric et Ramzy ? Ou encore, Chevallier-Laspalès ?

Après un bref silence, White réagit le premier aux paroles du policier.

— Ah ! C'est donc ça qui vous a mis sur la piste ? Le pseudo qu'on a pris pour acheter les chaussures sur Internet ?

— Oui, entre autres. C'est vrai que ça a été une bonne piste. Comme je vous avais croisés une fois, ici, à l'hôpital, et qu'en plus je vous avais entendus vous disputer alors que je cherchais à joindre le docteur Fournier par téléphone, ça a fait tilt.

— Mais si vous avez découvert le pseudo, ça veut dire que vous assurez en informatique ?

— Pas moi, mais un technicien de mon équipe. Eh oui, moi aussi, j'ai une équipe assez talentueuse ! précisa-t-il avec un regard éloquent à Fournier.

— Ouais, y a pas de quoi se la péter ! intervint Black. Votre technicien, il a pas eu beaucoup d'efforts à faire. P'tit Four avait donné des instructions pour qu'on vous laisse pas marner trop longtemps, alors j'ai pas utilisé une adresse-mail fantôme, j'ai pas bloqué les codes de vérif' ou utilisé un IP aléatoire, sans quoi il serait toujours en train de tourner en rond, votre technicien. Putain ! J'ai détesté faire un truc aussi facile à craquer !

— Aymerick et Octave ont dix-huit ans, reprit Fournier, comme si la parenthèse n'avait pas eu lieu, mais ils se connaissent depuis l'âge de quatorze ans. Ils ne se connaissaient que virtuellement, *via* les jeux en ligne auxquels ils participaient. Ils ne se sont réellement rencontrés qu'ici, à l'hôpital, lorsque leurs parents me les ont emmenés en consultation, il y a quelques années. Leurs parents étaient très inquiets de leur addiction aux jeux vidéo. Octave et Aymerick étaient coupés du monde, en passe d'être déscolarisés et, de plus, dans le collimateur de la cyberpolice, car ils craquaient des comptes en banque pour se payer toujours plus de jeux, toujours plus de matériel informatique performant. Ils ont subi ici toute une batterie de tests psychologiques qui ont révélé, entre autres, un QI bien supérieur à la normale et une imagination incroyablement fertile. J'ai tout de suite vu qu'ils avaient un talent remarquable dans leur domaine. Certes, il a fallu rectifier quelques aberrations de comportement, qui ne sont d'ailleurs pas toutes résolues, précisa-t-il en regardant Black avec insistance, mais ensuite, ma foi, ils ont fait leur chemin ! Ils ont été recrutés ici et là par plusieurs entreprises, puis débauchés par des organismes prestigieux, tels que la « Human Interface Technology » de l'université de Washington, où ils participent à des recherches importantes. Quand j'ai eu Anna en consultation, j'ai décidé de les faire revenir à Paris. À présent, je les considère comme des membres à part entière de mon équipe. Dans le cas présent, en ce qui concerne le traitement que nous avons mis en place pour Anna, ce sont eux qui ont fait le plus gros travail : ils ont scénarisé son cauchemar. Ils ont même fait beaucoup mieux… Ils ont conçu, à partir du cauchemar d'Anna, le logiciel d'un jeu vidéo.

Cette déclaration fut suivie d'un silence que Fournier,

sciemment, laissa se prolonger. Son regard était à nouveau animé de cet éclat particulier tandis que, attendant la réaction de Ferreira, il savourait cette pause. Et il n'était pas le seul. Les jumeaux – les deux, pour une fois – trépignaient d'impatience. Ils avaient hâte de s'expliquer à leur tour. La première réaction de Ferreira fut de porter son regard sur Audrey, comme s'il cherchait à avoir confirmation auprès d'elle de ce qu'il venait d'entendre. Elle esquissa un pâle sourire, puis hocha la tête, l'air de dire : « Oui, c'est bien cela ! » Quant à Anna, le policier ne pouvait rien attendre d'elle. Cela faisait un bon moment déjà que, absorbée par la contemplation de l'écran, elle avait décroché.

— Les jumeaux ont scénarisé le cauchemar d'Anna ? répéta enfin Ferreira. Mais comment est-ce possible ? On nage en pleine science-fiction !

— Non, ce n'est pas de la science-fiction. Pas pour le moment du moins, rectifia Fournier. Il s'agit de sciences cognitives. Elles sont en plein essor ces dernières années, mon cher Matteo. J'ai, pour ma part, travaillé avec les scientifiques de l'université de Berkeley, en Californie. Grâce à l'imagerie par résonance magnétique fonctionnelle, une technologie médicale de pointe, associée à un modèle mathématique intégré à une simulation par ordinateur, nous sommes parvenus à reconstruire des vidéos à partir d'images stockées dans le cerveau humain. L'activité cérébrale est ainsi affichée et visualisée sur ordinateur. Le résultat est flou, bien évidemment. Les formes et les couleurs sont reconstruites, mais les détails restent à préciser. Cela se présente un peu comme la bande-annonce très approximative d'un film. La technique des chercheurs de Berkeley a ouvert la voie de la reproduction vidéo de nos rêves et souvenirs sur écran… Il n'est pas impossible que, bientôt, nous puissions visualiser les pensées d'un sujet plongé dans le coma… Ce serait un pas de géant pour la médecine !

Fournier demeura songeur quelques secondes, comme ébahi, ou peut-être effaré, par les perspectives qu'engageaient ses paroles.

— Revenons à Anna ! reprit-il. Nous avons fait une IRM fonctionnelle de son cerveau pendant son sommeil, au moment précis où elle faisait son cauchemar récurrent. Nous avons ainsi obtenu une cartographie de son cauchemar dont les jumeaux, eux, ont tiré une œuvre numérique. À partir de là, leur démarche n'était plus scientifique, mais artistique. Octave, Aymerick ! À vous d'éclairer notre hôte maintenant !

White rassembla devant lui quelques feuilles qu'il avait préparées. Il posa les bras sur la table dans une pose étudiée, but une gorgée d'eau, s'apprêta à entamer son topo, mais Black le prit de vitesse.

— La plus grande difficulté, c'était de modéliser le croque-mitaine, le personnage principal du cauchemar d'Anna. Ça, c'était un putain de défi ! Déjà, un pitbull, c'est plus difficile à modéliser qu'une araignée, mais alors ce putain de monstre tel qu'il apparaissait sur la cartographie, puis tel qu'Anna l'a décrit lorsqu'elle a raconté son cauchemar à P'tit Four, c'était du lourd ! Sur la cartographie, y avait quasiment que dalle. On voyait qu'une espèce de forme sombre avec peu de couleurs, toutes dans les gris et noir, d'où émergeait du rouge, beaucoup de rouge. J'ai fait des recherches. J'ai visionné des centaines de photos sur Internet, j'ai téléchargé plein de films d'horreur, j'ai fait un composé de tout ce que j'ai vu, j'y ai mis ma marque de fabrique, et ça a donné ça ! déclara-t-il fièrement en désignant l'écran. Il est génial ! Putain, je l'adore, ce mec !

CHAPITRE 26

— Sauf que si je n'avais pas retouché *ton mec*, comme tu dis, intervint White avec une moue de mépris, Anna ne serait plus avec nous en ce moment, elle serait morte de peur ! Ce qui n'était pas le but recherché. Moi, poursuivit-il en s'adressant Ferreira, je me suis tout de suite dit que ce monstre ne devait pas en être un au fond de lui, comme dans *La Belle et la Bête* ! Vous vous rappelez, commandant, la Bête, elle est horrible, elle a une gueule de travers, mais au fond elle est super sympa, elle a un cœur gros comme ça. (White joignit le geste à la parole en dessinant un cœur avec ses doigts.) En plus, Anna, c'est une fille jolie et délicate, je trouvais que l'univers des contes de fée, les robes de princesse, les beaux châteaux, tout ça, ça lui correspondait bien. Alors dans le scénario du jeu, j'ai planté un très beau décor pour la rassurer, et j'y ai ajouté plein de références aux contes de fée. Et c'était vachement bien vu de ma part, parce qu'Anna, dans le jeu, s'est souvenue des contes que lui racontait son père quand elle était petite…

— Mais les contes de fée, les vrais, ça a rien à voir avec les conneries édulcorées de Walt Disney, le coupa Black. Les contes de fée, c'est plein de salopards ! Barbe bleue qui découpe les nanas en morceaux, pour ne citer que le plus célèbre, l'ogre qui bouffe ses propres enfants mitonnés aux petits oignons, la belle-mère de Blanche-Neige qui veut lui arracher le cœur ! Y a aussi plein de connotations sexuelles. Et du hard ! La serrure d'une pièce dont l'accès est interdit, ça représente le vagin de la femme, sa virginité ! Et la clé, c'est le pénis ! Or quand on met la clé dans une serrure interdite, fermée à double tour, on force, et ça saigne ! Seulement, toi, tout ça, ça te passe au-dessus de la tête ! Parce que c'est un domaine que tu connais pas encore ! Pas vrai, p'tit puceau ?

— Oui, je l'admets ! Je ne suis pas un obsédé sexuel comme

toi ! Encore moins un sadique ! Tiens, cette cave où tu t'es entêté à emprisonner Anna, c'était débile comme idée !

— Pas du tout ! Comment elle aurait pu se croire réellement enlevée et séquestrée si elle avait pas séjourné à la cave, au moins au début ? C'était indispensable ! D'ailleurs, Anna s'en est très bien sortie, elle a su accéder au niveau supérieur du jeu pour ne plus retourner à la cave !

— Ouais ben quand même, c'était super risqué ! Elle aurait très bien pu nous faire une cybercrise cardiaque, toute seule, comme ça, dans le noir !

La dispute rituelle menaçait, une nouvelle fois. Ferreira leva le bras pour y mettre un terme.

— Stop ! s'écria-t-il. Je ne comprends rien à votre charabia ! Rien du tout ! C'est quoi, cette histoire de cave ? Anna a été enfermée dans une cave ?

— Virtuelle ! Une cave virtuelle dans un jeu vidéo ! précisa Fournier, pressentant que le policier prenait dangereusement le pas sur l'auditeur attentif qu'il avait été jusque-là.

— Bon ! Je résume ce que j'ai pigé pour l'instant, poursuivit Ferreira. Le scénario du jeu, c'était l'enlèvement d'Anna par le croque-mitaine, n'est-ce pas ? Je ne suis pas un grand spécialiste des jeux vidéo, mais je sais qu'ils sont souvent truffés d'énigmes à résoudre. Ainsi, les références aux contes de fée que vous m'avez données pour ma prétendue enquête faisaient partie des énigmes à résoudre, et elles venaient de White ? C'est bien ça ?

— Exact, confirma Fournier. Je savais qu'Octave, dans l'écriture du scénario, tempérerait les élans d'Aymerick, qu'il créerait un environnement moins anxiogène pour Anna.

— Mais puisque l'histoire était écrite, Anna n'avait aucun choix, elle n'avait qu'un rôle passif ?

CHAPITRE 26

— Pas du tout ! N'oubliez pas que cette thérapie était du « sur-mesure » pour Anna. Les jeux vidéo reposent sur des scènes et des interactions écrites. En revanche, dans la RV, l'interaction du sujet dans le monde virtuel n'est pas prévisible. Ces deux données étant mêlées dans le traitement expérimental que nous avons mis en place, il y a toute une partie de l'histoire qu'Anna a écrite elle-même dans la RV.

Fournier attendit quelques instants. Voyant que son interlocuteur n'était pas convaincu par sa réponse, il poursuivit :

— Prenons l'exemple d'un livre. Il s'écrit au fur et à mesure. Il y a certes un synopsis élaboré par l'auteur, il y a un début et une fin, mais aussi une large part d'improvisation liée à l'écriture. Le scénario du jeu mettant en scène son cauchemar, Anna l'a écrit au fur et à mesure, à partir de la base déterminée par les jumeaux.

— Et cette base, c'était quoi, au juste ?

La réponse vint de White.

— Toute bête ! Toute simple ! Une invitation à une soirée d'Halloween. C'était ça, le point de départ de notre histoire. Le croque-mitaine, dissimulé parmi les invités, enlève Anna. Ensuite, c'est le début des aventures d'Anna dans l'antre du monstre !

— Mais Anna était consciente d'être dans un jeu, dans un environnement virtuel ?

— Vous touchez du doigt un point très important de la cyberpsychologie, répliqua Fournier. Comment faire pour que le patient, conscient de se trouver dans un monde fictif, ait quand même l'impression d'être dans un avion ou au sommet de l'Himalaya ? La propension à s'immerger dans un monde virtuel est très variable selon les individus. Et pour les personnes atteintes de troubles psychologiques, il est difficile en RV de faire la différence entre le réel et le fantasmatique. Il y a des risques de perte du sens du réel. C'est ce qui s'est passé pour Anna. Elle a atteint le niveau maximal d'immersion. Quand elle avait peur dans la RV, elle en éprouvait tous les symptômes, au même titre que si elle s'était trouvée face à un monstre en chair et en os, alors qu'elle n'avait affaire qu'à une création numérique. À ce niveau d'immersion, son cerveau a fini par croire que son environnement était réel… Dans de tels cas, la consigne donnée au thérapeute est d'analyser le vécu du sujet plongé dans le monde virtuel. Son passé.

Ferreira avait une foule d'autres questions à poser. Mais les mots se bousculaient sur ses lèvres sans qu'il parvînt à les ordonner pour former une phrase correcte. Déconcerté, il posa son regard sur chacune des personnes assises autour de la table : Black, White, Fournier, Audrey, Anna. Sans oublier le monstre, à l'écran, le croque-mitaine. Baptisé Morel. Soit le nom d'une personne qui existait réellement. Un être de chair et d'os, pas un être virtuel. Et lui, dans tout ça ? Pourquoi avoir fait appel à lui ? Quel rôle jouait-il, lui, policier, dans un traitement médical ? Il était complètement perdu. Il se faisait l'effet d'un mauvais élève qui ne comprend pas la démonstration faite par le prof de maths au tableau, alors que tous les autres l'assimilent sans aucun problème.

— Dans la RV, reprit Fournier, le sujet est déconnecté du temps présent, que nous nommons « T0 ». Dès lors, il peut se mouvoir dans le passé, « T- » ou le futur, « T+ ». Anna s'est orientée vers le T-. En outre, il faut tenir compte d'une donnée primordiale, Matteo. La peur, moteur essentiel du traitement envisagé pour Anna, moteur du jeu écrit pour elle, la peur a pour effet d'augmenter l'attention, d'alerter la conscience et, surtout, surtout, elle permet le stockage des souvenirs. Si bien que face à l'objet de sa peur, face au croque-mitaine, tous les souvenirs d'Anna relatifs à son père et à sa disparition, ceux qu'elle avait enfouis au plus profond d'une mémoire secrète, ont été en partie restitués. C'est la raison pour laquelle j'insistais tant, lorsque nous nous rencontrions, sur la nécessité d'enquêter sur la disparition de Mathias. Sans lever le voile sur cette disparition, nous ne pouvions pas progresser.

— Mais… mais…

Ferreira avait du mal à trouver les mots justes.

— Mais pourquoi m'avoir fait croire à un véritable enlèvement, alors qu'il ne s'agissait que d'un enlèvement virtuel, bon sang ?

Fournier se tourna vers Audrey. Pour la première fois depuis le début de la réunion, celle-ci prit la parole.

— Le docteur Fournier vous a dit tout à l'heure que j'avais donné mon accord pour ce traitement expérimental, mais ce qu'il ne vous a pas précisé, c'est qu'il y avait une clause particulière dans le contrat que j'ai signé. Cette clause stipulait que je n'aurais pas connaissance du moment où démarrerait le traitement. Alors, quand Anna est partie un soir en me disant qu'elle se rendait à une fête, je ne savais pas que le traitement par RV commençait. J'ignorais qu'elle se rendait à une soirée virtuelle. Si bien que j'ai réellement cru qu'elle avait disparu. J'ai eu très peur. Une vraie peur, pour le coup ! Et mon premier réflexe a été de croire que Mathias était revenu pour l'enlever. Ensuite, je ne sais pas ce qui s'est passé, sans doute ai-je obéi à un mécanisme inconscient, je n'ai pas eu envie d'alerter la police. En revanche, j'ai immédiatement pensé à vous. Parce que vous étiez là, la nuit où Mathias a disparu. J'ai appelé le docteur Fournier et, dès que je lui ai parlé de vous, il m'a demandé de vous contacter. Ensuite seulement, il m'a informée que le traitement avait commencé.

— Donc… Donc Anna vous a menti lorsqu'elle vous a dit qu'elle allait à une soirée, elle partait en réalité pour le laboratoire… Par contre, lorsqu'on s'est vus chez vous après votre coup de fil, vous étiez déjà au fait du traitement ?

Audrey acquiesça. Le visage de Ferreira se durcit.

Il y eut un nouveau silence. Ferreira se tourna vers Fournier.

— Matteo, enchaîna celui-ci, est-ce que vous auriez lancé l'enquête avec tous les moyens nécessaires si je vous avais dit qu'il ne s'agissait que d'un enlèvement virtuel, un traitement médical ?

— Non, admit Ferreira. Mais…

— Je sais, le coupa Fournier. Il y a encore beaucoup de questions que vous vous posez. Il se trouve que je peux répondre à certaines, et à d'autres, non…

Il jeta un regard circulaire qui engloba les personnes assises autour de la table avant de déclarer :

— Il est fort possible que nous soyons passés, au sein de ce laboratoire, des sciences cognitives à la science-fiction, comme vous le suggériez tout à l'heure… Combien de temps me reste-t-il pour vous donner les réponses que j'ai ?

Ferreira consulta l'heure affichée sur l'écran de son portable.

— Environ dix minutes.

— Bon, alors dans ce cas, décréta Fournier d'un ton excédé, qu'on en finisse ! Passez-moi tout de suite les menottes, commandant ! Parce que je n'aurai pas assez de temps !

Sur ces paroles, il se leva et tendit les mains au policier.

Anna se leva aussi dans la foulée. Vite. Très vite. Elle bondit de son siège. Un mouvement d'autant plus imprévisible que, muette depuis un bon moment, absorbée par la contemplation de la créature à l'écran, elle semblait ne plus écouter la conversation. Ferreira n'avait cessé de surveiller Black du coin de l'œil, se méfiant du garçon, au cas où il profiterait d'un moment d'inattention pour subtiliser le revolver posé sur la table.

Or le danger vint d'Anna.

C'est elle qui s'empara de l'arme. Qui aurait pu prévoir une telle réaction ? Sous les regards effarés de toute l'équipe, revolver fermement maintenu entre les deux mains, la jeune fille visa le policier et déclara d'une voix méconnaissable, tant elle était dure.

— Ça suffit maintenant ! Y en a marre des bavardages ! On vous a dit l'essentiel ! Ce que vous devez savoir, commandant, c'est que le traitement a réussi et que je n'ai plus peur. Plus peur de rien ! insista-t-elle.

Sans quitter sa cible des yeux, elle désigna l'écran du menton.

— Il m'a guérie ! Il m'a rendue plus forte ! Il a fait plus que ça ! Il m'a révélé des informations sur mon père ! Il m'a appris que mon père a été assassiné. Et je veux que vous retrouviez son meurtrier, sinon…

CHAPITRE 27

Sinon quoi ?

Ferreira ne formula pas sa question. Il leva les mains en signe de reddition. Doucement. Le plus lentement possible afin de ne pas provoquer une réaction intempestive. Peu lui importait qu'Anna le menace. Au contraire, tant qu'elle le viserait, lui, il n'y aurait pas de réel danger. Ce qu'il redoutait, c'était un mouvement inconsidéré. Que l'arme lui échappe, que le coup parte. Pire, qu'elle retourne l'arme contre elle. Le docteur Fournier avait-il envisagé que son traitement expérimental pourrait avoir « des effets secondaires » ? se demanda-t-il. L'attitude d'Anna n'en était-elle pas un ? Où était la jeune fille sage et craintive qui s'était pendue à son cou tout à l'heure ? Qui l'avait embrassé ? Qui avait rougi en le faisant ? Qui avait dû surmonter sa timidité pour lui murmurer une phrase à l'oreille ? Elle n'avait plus rien à voir avec celle qui se tenait devant lui, visage fermé, regard sombre et farouche. Elle venait d'évoquer la créature à l'écran comme s'il s'agissait d'un être réel. Pire, comme une sorte de mentor.

À se demander si ce n'était pas lui qui, par télépathie, lui avait ordonné de prendre le revolver. Y aurait-il d'autres effets secondaires par la suite, tout aussi imprévisibles ?

— Très bien, Anna ! Dis-moi ce que je dois faire.

La jeune fille eut une brève hésitation durant laquelle Audrey tenta d'intervenir. Mais, sans même lui jeter un coup d'œil, Anna l'en empêcha.

— T'en mêle pas, maman ! J'ai plus cinq ans, c'est fini ! Je ne suis plus une petite fille à qui on donne des ordres, à qui on dit de la boucler ! Si toi tu as tiré un trait sur papa il y a onze ans, ce n'est pas mon cas ! Je veux savoir ce qui s'est passé !

— Anna, ce n'est pas vraiment ainsi que j'envisageais ta participation à notre réunion ! Le commandant n'a pas encore toutes les explications néces…

La jeune fille ne laissa pas non plus Fournier terminer sa phrase.

— Non, ça suffit les explications, ça va durer des heures ! Ça se passe entre le commandant et moi, maintenant ! Appelez vos collègues ! ordonna-t-elle à Ferreira. Débrouillez-vous pour leur faire croire que je suis toujours en danger ! Ils doivent continuer l'enquête et trouver des informations précises sur… Sur lui ! ajouta-t-elle en désignant l'écran. C'est lui, le seul témoin ! C'est lui, la clé de l'histoire !

Le témoin de quoi, bon sang ? Quelle histoire ? Lui, c'est une création numérique ! Un être virtuel !

— Très bien, répondit Ferreira.

Il baissa les bras et saisit son portable.

— Activez le haut-parleur !

Ferreira obéit encore, puis composa le numéro de Moldano.

— Tout va bien, dit-il, lorsque ce dernier eut décroché.

CHAPITRE 27

Inutile que vous veniez me rejoindre. Je suis toujours à l'hôpital Pitié-Salpêtrière et j'en ai encore pour un moment. J'ai arrêté… (Il hésita un instant, quitta Anna des yeux pour passer en revue le reste de l'équipe.) J'ai arrêté les deux jeunes types qui ont travaillé pour la société de jeux vidéo. Ça s'est bien passé. Il n'ont pas opposé de résistance. Je suis en train de les interroger et j'ai bon espoir qu'ils me fournissent une piste sérieuse.

Ferreira se mordit les lèvres en attendant la réaction de Moldano et en surveillant toujours celle d'Anna.

— Tu veux parler des types qui ont acheté les chaussures sur Internet, ceux qui ont pris le pseudo « black&white », c'est ça ? précisa Moldano.

— Oui, c'est ça.

— T'as mis la main sur eux à l'hôpital Pitié-Salpêtrière ? Comment ça se fait ? Je les croyais à Washington.

— Non, j'ai bien supposé ce matin qu'ils devaient être de retour à Paris.

— À Paris, c'est une chose, mais pourquoi à l'hosto ?

— Je n'ai pas le temps de t'expliquer ça en détail, je suis pressé et…

— Pourquoi tu ne les ramènes pas à la brigade ?

— Ils semblent mieux disposés à parler ici, je ne veux pas interrompre l'interrogatoire trop longtemps… J'appelais juste pour vous rassurer, toi et Kowan, et surtout pour vous demander de vous remettre dare-dare au boulot. À partir de maintenant, on met le turbo !

— Le turbo sur quoi, au juste ?

Bonne question.

— Eh bien…

Ferreira fit une courte pause avant de porter son regard

sur l'écran géant. La créature, depuis la précédente dispute des jumeaux, était restée en « mode méchant ». Pour l'heure, ça l'arrangeait bien.

— J'ai tout lieu de croire que Morel est notre suspect, reprit-il. C'est lui, le ravisseur d'Anna. Alors on met le paquet sur lui. Il faut à tout prix me retrouver ce type.

— Morel… Morel, répéta Moldano. Qui est-ce, déjà ?… Attends ! Tu veux parler du père de la petite fille morte d'une crise d'asthme à Debré en 2011 ?

— Exact.

— Alors là, je pige plus rien ! T'as pas dit à Kowan ce matin que la piste ne valait pas un clou, que la mort de la petite Morel n'avait rien à voir avec l'enlèvement d'Anna ?

— Si, je le lui ai dit, mais je me trompais, décréta Ferreira. Au vu des nouveaux éléments que je viens d'apprendre, je suis sûr à 90 % que Morel est notre homme.

— Bon ! J'ai comme l'impression qu'il me manque un chaînon, mais si tu le dis, va pour Morel ! Ah ! Je voulais aussi te demander ! Quelles infos on donne aux journalistes ? Ça fait pas mal de temps qu'ils nous collent aux basques, ils se plaignent de n'avoir rien à communiquer. Le fait est que, depuis l'appel à témoins avec la photo de la chaussure rouge, on les a plus mis au parfum…

— Rien ! le coupa Ferreira. Surtout, on ne leur dit rien ! Plus l'enquête restera confidentielle, mieux ce sera.

— Ils vont pas aimer.

— Rien à foutre !

— Bon, bon… (Moldano demeura muet. Sa respiration, amplifiée par le haut-parleur, avait quelque chose de menaçant.) Tu es sûr que tu m'as tout dit ?

Ferreira coupa la communication sans répondre.

CHAPITRE 27

Il y eut un long silence. Ferreira fixa Anna, cherchant son approbation. Il obtint un bref hochement de tête. Il remarqua que ses mains tremblaient légèrement. Il était temps de récupérer son arme. Il allait la lui demander lorsqu'un signal sonore retentit, l'avisant de la réception d'un SMS. Anna sursauta et eut un mouvement brusque qui fit dévier le revolver vers White. Ce dernier recula en étouffant un cri.

— C'est juste un texto ! dit aussitôt Ferreira. Et il faut que j'en prenne connaissance, Anna, d'accord ? C'est peut-être important pour l'enquête.

La jeune fille acquiesça en rectifiant la trajectoire de l'arme. Mais son geste n'était pas assuré, le revolver semblait à présent trop lourd pour elle, le tremblement de ses mains s'accentuait. Elle était de plus en plus pâle et respirait avec difficulté.

Ferreira fit défiler rapidement le contenu du texto. C'était Perrin. L'avocat s'inquiétait et voulait savoir s'il y avait du nouveau. Il lui répondrait plus tard.

— Rien d'important, dit-il en posant son téléphone sur la table. Anna, ajouta-t-il en faisant un pas en direction de la jeune fille, je viens de commettre la plus grosse boulette de ma carrière. Non content de couvrir une somme de faux témoignages et de fausses déclarations, je viens de mentir à mon tour et de demander à mes coéquipiers de continuer à enquêter sur un enlèvement virtuel. Commis par une création numérique. Ça n'a aucun sens, mais je t'ai obéi. Alors maintenant…

Il s'approcha lentement d'Anna et lui tendit la main, paume ouverte. La jeune fille y déposa l'arme. Recula aussitôt en frottant sa main contre son pantalon, comme si elle voulait l'essuyer, comme si, *a posteriori*, elle était dégoûtée par le contact du revolver. Elle demeura un instant immobile, regardant autour d'elle d'un air égaré. Elle semblait se demander tout à coup où elle se trouvait, ne pas comprendre ce qui venait de se passer. Alors que sa mère s'avançait vers elle, elle l'écarta d'un geste, se détourna et se dirigea vers le cube immersif. Elle s'arrêta quelques secondes sur le seuil avant d'y entrer avec une lenteur calculée. Bien que ses pas fussent hésitants, sa démarche avait quelque chose de solennel. Elle observa longuement les parois vitrées du cube, tapissées par les écrans. Noirs, le cube n'étant pas en activité. Mais on devinait qu'elle se remémorait les images qui y avaient été projetées durant son traitement.

— Docteur Fournier ! Les jumeaux ! Est-ce qu'on pourrait… lancer une suite au programme ? demanda-t-elle. Je veux y retourner. Il ne va pas bien… Il se passe quelque chose… Quelque chose de grave ! Il m'a dit en me laissant partir que, si je ne revenais pas, il mourrait… J'ai peur ! J'ai peur pour lui, maintenant ! ajouta-t-elle d'une voix brisée par l'émotion.

Black fut le premier à réagir.

— Laisse-moi quelques minutes, Anna ! dit-il en se précipitant vers son ordinateur. Faut que je rétablisse quelques paramètres avant de lancer le programme !

Fournier allait lui ordonner de n'en rien faire, mais ce ne fut pas nécessaire. Avant même qu'il ouvre la bouche, Anna s'effondra au sol, évanouie.

Il y eut un mouvement de panique. Audrey poussa un cri et courut vers sa fille, Fournier lui emboîtant le pas, Ferreira et White à sa suite. Après avoir pris le pouls de la jeune fille, le médecin rassura tout le monde.

— C'est un simple malaise vagal, assura-t-il, ce n'est rien. Anna a été nourrie par perfusion durant son traitement par

CHAPITRE 27

RV, elle est encore faible. Le temps écoulé entre sa sortie de la RV et l'arrivée du commandant a été trop court. Il lui faut du repos.

Avec l'aide des jumeaux, le psychiatre transporta Anna dans la chambre attenante au laboratoire.

— C'est le syndrome de Stockholm, déclara Fournier en revenant vers Ferreira, après avoir laissé Audrey au chevet d'Anna dans la chambre.

— Pardon ?

Abîmé dans ses pensées, Ferreira ne l'avait pas entendu approcher.

— Anna souffre du syndrome de Stockholm, répéta Fournier. Vous savez de quoi il s'agit ?

— Oui, évidemment. La sympathie, l'empathie qu'éprouve un otage pour son ravisseur, mais…

— Oui, oui… Dans le cas présent, c'est assez étrange, je vous le concède, mais… Pas tant que ça, finalement, conclut Fournier après une brève réflexion. Anna a vécu des émotions virtuelles très fortes, alors, après tout, ce syndrome de Stockholm virtuel en est une conséquence logique.

Et le fait qu'elle me menace avec un flingue, comme tout à l'heure, c'est une conséquence logique aussi ?

— Venez ! ordonna le médecin, pressé de poursuivre. Nous avons quelque chose à vous montrer.

CHAPITRE 28

Rien à voir avec la séance du samedi soir dans un cinéma de quartier ou mieux, au Grand Rex. Pourtant, tandis que la lumière éclairait de nouveau le laboratoire, Ferreira avait la gorge nouée. Le film qu'il venait de visionner lui laissait une profonde sensation d'oppression et d'angoisse.

Ce film, c'était la reconstitution des aventures d'Anna dans la réalité virtuelle.

Petit bijou technologique réalisé par les deux génies du numérique qu'étaient les jumeaux, il avait été projeté en 3D, sur écran panoramique géant, avec des images d'une qualité exceptionnelle. Tout au long du film, hormis les passages où les protagonistes dialoguaient, la voix off d'Anna livrait ses pensées, ses sentiments. Sa peur à l'état brut.

Le premier réflexe de Ferreira fut de chercher la jeune fille des yeux, oubliant qu'elle se reposait à côté en compagnie de sa mère. De fait, il avait un peu l'impression d'avoir assisté à une sorte d'avant-première. Toute l'équipe du film, exception faite des deux « vedettes », Anna et Morel, était là, prête à entamer une conférence de presse, à répondre aux questions du public. Les siennes, en l'occurrence.

Il s'efforça de remettre de l'ordre dans ses idées. Il n'avait pas vu un film. Il avait visionné la vidéo, si perfectionnée fût-elle, d'un traitement médical.

Parallèlement à l'intrigue qui se tissait dans la vidéo, il y avait eu, à l'extérieur – dans la réalité, la vraie – une mise en scène orchestrée par Fournier et dont lui, Ferreira, avait été l'acteur principal. S'il savait maintenant pourquoi on lui avait distribué ce rôle malgré lui, il ignorait comment il allait le poursuivre dans les heures à venir. Car il y serait contraint. Anna le lui avait signifié en utilisant la manière forte, et le coup de fil passé en vitesse à Moldano ne suffirait certainement pas à satisfaire ses exigences. Quant à ses coéquipiers, ils n'allaient pas tarder à lui demander des comptes.

— Est-ce qu'il est possible de revenir en arrière dans le film ? demanda-t-il. On peut sélectionner des images en particulier ?

— Pas de problème ! Y a l'écran tactile !

White alluma un autre écran, de mêmes dimensions que le premier. Aussi transparent qu'une vitre et de forme convexe, il affichait dans sa partie inférieure une série de séquences numérotées répertoriant les images du film, ainsi qu'une suite de petits symboles, parmi lesquels Ferreira reconnut un haut-parleur. White sélectionna la première séquence en effleurant l'écran du doigt, agrandit l'image portant le numéro 1 par un nouvel effleurement et attendit les instructions du policier.

— Va un peu plus loin, vers la séquence 2 ou 3 ! ordonna Ferreira. Là ! Stop ! Jérémy Mercier, *alias* Quentin, c'est son avatar, n'est-ce pas ? demanda le commandant en désignant le personnage qui apparaissait sur l'image sélectionnée.

CHAPITRE 28

La question était pour Fournier, mais ce fut White qui répondit.

— Ouais, c'est bien lui ! Le garçon du buffet ! C'est moi qui l'ai introduit dans le jeu. Je savais qu'Anna flancherait au début, dans la soirée virtuelle d'Halloween, il lui fallait quelqu'un pour la rassurer. J'ai pensé un moment à moi, mais c'était délicat d'être à la fois concepteur et acteur du jeu. Me modéliser moi-même, c'était pas évident. Alors j'ai choisi Jérémy. On se connaît depuis pas mal de temps, on s'est rencontrés ici, à l'hôpital… Son avatar est ressemblant, hein ? Vous trouvez pas ? demanda-t-il fièrement.

— Et où est-il maintenant ? Pas l'avatar, le vrai Jérémy, le petit con qui est venu me voir en se faisant passer pour le prince charmant avec la chaussure de Cendrillon ! précisa Ferreira, un rien agacé.

— En bas, à la cafétéria où il travaille depuis plusieurs mois, répondit Fournier. Jérémy est un ancien patient. Il est guéri, il n'a renoué avec ses mauvaises habitudes de vol qu'à ma demande.

— Je vois. Une autre précision : Anna parle souvent, dans le film, de drogue ou de ce qu'elle appelle « un sort de sommeil » contre lequel elle ne peut pas lutter, de quoi s'agit-il au juste ?

— Eh bien, de fait, elle a été droguée.

— Comment ça ? Vous ne m'avez jamais dit qu'il fallait être drogué pour votre fichu traitement !

Ferreira ne put masquer un mouvement de colère qui fit naître un sourire sur les lèvres du psychiatre.

— Je me suis mal exprimé ! Anna n'a été droguée qu'au sens médical du terme. Je lui ai donné de l'hyoscine hydrobromide. C'est un médicament très efficace pour lutter contre le mal de mer. En RV, on est souvent sujet au mal de l'immersion, qui est similaire au mal des transports. Cela peut occasionner des « cybermalaises », sensations d'estomac noué, nausées, vertiges... Il suffit de donner une dose d'hydrobromide quarante minutes avant l'immersion et le sujet évite le désagrément des cybermalaises.

— Et en plus, précisa Black, quand Anna dormait ou croyait dormir, eh ben, en réalité, c'était le chargement du nouveau niveau de jeu qui était en cours.

— Vous suivez ? demanda Fournier.

Le policier acquiesça.

— Oui, oui, et dans le jeu, justement, poursuivit-il, elle n'a cessé de subir votre influence, c'est bien ça ? Les belles robes, le décor luxueux, les contes de fée, c'est White. En revanche, la cave, les apparitions du monstre, c'est Black. Et l'un des principes du jeu vidéo, c'est d'ouvrir des portes, de marquer des points, de passer les différentes épreuves ?

— Et de trouver les portes de sortie, continua Black. Par exemple, dans la chambre interdite, y en avait une, mais Anna l'a pas vue. En plus, elle a pas tenu le coup face au monstre lors de sa première apparition, alors retour à la case départ ! La cave.

— Justement, j'aimerais revoir ce passage.

White sélectionna la séquence en question, puis l'image d'Anna, enfant. Accroupie dans un coin, la petite fille jouait avec de la pâte à modeler. White sélectionna une deuxième image où l'enfant exhibait des dessins, et enfin une troisième où, bras croisés, elle boudait.

— Il se passe là quelque chose de très intéressant, dit Fournier. Ce passage n'était pas du tout prévu !

— Comment ça ?

— L'apparition d'Anna enfant n'est ni le fait d'Aymeric ni

celui d'Octave. Elle émane d'Anna elle-même. De sa mémoire.

— J'avoue que je ne comprends pas bien.

— La peur stocke les souvenirs, elle les ravive, je l'ai déjà mentionné tout à l'heure. Nous en avons là un exemple frappant. Anna s'est souvenue d'elle, à l'âge de six ans, avec une précision stupéfiante. Jamais je n'aurais pu obtenir un tel résultat avec l'hypnose.

Fournier se leva et, quittant la table de conférence, s'approcha de l'écran qu'il effleura à son tour pour visionner plusieurs fois de suite chacune des images d'Anna enfant. (*Anna Petite*, le nom que la voix off d'Anna lui avait donné.) Il demeura un long moment immobile, les observant comme s'il les découvrait pour la première fois.

— J'ai là, devant moi, la mémoire d'Anna, c'est prodigieux ! s'exclama-t-il. Regardez jusqu'où ça va, Matteo ! Sur le dossier médical que mes collègues m'ont transmis, il y a la photo d'Anna enfant. Elle serre dans ses bras un ours en peluche. Et…

Il agrandit une des trois images sélectionnées. On y voyait nettement l'ours en peluche, posé par terre à côté de la petite.

— Le voilà ! dit Fournier en tambourinant du doigt sur l'écran pour confirmer ses paroles. C'est lui !

D'un brun délavé, la peluche avait en guise de nez une bille rouge, toute rongée – on devinait que la bouche de l'enfant l'avait mordillée. De petits boutons noirs figuraient des yeux trop rapprochés. L'un d'eux était probablement tombé et n'avait pas été recousu au bon emplacement. Le jouet était par ailleurs rapiécé en de multiples endroits. Certaines coutures étaient bien faites – sans doute par Audrey – d'autres au contraire étaient grossières, maladroites, le fil n'était pas de la bonne couleur et les points irréguliers. Ces dernières semblaient être le fait de l'enfant elle-même.

— Est-ce qu'on peut agrandir un peu plus l'image de l'ours ? demanda Ferreira.

— Allez-y ! Vous pouvez le faire vous-même, il suffit de toucher l'écran ! l'invita White.

Ferreira se leva et s'approcha. Voyant qu'il hésitait, White l'encouragea à nouveau.

— Faites comme si c'était un iPhone géant !

La comparaison fut efficace. Ferreira effleura plusieurs fois l'image jusqu'à ce qu'elle eût les dimensions qu'il souhaitait. Il l'observa alors dans ses moindres détails. Cette peluche lui rappelait quelque chose. Était-ce parce qu'il l'avait remarquée, la nuit où il avait rencontré Anna, onze ans auparavant ? Non. Pas seulement. Il y avait autre chose. Quelque chose d'important, il en était sûr. La tension soudaine de tous ses muscles le lui disait.

La broche, comprit-il enfin. La broche, sur le pull d'Anna. Elle représentait un ourson en strass. Le choix de ce bijou, enfantin pour une jeune fille de seize ans – il s'était fait la réflexion lorsque Anna était venue le saluer – était une manière de trait d'union avec le souvenir lointain de ce fidèle compagnon d'enfance.

— Ça vous évoque quelque chose ? demanda Fournier.

Ferreira ne dit rien, préférant poursuivre ses réflexions. La broche avait attiré son attention, mais ce n'était pas ce qui le préoccupait. Pas seulement.

— Non… Finalement non, dit-il au bout de quelques minutes, déçu, en regagnant sa place.

— En tout cas, moi, lorsque j'ai vu cette photo sur le dossier, je me suis dit que cet ours, comme c'est souvent le cas avec des enfants aussi jeunes, devait être le compagnon inséparable d'Anna, le confident de ses joies et de ses chagrins. Je me suis dit que, si l'enfant avait été témoin de quelque chose, la nuit de la disparition de son père, cet ours en avait, lui aussi, été témoin. D'ailleurs, la petite Anna l'affirme clairement… S'il te plaît, Octave, mets le son !

White effleura le symbole du haut-parleur et la voix de l'enfant retentit :

« *Personne me croit quand je dis qu'un ogre a mangé papa ! Même pas la dame des ennuis, elle fait juste semblant de me croire, c'est tout. Personne me croira jamais, de toute façon. Sauf…* » L'enfant s'interrompit pour brandir l'ours.

« *Lui ! Lui ! Il a vu l'ogre, il était avec moi quand l'ogre a mangé papa !* »

— « Quand l'ogre a mangé papa ! », répéta Fournier.

Ferreira le regarda un moment sans répliquer.

— Ce sont les paroles d'une enfant, dit-il enfin. Prononcées dans les conditions très particulières de votre traitement.

— Non, ce sont les paroles de la mémoire. Elles sont authentiques.

Un nouveau silence ponctua la réponse du psychiatre.

— Alors quoi, que signifient ces paroles ? On ne peut tout de même pas les prendre au pied de la lettre ?

— Non, bien sûr… Vous est-il arrivé, au cours d'une de vos enquêtes, d'interroger un enfant ?

Ferreira acquiesça.

— Dans ce cas, vous pouvez aisément traduire ?

— L'ours a vu quelqu'un… tuer le père d'Anna… Qui ? ajouta Ferreira peu après.

Fournier fit signe à White qui activa la suite du dialogue.

« *Si j'arrive à revenir, la prochaine fois, je te dirai un secret.*

— *Quoi ? Quel secret ?*

— *Oh ! Mais il est tard maintenant, il faut que je parte !*

— *Quel secret ? Dis-le-moi avant de partir ! S'il te plaît !*

— *J'ai volé quelque chose à l'ogre avant qu'il avale papa. Je l'ai volé dans ses affaires ! Je l'ai jamais dit à personne, même pas à maman ! Même pas à la dame des ennuis ! Jamais, jamais, jamais ! Je l'ai caché ! Tu veux savoir où ?*

— *Oui, bien sûr que je veux le savoir !*

— *La prochaine fois, la prochaine fois.* »

— Hélas ! s'exclama Fournier. La mémoire d'Anna s'est fermée. Ce secret-là n'a pas été révélé. En revanche, elle en a révélé un autre, et de taille !

— Le nom de Morel ? poursuivit Ferreira.

— Exactement !

Fournier fit signe à White d'afficher les images correspondant à la deuxième apparition d'Anna enfant.

— La mémoire d'Anna restitue à ce moment-là un nom qu'elle a entendu dans la maison de son père avant le drame. Prodigieux, non ?

— Prodigieux, mais beaucoup trop mystérieux ! affirma Ferreira. Qu'est-ce qu'on peut en conclure ? Que Morel était une connaissance du père d'Anna ? Un ami ? Un voisin ? Est-ce qu'Anna enfant l'a rencontré ou a-t-elle juste entendu son nom ?

Il y eut un nouveau silence. Plus long que le précédent.

— Il y a autre chose que je n'arrive pas à saisir, enchaîna Ferreira. La chambre interdite où Anna entre. C'est celle de la petite Morel justement, Maïté Morel, précisa-t-il. La petite fille sur laquelle vous m'avez demandé d'enquêter. Qui a vraiment existé, qui est morte en 2011 à l'hôpital Robert-Debré…

CHAPITRE 28

Qu'est-ce qui se passe, là ? Nous sommes dans le virtuel ou le réel ? Où se situe la frontière entre l'un et l'autre ?

— Je vous ai dit tout à l'heure que j'avais des réponses à certaines de vos questions, Matteo, mais pour les autres…

Fournier laissa sa phrase en suspens pendant plusieurs longues minutes. Il regarda l'écran, puis l'ensemble du laboratoire, les ordinateurs, les caméras, les projecteurs, les sièges vides des informaticiens, puis il s'arrêta sur la porte qui communiquait avec la chambre où Anna se reposait. L'espace d'un instant, Ferreira crut qu'il allait l'ouvrir et convier Anna à les rejoindre. Mais ce ne fut pas le cas. Ce dont le policier se réjouit. Décortiquer la mémoire de la jeune fille, comme ils le faisaient depuis un moment, avait quelque chose d'impudique. En sa présence, c'eût été plus gênant encore.

— Je n'ai pour l'instant que des réponses hypothétiques et… (Il hésita à nouveau.) Et je crois que vous n'êtes pas encore disposé à les entendre. Alors, poursuivons, si le voulez bien.

— À quel moment avez-vous pensé à moi ? demanda Ferreira.

— Après vous avoir googlisé, j'ai appris que le jeune lieutenant stagiaire présent la nuit du 31 octobre 2006 était devenu commandant à la brigade criminelle. Juste après, Audrey m'a appelé et…

— Vous m'avez jeté dans l'arène, conclut Ferreira.

— Oui. À partir de ce moment-là, je décide d'utiliser dans la réalité les éléments du scénario de la RV. J'envoie une des chaussures rouges chez vous, comme preuve de l'enlèvement d'Anna, je donne la boîte à Audrey avant que vous n'alliez la voir, puisqu'elle est à ce moment-là dans la confidence de la soirée virtuelle. Je teste vos réactions et je constate, lorsque nous nous rencontrons… que vous réagissez au quart de tour.

La nuit où vous avez vu Anna pour la première fois est restée gravée dans votre mémoire. L'hypnose que j'utilise à votre insu me le confirme. Vous vous êtes souvenu de détails dont je n'avais pas connaissance, qui n'étaient pas mentionnés dans le dossier. Anna légèrement blessée au pied parce qu'elle avait marché sur un éclat de verre, cet élan qu'elle a eu envers vous lorsque vous l'avez raccompagnée chez elle, qui prouvait la confiance qu'elle vous témoignait. Vous me confirmez vous aussi qu'Anna a vu quelque chose, cette fameuse nuit. Et qu'en plus elle vous l'a dit. En langage codé, malheureusement.

— Vous voulez parler de cette mystérieuse phrase qu'Anna m'a murmurée à l'oreille avant de me quitter ?

— Oui.

— Est-ce que, à un moment ou un autre, cette phrase a été prononcée dans la RV ?

— Non ! Vous l'avez vu vous-même, à part le moment où elle s'est montrée dans la cave et dans la chambre interdite, Anna enfant n'est pas réapparue.

— Et Anna, une fois sortie de la RV, vous lui avez parlé de cette phrase ? Elle a pu vous aider ?

Fournier secoua la tête.

— Un nouveau secret qu'il m'incombe de découvrir dans la réalité ! conclut Ferreira avec une pointe d'agacement.

Il se leva et arpenta le laboratoire de long en large sous les yeux inquiets des jumeaux. (N'allait-il pas renverser quelque chose ? Débrancher un câble sans le vouloir ?)

— Écoutez, je suis paumé ! Qu'est-ce que je suis censé faire ? Tout ça… (Il embrassa les écrans et le reste du matériel d'un large geste de la main.) Tout ça me dépasse ! Ce n'est pas de mon ressort. Je suis policier, pas toubib ! Vous m'avez manipulé et…

CHAPITRE 28

— Non, non, le coupa Fournier, levant les mains pour apaiser le mouvement d'humeur de son interlocuteur. Lorsque j'ai mis en place cette…

— Cette quoi ? Vous ne trouvez pas le mot pour qualifier ce que vous avez fait ? l'interrompit Ferreira à son tour. J'en ai plusieurs à vous proposer : arnaque, escroquerie, duperie, imposture…

— Je préfère « mystification temporaire ». Croyez-moi, Matteo, je n'avais pas l'intention de vous mentir très longtemps. Dès notre premier rendez-vous, j'avais semé plusieurs indices évidents pour que vous ayez la possibilité de découvrir rapidement la vérité. Jérémy était là, dans le couloir, lorsque vous vous trouviez dans mon bureau. Les jumeaux aussi, ils parlaient même d'un « héros » qu'ils avaient conçu ensemble, lui ! dit-il en désignant le premier écran. Je ne pensais pas que vous alliez suivre mon conseil et faire un appel à témoins en mentionnant la chaussure rouge. Mais vous l'avez fait ! Alors, alors… Je vous ai envoyé Jérémy. J'ai hésité, croyez-moi ! Je pensais que vous le reconnaîtriez tout de suite, or non, vous ne l'avez pas remis. Cette adresse, rue David-d'Angers, que vous a fournie Jérémy lorsque vous l'avez interrogé, elle était le fait d'Anna dans la RV, et…

— Comment ça, le fait d'Anna ? l'interrompit Ferreira. Il y avait bien une adresse, sur l'invitation à la soirée virtuelle, non ?

— Oui, une adresse différente, que nous avions choisie au hasard, mais qu'Anna, une fois dans la RV, a remplacée par une autre. Si bien que je voulais savoir si elle correspondait à quelque chose, à un souvenir précis. Je m'étais promis d'arrêter tout si ce n'était pas le cas et de vous dévoiler l'affaire. Seulement voilà ! Après votre visite au 27 rue David-d'Angers, vous m'apprenez que la soirée costumée, inventée de toutes pièces par les jumeaux et l'interaction d'Anna dans la RV, va avoir lieu. Ce que j'étais loin de pouvoir imaginer ! Je vous parlais tout à l'heure des différents temps de la RV. Jusqu'à présent nous n'avons évoqué que le T- et le T0, or voilà que le T+ surgit ! Et qu'il est en liaison directe avec le T- ! Car cette soirée, c'est le fils Perrin qui l'organise, autrement dit, le fils de l'ami le plus proche de Mathias au moment de sa disparition. Il y a bien un lien avec la mémoire d'Anna... C'est extrêmement troublant, avouez-le ! Alors... Alors, trop curieux de connaître la suite, j'ai continué.

— C'est vrai que c'est troublant, admit Ferreira dans un murmure, comme s'il craignait d'être entendu, comme s'il n'en revenait pas lui-même de se ranger à l'avis du psychiatre.

Troublant. Perturbant. Dérangeant.

Il regagna sa place à la table de conférence.

— Qu'est-ce qu'on peut en déduire ? demanda-t-il enfin. Le T- en relation avec le T+, le passé qui donne des indications sur le futur, ça signifie quoi au juste ? Une forme de... prédiction ?

— Quelque chose d'approchant, oui. Le traitement interactif en 3D, en réveillant la mémoire d'Anna, a créé une nouvelle dimension temporelle. Cet espace que nous avons là, précisa Fournier en désignant du menton le cube immersif, est un outil prodigieux !

Fixant à son tour le cube immersif d'un regard où se lisait une admiration teintée de crainte, Ferreira ne dit rien pendant un long moment. Fournier considéra que son silence avait valeur d'assentiment.

— Venons-en à un autre temps fort de la RV ! L'épisode du miroir, reprit-il.

— Ah oui ! Ce fameux miroir qui se brise en morceaux ?

CHAPITRE 28

Qui répand du sang autour d'Anna ? poursuivit Ferreira. Si je le mets en rapport avec le timing de la réalité, c'est le moment où Quentin me plante chez les Lambert, où je trouve l'attitude d'Audrey suspecte. Je tente alors de vous joindre par téléphone et…

— Et je ne peux pas vous répondre, parce qu'Anna vient de faire un cybercoma.

Surpris, Ferreira fronça les sourcils, puis il comprit très vite ce à quoi le médecin faisait allusion.

— La patiente dont vous m'aviez dit qu'elle était dans un coma hystérique, il s'agissait d'Anna ?

— Oui, je ne pouvais pas alors vous parler de coma virtuel sans vous révéler toute l'affaire. Mais j'étais très inquiet lorsque vous m'avez appelé. Une douleur virtuelle provoque une sensation aussi vive qu'une douleur réelle, elle nécessite des soins médicaux. Il en va de même pour un coma virtuel. Quand vous m'avez rejoint ici, à l'hôpital, dans la cour, l'état d'Anna s'était amélioré, elle venait de se réveiller. Néanmoins, pour moi tout était fini, j'étais décidé à arrêter le traitement que je jugeais dès lors trop dangereux. Je crois que c'est la fatigue qui m'a poussé à vous lâcher, avant de vous quitter, le nom de Morel. J'avais l'intention de vous rappeler juste après pour tout vous avouer. Mais j'ai vite oublié car, lorsque je suis retourné au laboratoire, on m'a appris que, en dépit de l'interdiction formelle que j'en avais faite, Anna était retournée dans la RV.

Cette dernière phrase fut prononcée avec une pointe de colère.

— Et devinez qui a aidé Anna à transgresser les ordres de P'tit Four dans le dos de tout le monde ? demanda White d'un ton rogue.

La réponse était si évidente que Ferreira ne se donna pas la peine de la prononcer.

— Je maintiens que j'ai bien fait ! affirma Black. C'est pas vous qui allez dire le contraire, non ? demanda-t-il à Fournier.

— Plus maintenant, reconnut ce dernier, mais tu as joué avec le feu.

— Anna voit quelqu'un dans ce fameux miroir, reprit Ferreira, une silhouette qui agresse son père.

— Oui, confirma Fournier. Une silhouette seulement. La RV n'en dévoilera pas plus.

— J'ajoute donc cette mystérieuse silhouette à la liste des énigmes que je dois résoudre, n'est-ce pas ? demanda Ferreira avec un sourire fatigué. Pendant ce temps-là, moi, enchaîna-t-il, je surveille la fête organisée par le fils Perrin. Or elle se déroule sans aucun incident. Ah ! On dirait que le bât blesse, là, non ?

— Pour l'instant, rien ne nous a paru suspect lors de cette fête, corrigea Fournier. Cependant il doit forcément y avoir quelque chose, seulement… Je ne sais pas quoi, je vous l'accorde. Peut-être le trouverons-nous plus tard, en y réfléchissant avec davantage de recul ?

Ferreira leva subitement la main.

— Attendez ! Attendez ! Vous avez raison, il s'est passé quelque chose, je crois savoir quoi ! Il ne s'agit pas d'un événement ou d'un incident précis, mais plutôt du fait que cette soirée m'a donné l'occasion de discuter longuement avec Perrin. Il m'a appris qu'il y avait des squatteurs, des Polonais, souvent ivres, en face de la maison de Mathias. J'ai alors émis l'hypothèse que l'un d'entre eux était entré dans la maison, la nuit du 31 octobre, pour voler quelque chose. Mathias l'aurait surpris et ils se seraient battus. La petite Anna, réveillée brusquement, aurait assisté à la scène. Elle n'aurait pas vu distinctement l'agresseur de son père et l'aurait pris pour le croque-mitaine. Comme on n'a trouvé aucune trace de lutte, pas la moindre goutte de sang, j'ai supposé que l'agresseur avait eu le temps de tout nettoyer avant l'arrivée de Perrin dans la maison. Mais ensuite, j'ai jugé que cette idée ne tenait pas la route, puisqu'on n'a jamais retrouvé le corps de Mathias. De plus, ce soir-là, alors que je discutais avec Perrin, j'ai commencé à vous soupçonner, vous, docteur, de l'enlèvement d'Anna, je n'ai donc pas creusé cette piste. Mais maintenant…

— Maintenant, votre idée se voit confirmée par l'épisode du miroir dans la RV, conclut Fournier à sa place.

— Oui, admit Ferreira. Anna a raison, Mathias n'a pas simplement disparu, il a été assassiné.

— Anna l'a toujours dit, avec ses mots d'enfant, précisa le psychiatre. Elle n'a fait que le répéter tout à heure, avec une force surprenante, je dois bien l'avouer. Qu'elle en arrive à vous menacer, je ne m'y attendais pas, ajouta-t-il, songeur. En tout cas, quelqu'un d'autre affirme aussi qu'il y a eu meurtre. Affiche à l'écran le passage du dîner, s'il te plaît, Octave !

White s'exécuta.

— Nous en arrivons à la dernière étape de la RV. Il s'agit du moment où Anna demande au croque-mitaine de dîner avec elle. Pour moi, Anna est guérie. Elle réclame l'apparition du croque-mitaine, ce qui signifie que, grâce à la RV et à sa progression dans le jeu, elle maîtrise son cauchemar. Ce que veut maintenant Anna, c'est en savoir plus sur son père. Alors elle interroge le croque-mitaine.

Fournier s'interrompit afin que Ferreira écoute avec attention le passage du film dont il était question.

— Le croque-mitaine, que nous considérons tous encore,

à ce stade, comme un « humanoïde », une « intelligence artificielle », soit la reproduction d'une personne fictive dans l'environnement virtuel, s'humanise, expliqua Fournier. Il fait l'apprentissage des sentiments. Anna a évolué, et lui aussi, en parallèle. Mais lorsque Anna l'accuse d'avoir tué son père, sa réaction est excessive. Il panique, il crie, jure que non, ce n'est pas lui le coupable, et avant de disparaître il prononce deux phrases. La première : « Celui qui l'a tué… Mort de suis le voir revenu après Maïté. » Les mots sont dans le désordre et il en manque un ou deux, mais la phrase est très simple à déchiffrer : « Celui qui l'a tué, je suis revenu le voir après la mort de Maïté. » Quant à la deuxième phrase, « Moi, dans le placard ! Lui, dans le miroir ! », elle est cohérente. Morel se trouvait dans le placard de la chambre d'Anna pendant que quelqu'un d'autre, l'assassin de Mathias, apparaissait dans le miroir.

— Attendez ! Attendez ! J'ai bien peur de ne plus vous suivre, là ! s'écria Ferreira. Ce dîner auquel Anna convie le croque-mitaine, cette dernière étape du jeu, elle est le fait de White, non ? Puisque, au début, la conversation se cale sur les répliques des personnages de *La Belle et la Bête*.

— Au début, oui, c'est moi, confirma White, mais après…

Il leva les deux bras dans un geste d'impuissance.

— Après, ça m'échappe complètement !

Ferreira se tourna vers Black, espérant que ce dernier, comme à son habitude, ne se rangerait pas à l'avis de son compagnon. Mais Black secoua négativement la tête avec une moue de dépit.

— J'ai rien pigé à ce moment-là, avoua-t-il. Mon héros, ce putain de monstre censé foutre une pétoche d'enfer, non seulement il devient gentil, mais en plus il se met à pleurer ! À chialer comme un môme ! Non mais vous vous rendez compte ? Comment j'aurais pu intégrer ça dans le jeu, moi ? Et c'est pas tout ! Il accuse quelqu'un d'autre ! « C'est pas moi qui l'ai tué ! » s'exclama le garçon en mimant une voix niaise. « C'est pas moi dans le miroir ! » Quel délire ! Il aurait dû au contraire revendiquer le meurtre, clamer haut et fort : « Oui, je l'ai tué ! Je l'ai avalé, bouffé tout cru ! Et je me suis régalé ! » En réponse, Anna aurait pris le couteau destiné à couper le foie gras et elle le lui aurait planté dans le cœur, en le traitant de sale fils de pute ! Point barre ! Fin du jeu ! À dégager, le monstre ! Il est mort ! L'héroïne a gagné !

Ferreira, du regard, chercha de l'aide auprès de Fournier.

— Black pense que le héros du jeu a buggé, expliqua ce dernier. Mais il se trompe. Le bug était l'explication que nous avions trouvée avant que nous n'apprenions par vous, Matteo, l'existence réelle de Morel et de sa fille. Maintenant, c'est différent. Maintenant, nous savons que le monstre du jeu n'est pas une intelligence artificielle…

Fournier s'interrompit pour river son regard bleu, plus vif et plus pétillant que jamais, sur le policier.

— Le héros du jeu est…

— … un avatar, conclut Ferreira, soit la reproduction virtuelle d'une personne qui existe vraiment. L'avatar de Morel.

— Exactement ! Ce qui est logique, somme toute, puisque c'est la mémoire d'Anna qui a révélé le nom de Morel. L'enfant a dû l'entendre sans y prêter attention, puis l'oublier…

— Et l'avatar nous dit, dans la RV, qu'il a assisté au meurtre de Mathias. Mieux, il nous dit qu'il connaît le meurtrier, qu'il est revenu le voir après la mort de son enfant.

— Exact encore ! approuva Fournier. Quand je vous disais, tout à l'heure, que des sciences cognitives, nous étions passés, dans ce laboratoire, à une forme de science-fiction, ajouta le médecin d'une voix vibrante d'émotion... Ou plutôt non, non ! Ce n'est pas de la science-fiction, reprit-il un instant plus tard. Il faut simplement que nous apprenions à tirer les enseignements de ce nouvel outil qu'est la RV.

Il s'ensuivit un silence qui fut rapidement interrompu par Black.

— Je suis un génie ! s'écria le garçon en levant les bras à la manière d'un boxeur qui vient de remporter un match sur un ring.

— *Nous sommes* des génies ! rectifia White.

— Dites-moi, j'y pense tout à coup, reprit Fournier, lorsque vous parliez avec votre coéquipier tout à l'heure, vos propos laissaient entendre que ce dernier avait déjà commencé à enquêter sur Morel... Est-ce que... Il...

L'émotion le fit bafouiller. Il dut attendre quelques secondes avant de poursuivre.

— Votre coéquipier a-t-il réussi à trouver Morel ? L'a-t-il rencontré ?

— Non, il a simplement appris qu'il était comédien et qu'après la mort de sa fille il est devenu SDF et a été aperçu dans plusieurs foyers d'hébergement avant de disparaître. Mon coéquipier n'a pas poussé plus avant ses investigations puisque, à ce moment-là, nous cherchions un lien entre la mort de la petite Morel et l'enlèvement d'Anna.

— Ah ! Quel dommage ! s'écria Fournier, frappant du poing sur la table pour marquer sa déception.

Il se ressaisit très rapidement.

— Mais tout à l'heure, lorsque Anna vous menaçait, vous lui avez demandé de reprendre ses recherches ! Donc il va poursuivre, n'est-ce pas ?

Ferreira acquiesça.

CHAPITRE 28

— Nous en saurons bientôt plus, confirma-t-il. Du moins je l'espère. En attendant…

Le policier poussa un long soupir, puis, s'accoudant à la table, tête entre les mains, il se massa les tempes, comme s'il cherchait à soulager une migraine.

— J'ai besoin de faire le point, de récapituler les informations issues de la RV afin de voir comment je pourrais les utiliser dans la réalité. Est-ce qu'il serait possible de me laisser seul ici avec…

Il désigna du doigt l'écran tactile.

— Depuis la projection du film, j'ai le sentiment que quelque chose d'important m'a échappé, mais qu'en revenant sur certaines images j'arriverai à mettre le doigt dessus.

— Non, pas question ! s'exclama aussitôt Black. Aucun étranger ne reste seul dans le labo ! Vous risquez de faire des conneries ! J'ai déjà trop de taf pour rétablir les paramètres de Morel et lancer une suite au programme ! Si en plus je dois réparer des dégâts, je m'en sortirai jamais !

— Je ne toucherai qu'à l'écran tactile, rien d'autre, protesta le policier.

— Je vais rester avec vous, commandant, intervint White qui, sans le dire ouvertement, partageait l'inquiétude de son alter ego. Comme ça, si jamais vous avez besoin de quelque chose…

— Le commandant saura très bien se débrouiller tout seul ! trancha Fournier. Je suis certain qu'il ne causera aucun dommage ! Les garçons, vous allez faire un tour dehors ! Rejoignez Jérémy en bas, à la cafétéria ! Allez manger un morceau avec lui ! Quant à moi, je vais voir comment va Anna. Allez ! Allez, du balai ! insista-t-il, montrant la porte du doigt.

Il dut prendre les jumeaux par la main et les conduire

jusqu'à la porte, comme un instituteur accompagnant des enfants récalcitrants au bureau du directeur. Lorsque les garçons furent dehors, il verrouilla la porte de l'intérieur.

— Je suis à côté, dans la chambre, ajouta-t-il avant de s'éclipser à son tour. Prenez tout le temps qui sera nécessaire.

CHAPITRE 29

Seul. Enfin. Plus personne. Ni humain ni avatar.

Et le silence. À peine altéré par le ronronnement des ordinateurs et le bourdonnement de la climatisation. Plus aucune voix, qu'elle fût humaine ou de synthèse. L'écran tactile, en veille, affichait une animation représentant une plage bordée de palmiers. Le va-et-vient des vagues léchant le rivage avait un effet relaxant.

Ferreira entendait bien savourer ce moment de tranquillité. Assommé, groggy par la somme d'informations dont il avait pris connaissance au cours de la matinée, il avait besoin d'une pause, même si elle devrait être courte.

Il commença par se préparer un café. Très serré. (Le laboratoire était doté d'une machine expresso pleine de promesses.) Le bruit du percolateur, lorsqu'il le mit en route, le fit sursauter. L'espace d'un instant, il craignit que, par quelque mécanisme secret, ce vrombissement ne mette en activité l'écran tactile et ne fasse apparaître l'avatar de Morel. Souriant de sa réaction, il but son café d'une traite et s'en prépara un deuxième dans la foulée. Il sentit rapidement les bienfaits de la caféine. Tout en sirotant le contenu de son gobelet, il fit un tour complet du laboratoire – ce qu'il n'avait pas eu l'occasion de faire depuis qu'il y avait pénétré en début de matinée.

Il s'approcha du cube immersif. Les battements de son cœur s'accélérèrent aussitôt. Pris d'un léger vertige, il éprouva une sensation d'attraction et de répulsion tout à la fois. Comme Anna l'avait fait une heure auparavant, il avança doucement un pied, puis l'autre. Attendit, le cœur battant à coups redoublés, la sanction pour avoir franchi cette manière de frontière interdite. Il ne se passa rien, bien évidemment, le cube n'étant pas en fonctionnement. Il se plaça ensuite au centre de cette gigantesque boîte vitrée dont les parois auraient le pouvoir, au cas où serait lancé un programme de réalité virtuelle mis au point pour lui, d'afficher une foule d'images surgies de son inconscient. « Il y a là une nouvelle dimension temporelle », avait dit Fournier. Un frisson lui parcourut l'échine. Est-ce que, comme cela s'était produit pour Anna, sa mémoire se matérialiserait à l'intérieur du cube ? Serait-il en mesure de le supporter ? Quels souvenirs, enfouis au plus profond de lui, seraient révélés au grand jour ? Il ne le savait que trop bien. *Elle* surgirait. Son image serait projetée là, sur les parois du cube, sans doute au pire moment de sa courte vie. Au moment de sa mort. Dans les circonstances atroces qui l'avaient accompagnée. Par sa faute… Nouveaux frissons. Le front du policier se couvrit d'une pellicule de sueur. Il ferma les yeux, serra les poings. Fit un effort qui lui parut démesuré pour parvenir à se ressaisir.

Il songea ensuite aux différents usages de cet outil prodigieux. Les médecins s'en servaient déjà. Pourrait-il, dans un avenir proche, être utilisé par des policiers ? (De fait, lui-même en avait déjà fait usage sans le savoir, et dans un moment il allait à nouveau s'en servir, de son propre chef cette fois.) Les perspectives étaient inouïes. Faire parler la mémoire. Vaincre les traumatismes subis par des victimes d'agressions ou d'attentats. Rouvrir des dossiers non élucidés. Un outil aussi fabuleux que dangereux, selon l'usage qu'on en ferait. Comme toute nouvelle découverte.

Ferreira se demanda s'il serait à même de le présenter en haute instance. Car il faudrait bien, à un moment ou un autre, qu'il informe non seulement ses coéquipiers, mais aussi sa hiérarchie, de l'enlèvement fictif d'Anna et de son contexte.

Ses coéquipiers. Ferreira se dit subitement que, suite aux nouvelles consignes qu'il leur avait données, ils avaient probablement cherché à le joindre. Il sortit du cube immersif et consulta son iPhone. L'écran mentionnait plusieurs appels manqués de Moldano, mais Ferreira préféra ne pas le rappeler tout de suite. Il vit également que Perrin lui avait envoyé d'autres SMS. L'avocat se disait extrêmement inquiet de n'avoir aucune nouvelle et proposait un rendez-vous, à la convenance du policier. Ferreira lui répondit brièvement, lui signifiant qu'il fixerait bientôt l'heure de ce rendez-vous. Perrin était le seul témoin vivant, réel surtout, des instants qui avaient suivi le meurtre de Mathias. Il fallait l'interroger plus avant.

Le policier s'approcha ensuite de la porte qui communiquait avec la chambre où Anna se reposait. Il tendit l'oreille et ne perçut aucun bruit, pas le moindre chuchotement. Fournier, Audrey et Anna étaient-ils partis sans le lui dire, utilisant une porte dérobée ? Il chassa vite cette idée saugrenue. Anna devait dormir et à son réveil, elle lui demanderait où il en était. Il lui fallait trouver l'assassin de son père afin que la jeune fille puisse enfin faire son deuil.

Maintenant.

Ferreira traversa le laboratoire et se plaça devant l'écran tactile. Il n'éprouvait plus la moindre appréhension. Bien au contraire, il se sentait parfaitement à l'aise, dans son élément, n'en déplaise aux jumeaux. Il s'imagina, non plus dans le laboratoire, mais dans les locaux de la brigade criminelle, avant de mener un interrogatoire important. Il aimait ça. Il était doué pour mener à bien un interrogatoire. Et il n'allait pas déroger à la règle. Pour l'heure, l'écran tactile lui évoquait la vitre sans tain derrière laquelle il pouvait observer à loisir un témoin ou un suspect avant de le rejoindre.

Il récapitula les divers éléments sur lesquels allaient porter ses questions. L'avatar de Morel avait affirmé qu'il se trouvait dans le placard de la chambre d'Anna au moment du meurtre de Mathias. Il avait vu, dans ce mystérieux miroir, l'assassin. Pourquoi était-il dans le placard ? S'y cachait-il ? Pour que le meurtrier ne le voie pas ? Y cherchait-il quelque chose ? L'avatar de Morel avait également affirmé que, après la mort de sa propre fille, il était revenu voir l'assassin. Ce qui impliquait qu'il le connaissait. Dans ce cas, était-il son complice ?

Ferreira en revint à l'hypothèse formulée lors de sa conversation avec Perrin, la nuit de la fête d'Halloween : un squatteur aurait fait irruption chez Mathias pour y voler quelque chose. Quoi ? Qu'est-ce qu'il pouvait bien y avoir à voler dans cette maison en ruine qu'était celle du père d'Anna, à l'époque ? Que pouvait-on dérober à Mathias, criblé de dettes à ce moment-là ? Quelque chose qui ne lui appartenait pas ? Qui se trouvait dans la maison où il venait d'emménager, et dont il ne soupçonnait pas l'existence ? Le butin se trouvait-il caché dans le placard de la chambre d'Anna ? Oui, ça tenait la route. Ensuite, si Morel était bien complice de l'assassin, il était revenu le trouver pour toucher sa part… Ferreira eut la sensation d'avoir cerné l'énigme. En partie du moins. Car il y avait encore de nombreuses zones d'ombres. Morel n'était revenu vers l'assassin qu'après la mort de sa fille, en 2011, soit trois ans après le meurtre de Mathias. Pourquoi aurait-il attendu trois ans ? Les dates ne collaient pas.

Néanmoins, ces zones d'ombres allaient s'éclaircir dans un bref instant, Ferreira n'en doutait pas. Après l'interrogatoire. Non pas de l'avatar de Morel, mais d'Anna enfant. *Anna Petite.* Elle avait toujours été le témoin capital. Vidal, à l'époque, prétextant qu'elle était en état de choc, ne lui avait pas posé la moindre question. À peine avait-il fait un tour dans la maison qu'il avait ordonné à Ferreira de raccompagner la petite chez elle, avec sa mère. Premier manque de l'enquête. Les jours suivants, l'enfant n'avait pas davantage été sollicitée.

Maintenant, grâce à la RV, ce manque allait être comblé. L'enfant était de nouveau là et elle allait lui parler.

Ferreira effleura l'écran pour le mettre en activité. Les séquences du film s'affichèrent dans le bandeau, en partie inférieure. Le policier sélectionna sans hésiter les passages qui l'intéressaient. D'abord la première apparition dans la cave.

— Allez, vas-y ! Parle-moi, ma puce ! murmura-t-il avec douceur, les yeux rivés sur l'image figée de la fillette. Tu te souviens de moi ? J'étais là la nuit où… Où le croque-mitaine a dévoré ton papa. Je suis arrivé après, malheureusement. Je le regrette, sans quoi j'aurais fait mon possible pour l'en empêcher.

Ferreira se surprit à attendre une réponse. Comme si parler à l'écran avait eu le pouvoir de le faire entrer dans le jeu programmé par les jumeaux.

— Oh ! Je sais pourquoi tu ne me reconnais pas, poursuivit-il. J'ai vieilli et j'ai perdu mes cheveux ! J'ai plus un poil sur le caillou !

Il se décida enfin à toucher l'écran du doigt afin que l'image s'anime, ainsi que le symbole du haut-parleur. La fillette se mit à bouger et à parler. Ferreira prit le temps de visionner le passage de bout en bout une deuxième fois. Il regarda l'enfant jouer avec de la pâte à modeler, tout en évoquant la psychologue qu'elle avait consultée et qu'elle nommait « la dame des ennuis». Elle exhibait ensuite fièrement son ours en peluche et ses dessins. Venait le moment où elle posait des questions plutôt abruptes à son interlocutrice – Anna adolescente – lui demandant si elle avait déjà fait l'amour, si elle avait ses règles. (Fournier n'avait pas commenté ce passage, sans doute par manque de temps, mais Ferreira imaginait bien l'interprétation qui pouvait en découler.) La fillette affirmait ensuite qu'elle ne voulait pas grandir, elle recommandait à Anna adolescente de rester maigre, afin que l'ogre ne la mange pas. Ensuite, sautant du coq à l'âne, comme le font souvent les jeunes enfants, elle s'extasiait sur « la robe de princesse » que portait Anna et lui suggérait le port d'un bijou pour la rendre encore plus belle.

Venait enfin la phrase cruciale :

« *J'ai volé quelque chose à l'ogre avant qu'il avale papa. Je l'ai volé dans ses affaires ! Je l'ai jamais dit à personne, même pas à maman ! Je l'ai caché ! Tu veux savoir où ?* »

— Oui, je veux le savoir, répondit Ferreira à voix haute, le cœur battant, se prenant au jeu une nouvelle fois. Montre-moi ta cachette ! Dis-moi quel est ce mystérieux objet que tu as volé. Tu peux me faire confiance, je suis de ton côté, tu le sais bien, je l'ai toujours été.

Ferreira figea l'image et l'agrandit pour détailler les vêtements que portait l'enfant. Elle était vêtue d'un jean bleu foncé, d'un tee-shirt rose fuchsia et d'un gilet sans manches en velours brun clair. Il zooma sur les poches du jean, sur celles du gilet. Ne vit rien, pas le moindre renflement trahissant la présence d'un objet quelconque. Il zooma également sur les petites bottes dont l'enfant était chaussée. Rien non plus. Il balaya ensuite les différents angles de l'image qu'il agrandit tour à tour, mettant au premier plan une trousse qui enfermait des crayons de couleur, la pile de dessins posée par terre. Rien dans la trousse. Rien non plus sous la pile de dessins. Il parcourut ainsi l'ensemble de la cave, espérant y repérer quelque chose qui lui aurait échappé, un sac à dos, un cartable, voire un vulgaire sac en plastique. En vain. Il sélectionna ensuite la deuxième apparition d'Anna et procéda de la même manière, scrutant chaque détail des images. Mais rien. Elle portait les mêmes vêtements, était toujours accompagnée de son ours en peluche et n'avait aucun autre accessoire.

Il se figea devant l'écran qui, refusant de révéler son secret, se mit en veille.

« *J'ai volé quelque chose à l'ogre.* »

Volé. VOLÉ.

Ce mot roulait dans son esprit avec un grondement de tonnerre.

Le vol, c'était le motif de l'agression de Mathias. Un squatteur était entré chez lui pour voler quelque chose dont Mathias ignorait l'existence. Or la petite Anna, elle aussi, avait volé quelque chose.

Et si… Les battements de Ferreira s'accélérèrent. Et si la petite avait devancé l'agresseur ? Si elle avait pris ce qu'il était venu chercher ? Le squatteur aurait ainsi questionné Mathias, il l'aurait menacé, mais celui-ci étant incapable de lui révéler quoi que ce soit, l'agression se serait soldée par un meurtre.

Ferreira sentait qu'il était proche du but. Où une enfant de cinq ans est-elle susceptible de cacher quelque chose ?

Il n'en avait pas la moindre idée. Kowan qui, lui, était père de deux enfants en bas âge, dont une petite fille, l'aurait sûrement aidé sur ce coup-là. Ferreira faillit lui téléphoner pour lui poser la question. Mais de peur de rompre le fil de sa réflexion, il s'en abstint.

C'était à Anna qu'il fallait poser la question. Ferreira s'approcha de la porte communiquant avec la chambre et l'entrouvrit doucement, s'efforçant de ne pas faire de bruit. Endormie, la jeune fille était allongée sur un lit. Audrey et Fournier, assis à son chevet, discutaient à voix basse. Ils ne s'aperçurent pas de la discrète intrusion du policier, qui en profita pour observer Anna. Genoux repliés, elle était en position fœtale. Son sommeil n'avait pas l'air paisible. Pour preuve, ses sourcils froncés, ses lèvres qu'elle ne cessait de mordiller, les petits gémissements qui s'échappaient de sa bouche, les soubresauts qui la faisaient tressaillir, étirant ses jambes pour les replier aussitôt après. Sans la présence du médecin, Ferreira se serait inquiété de ce sommeil agité. Un de ses bras pendait dans le vide, au bord du lit, tandis que l'autre était replié sur sa poitrine. Les doigts de la jeune fille agrippaient la broche accrochée à son pull. À chaque sursaut, les doigts s'ouvraient puis se refermaient sur la broche, tandis que l'expression d'inquiétude s'effaçait sur le visage d'Anna, comme si le contact de ce petit bijou la rassurait, comme si c'était une espèce de talisman, de porte-bonheur.

Ferreira se raidit tout à coup. Cette broche, un ourson en strass, avait déjà attiré son attention. À deux reprises.

Et pour cause.

Sans prendre la peine de refermer la porte, il rebroussa chemin et se précipita vers l'écran qu'il activa en l'effleurant. Il sélectionna le passage où, dans la cave, la petite brandissait son ours en peluche et zooma dessus. Plusieurs fois. Jusqu'à ce que la peluche occupe tout l'écran. Rien de suspect. Et pourtant... Se souvenant que le film était en 3D, Ferreira fit pivoter l'ours. « Merci les jumeaux ! se dit-il. Vous avez raison, vous êtes géniaux ! » Là, sur le côté de l'ours, il y avait un trou qui, manifestement, avait été rafistolé. La couture était maladroite, les points grossiers et irréguliers, la couleur du fil n'allait pas avec le reste.

Un dernier zoom. Sur l'endroit précis où la couture s'écartait légèrement. Il y avait quelque chose dessous. Quelque chose de brillant. C'était indéniable. Mais Ferreira ne parvenait pas à distinguer ce que c'était. Sans quitter l'image des yeux, il se répéta intérieurement chacune des phrases prononcées par l'enfant – il les connaissait maintenant quasiment par cœur – jusqu'à ce que l'une d'entre elles se détache des autres.

« *Elle est belle ta robe ! On dirait une robe de princesse. Il te faudrait un bijou pour aller avec. Moi j'en ai un !* » Juste après avoir prononcé ces mots, l'enfant avait mis la main à la bouche, comme si elle avait fait une bêtise. Ou plutôt dit une bêtise. Parce qu'elle venait de trahir son secret.

L'ours dissimulait un bijou.

Le squatteur était venu voler ce bijou. Le mobile du meurtre de Mathias était là, sous ses yeux.

Ferreira courut jusqu'à la chambre et y entra cette fois sans précaution. Fournier et Audrey se tournèrent aussitôt vers lui. À sa mine, ils comprirent qu'il se passait quelque chose.

— Venez voir ! leur ordonna Ferreira, sans prendre la peine de s'expliquer.

Fournier et Audrey le suivirent jusqu'à l'écran.

— Là, dit-il en pointant du doigt la couture suspecte, vous remarquez la déformation ? Cette brillance sous l'écartement de la couture ?

Fournier acquiesça en premier. Audrey, elle, avait l'air plus dubitative.

— C'est un bijou ! affirma Ferreira. Je n'ai pas le temps de vous en dire plus pour l'instant, mais si ce que je suppose se confirme, ce pourrait être une découverte capitale. Cet ours est un avatar, puisqu'il a existé, n'est-ce pas ? ajouta-t-il. C'était bien le jouet préféré d'Anna lorsqu'elle était petite ?

La question était pour Audrey, qui confirma.

— Est-ce que… Je vous demande de bien réfléchir, Audrey, c'est extrêmement important ! Est-ce que… Bon Dieu, vous ne pouvez pas savoir à quel point j'aimerais que vous me répondiez par l'affirmative… Est-ce que cet ours en peluche, vous l'avez conservé ?

Audrey réfléchit rapidement. Pourtant Ferreira eut l'impression d'attendre une éternité avant d'obtenir une réponse.

— J'ai gardé quelques affaires d'Anna. Des babioles, des dessins, des objets fabriqués en classe pour la fête des Mères, ce genre de choses. Elles sont quelque part à la cave dans un carton. Je ne peux pas vous l'affirmer à 100 %, mais je crois bien que l'ours en fait partie.

— Dans ce cas, allons nous en assurer tout de suite ! conclut Ferreira qui, avant même qu'Audrey n'ait terminé sa phrase, avait déjà ouvert la porte du laboratoire.

— Je viens avec vous !

Anna, réveillée, avait tout entendu.

CHAPITRE 30

L'Oscar du meilleur casse

Vous avez certainement eu l'occasion d'admirer les stars hollywoodiennes foulant le tapis rouge lors de la célébrissime cérémonie des Oscars : Sharon Stone, Nicole Kidman, Charlize Theron, pour n'en citer que quelques-unes. Si les spectateurs s'extasient sur la plastique de ces créatures de rêve, les spectatrices, elles, s'émerveillent des robes de grands couturiers dont ces actrices sont l'égérie et des splendides bijoux qu'on leur a prêtés pour l'occasion.

« On », c'est Harry Winston, surnommé à juste titre « le joaillier des stars ». Sa clientèle : les milliardaires du monde entier, essentiellement des personnalités du Golfe, du Moyen-Orient et les magnats russes.

Harry Winston possède, comme il se doit, une boutique à Paris, capitale de la mode, avenue Montaigne. C'est là qu'hier, 4 décembre 2003, un casse a été mené de main de maître.

Deux couples entrent dans le magasin. Les femmes, élégantes, sont parées de bijoux de valeur et s'apprêtent à en choisir d'autres parmi les plus belles pièces de la collection Winston. Le personnel reconnaît chez leurs clients un accent russe, promesse d'une vente assurée. Or, en quinze minutes à peine, tout bascule. Les quatre hommes – car deux d'entre eux étaient déguisés en femmes, portant perruques et bijoux de chez Tati – exhibent des armes de poing, maîtrisent les seize personnes présentes dans la boutique dont, par ailleurs, ils connaissent les prénoms. Ils savent également où se trouvent les coffres-forts, y raflent des bijoux, accompagnés de onze millions d'euros en liquide. Ils s'en vont sans tirer un seul coup de feu.

Ils emportent trois bagues estimées respectivement à 2 838 488 euros, 2 152 801 euros et 1 893 167 euros. Quant à la pièce maîtresse du butin, il s'agit d'une paire de boucles d'oreilles estimée à 8 400 000 euros. Chaque boucle est composée de deux diamants poire, d'une pureté inégalée, encadrant un diamant rond et rose, montés sur or blanc...

CHAPITRE 30

Ferreira interrompit la lecture de l'article et plaqua une main tremblante sur la poche de son blouson, comme si celle-ci contenait le détonateur d'une bombe. Des gouttes de sueur perlèrent à son front lorsqu'il glissa tout doucement ses doigts à l'intérieur de sa poche pour vérifier que la paire de boucles d'oreilles dont il venait de lire la description s'y trouvait toujours.

Seul dans son bureau, il ne disposait que d'une demi-heure environ avant le retour de Kowan et Moldano. Ces derniers l'avaient avisé qu'ils arriveraient bientôt en gare de Lyon, après avoir effectué dans la journée un voyage à Valence pour y rencontrer l'ex-femme de Morel. Le vrai Morel. (L'avatar, lui, n'avait parlé que de sa fille, il n'avait jamais évoqué Geneviève.) Pour corser le tout, Anna se trouvait en bas, dans sa voiture, garée devant l'entrée du 36, quai des Orfèvres. Allongée au pied de la banquette arrière, dissimulée par une couverture.

Il y avait pas mal de va-et-vient dans les bureaux voisins à l'étage et Ferreira craignait que quelqu'un ne fasse irruption dans la pièce. Pour l'arrêter. D'une, parce qu'on aurait repéré Anna dans la voiture. De deux, parce qu'il éprouvait la désagréable impression d'être l'auteur du vol que l'article relatait. Quatorze ans après les faits, il se trouvait en possession de la pièce maîtresse usurpée dans la collection Winston.

8 400 000 euros.

Huit millions quatre cent mille euros ! Ils étaient là, dans sa poche, après avoir dormi dans le ventre d'une peluche pendant onze longues années.

Comme le lui avait dit Audrey dans le laboratoire, elle avait conservé quelques affaires d'Anna, rassemblées dans un carton entreposé à la cave. Carton que, à peine arrivé chez elle, le policier avait ouvert. Entre deux ou trois bibelots, de vieux vêtements et des bouquins, il avait déniché le fameux ours en peluche. Ferreira n'avait eu aucun mal à repérer la couture, révélée à l'écran par l'avatar de la peluche. Premier succès.

— Vas-y ! avait-il dit à Anna en lui tendant l'ours. À toi l'honneur, ouvre-le !

Si Anna s'était emparée du vieux jouet, si elle l'avait serré contre elle en souriant, les yeux mouillés de larmes, comme une petite fille heureuse de retrouver son doudou égaré, elle avait fini par décliner l'offre.

— Non ! Je peux pas ! Allez-y, vous !

— Très bien !

Après lui avoir jeté un dernier coup d'œil, l'air de dire : « Je me calme, je compte jusqu'à trois et j'y vais ! », Ferreira avait fait céder la couture, plongé ses doigts à l'intérieur du ventre de l'ours et là, dans le rembourrage, il avait rapidement senti quelque chose. Le cœur battant à tout rompre, il avait extrait la première boucle d'oreille. Puis la deuxième. Dans la pénombre de la cave, les diamants avaient brillé de mille feux, laissant Anna, Audrey et le policier interdits, fascinés, béats d'admiration.

« Putain ! » s'était écrié Ferreira, sans savoir s'il saluait ainsi – bien piètrement, il en avait conscience, mais les mots lui manquaient – la beauté du bijou ou le nouveau prodige révélé par la réalité virtuelle. Audrey, elle, la bouche arrondie en un « o » aussi rond que les deux magnifiques diamants roses encadrés par les diamants poires, n'avait pu articuler le moindre son. Elle prit conscience qu'elle avait eu là, chez elle, onze ans durant, de quoi acheter non pas un, mais dix salons de coiffure. Plus une maison. Voire un château. Elle aurait pu se permettre de ne plus travailler. Elle aurait eu de quoi mettre définitivement sa fille à l'abri du besoin. Mais ce qui la faisait frissonner d'angoisse, *a posteriori*, c'était le fait que, à de nombreuses reprises, elle avait eu l'intention de se débarrasser des vieilleries qui encombraient sa cave. Par manque de temps, par paresse, elle remettait toujours cette corvée à plus tard. Le contenu de ce carton, précisément, elle projetait de le déposer dans une borne du Secours catholique. Qui sait où l'ours et son précieux contenu auraient ainsi échoué ?

Bon Dieu !

Après un long silence, très délicatement, Ferreira avait glissé les bijoux dans la main d'Anna.

— Est-ce que tu te souviens de ces boucles d'oreilles ? demanda Audrey à sa fille.

— Oui, maintenant, oui ! répondit Anna. Ça me revient tout à coup ! C'est bizarre ! C'est comme quand, en plein milieu de la journée, on se souvient d'un rêve qu'on a fait pendant la nuit. Des bribes refont surface brusquement… Je jouais avec ces boucles d'oreilles. Comme je n'avais pas les oreilles percées, je ne pouvais pas les mettre, alors je les accrochais soit à un de mes tee-shirts en le trouant, soit à la robe d'une poupée. Parfois, je les accrochais aussi aux oreilles de l'ours. Elles brillaient tellement, ça m'émerveillait ! Je me rappelle même…

Elle s'interrompit pour maîtriser son excitation.

— Je trouvais dommage que tous les diamants ne soient pas roses, du même rose que ma poupée Barbie. J'avais essayé de peindre les diamants blancs, mais la peinture ne tenait pas.

— Est-ce que tu te souviens de l'endroit exact où tu les as trouvées ? demanda Ferreira.

Sachant que sa réponse était d'une importance capitale, Anna prit le temps de réfléchir.

— Non, désolée ! Je ne sais plus du tout où c'était. Par contre…

— Quoi ?

— Quand j'ai découvert les boucles d'oreilles, elles étaient sales. Y avait une substance gluante dessus, comme… Je sais pas au juste… Une sorte de poussière de chantier, très épaisse. Je me revois en train de les passer sous l'eau pour les laver.

— De la poussière de chantier ? répéta Ferreira. Comment ça se fait ?

Anna haussa les épaules en signe d'ignorance.

— Pourquoi les avoir cachées dans ta peluche ?

— L'ours ne me quittait pas. La nuit, surtout. C'était une bonne cachette. Ces boucles d'oreilles, pour moi, c'était le trésor du croque-mitaine, alors les lui voler, c'était lui prendre son bien. S'il essayait de me dévorer, j'avais une arme pour le faire changer d'avis.

— Est-ce que tu en as parlé à ton père ?

— Non, je crois pas ! Ou… Si, peut-être ! Comme toutes les petites filles, j'avais pas mal de bijoux trouvés dans des pochettes-surprises ou des panoplies de déguisement. Je les rassemblais dans un coffret. Peut-être que je l'ai montré à papa. Peut-être qu'il y a jeté un regard distrait, sans faire la différence entre les véritables diamants et tout le bric-à-brac dont ils étaient entourés… Qu'est-ce qui va se passer maintenant, commandant ? demanda Anna.

— J'en sais rien au juste, mais je crois bien qu'on tient le bon bout, lui répondit Ferreira.

Il effleura de la main la joue de la jeune fille pour y essuyer une larme.

— On va y arriver, confirma-t-il. Il faut que je file maintenant !

CHAPITRE 30

— Je viens avec vous !

— Je ne crois pas que ce soit une très bonne id…

Il s'interrompit de lui-même. *Exit* la petite fille qui venait de verser une larme en retrouvant son vieux nounours et en évoquant quelques souvenirs. Anna avait de nouveau ce regard ombrageux et obstiné, qu'il lui avait vu dans le laboratoire. Et il était aussi persuasif que l'arme dont elle l'avait alors menacé. « Fusiller du regard », l'expression trouvait là une illustration parfaite.

Inutile d'essayer de la dissuader. Elle paraissait si déterminée, si… forte ! Ferreira hocha la tête et ils filèrent tous deux, plantant Audrey dans la cave, l'ours éventré en main.

Le commandant sut d'instinct que cette paire de boucles d'oreilles n'était pas, outre sa valeur, n'importe quel bijou. Lorsqu'il était à l'école de police, il avait entendu parler d'un braquage qui avait défrayé la chronique et de retour dans son bureau, il n'eut aucun mal à retrouver les nombreux articles de journaux consacrés à l'affaire.

Sans retirer sa main gauche de sa poche, il cliqua de la main droite sur la souris de son ordinateur afin de lire un autre article, postérieur au premier.

> L'accent des voleurs a mis les enquêteurs sur la piste des « Pink Panthers » comme auteurs présumés. En affinant les divers interrogatoires du personnel, les policiers ont conclu que les voleurs n'avaient pas un accent russe, mais slave.
>
> Les « Pink Panthers » sont un gang de braqueurs de bijouteries issus de l'ex-Yougoslavie,

particulièrement habiles et redoutables. L'enquête n'a rien d'évident. La situation demeure bloquée depuis des mois. Les policiers surveillent l'arrivée sur le territoire français de receleurs potentiels, au cas où ils viendraient de l'étranger pour expertiser les bijoux. On sait que ces derniers sont en contact avec des membres bien connus du grand banditisme parisien installé en Seine-Saint-Denis. Mais cela ne donne rien. Huit mois environ après les faits, un seul suspect a été appréhendé. Il ne s'agit, hélas, pas du cerveau du casse, mais du complice des auteurs sur les lieux : le vigile qui avait renseigné les braqueurs. N'étant pas revenu travailler le lendemain du casse, il avait été d'emblée soupçonné. Il a été appréhendé alors qu'il tentait de s'envoler pour l'Amérique du Sud et incarcéré à la prison de Fresnes. À ce jour, en dépit des nombreux interrogatoires qu'il subit régulièrement, il n'a toujours pas révélé l'identité des braqueurs. Le gang doit probablement faire pression sur lui ou sa famille pour l'astreindre au silence.

Ferreira retira vivement sa main de sa poche, comme si le contenu lui avait brûlé les doigts. Les « Pink Panthers », écrivait le journaliste, un gang issu de l'ex-Yougoslavie, en lien avec le grand banditisme parisien de Seine-Saint-Denis. Tout collait parfaitement. La maison de Mathias se situait à Aubervilliers, en Seine-Saint-Denis. Perrin, lors de la fête, avait évoqué des squatteurs polonais ou slaves en face de la maison. Le meurtrier présumé de Mathias était l'un d'eux, il était slave et membre des Pink Panthers. Il s'était probablement fait passer pour un squatteur afin de surveiller la maison de Mathias. Parce que le butin y avait été planqué en attendant que la pression retombe. Le gang n'avait pas prévu que, dans ce laps de temps, cette maison délabrée, jusque-là à l'abandon, serait vendue. Les bijoux et le liquide devaient sans doute être dissimulés *via* un ingénieux système dans le placard de la chambre d'Anna. Lequel ? La poussière de chantier sur les boucles d'oreille, avait dit Anna.

Ferreira leva les yeux de son écran un bref instant pour s'assurer que personne n'approchait de son bureau avant de parcourir rapidement la suite des articles. La plupart répétaient les mêmes informations, mais il finit par repérer celui qui, enfin, apportait du nouveau.

Rebondissement dans l'affaire Winston

Le vigile, complice des braqueurs, a été retrouvé pendu dans sa cellule. Il semblerait qu'on « l'ait pendu ». Ce qui laisse supposer qu'il aurait enfin parlé, qu'il aurait révélé, soit l'identité de ses complices, soit l'endroit où est caché le butin. Mais la question qui se pose est la suivante : à qui a-t-il parlé ? Car l'enquête semble toujours piétiner. Et avec la mort de l'unique témoin, elle ne risque pas d'avancer de sitôt.

Le journaliste ne croyait pas si bien dire. Il avait fallu attendre quatorze années pour qu'un nouvel élément surgisse. Et quel élément ! Incrédule, Ferreira secoua la tête. Il se sentait tout à la fois survolté, exalté et dépassé, paniqué. La balle était dans son camp. C'était à lui de jouer, maintenant. Mais comment ? Comment allait-il porter à la connaissance de la BRB[1] le contenu de sa poche ? Il n'en avait pour l'instant pas la moindre idée. Il lui fallait réfléchir. Appeler aussi Anna sur son portable pour s'assurer que tout allait bien et lui demander de patienter encore.

Or il n'eut le temps de faire ni l'un ni l'autre.

Il entendit les voix de Kowan et Moldano. Il referma précipitamment le clapet de son ordinateur portable, mit encore la main à sa poche pour s'assurer que les boucles d'oreilles, n'avaient pas, par quelque miracle, disparu, ou encore qu'elles n'étaient pas visibles en transparence, et s'efforça de se composer un visage à peu près serein pour accueillir ses coéquipiers.

[1] Brigade de répression du grand banditisme.

CHAPITRE 31

— Je déteste le TGV ! Regarde-moi ça ! Mon froc est tout chiffonné ! Faut dire aussi, les sièges sont tellement mal fichus, on peut même pas allonger les jambes !

Assis face à Ferreira, qu'il avait brièvement salué d'un hochement de tête en entrant, Moldano lissait avec nervosité les plis de son pantalon. Pas celui que Ferreira avait taché avec du café le matin même, mais un nouveau, qu'il s'était probablement acheté avant son départ pour Valence. Un pantalon coûteux. La coquetterie était le péché mignon de Moldano, avait deviné Ferreira dès leur première semaine de collaboration. Toujours tiré à quatre épingles, portant des vêtements de marque qu'il pouvait s'offrir grâce à l'héritage d'une grand-mère récemment décédée (Ferreira l'avait appris de Kowan), il avait davantage l'allure d'un top model que d'un flic. À l'inverse, Kowan, lui, affectionnait les pulls défraîchis et les jeans usés, bien plus pratiques pour le père de deux enfants en bas âge qu'il était. Il était fréquent de le voir arriver avec, sur ses vêtements, les traces d'un biberon mal digéré.

Ferreira tenta de calculer mentalement le nombre de pantalons de marque que son collègue pourrait s'acheter avec le contenu de sa poche. Il laissa rapidement tomber.

— En plus, y a plein de gosses partout, ça hurle, ça chiale ! Impossible de se reposer ! J'ai la tête qui va exploser ! poursuivit Moldano.

— Qu'est-ce que tu préconises ? D'interdire l'accès du TGV aux gosses, c'est ça ? rétorqua Kowan avec agressivité, blessé dans son amour-propre de père.

Il se laissa lui aussi tomber sur une chaise. Les deux hommes avaient l'air aussi fatigués qu'irrités par leur voyage. Comme ils gardaient le silence, Ferreira n'entama pas tout de suite la réunion. Lui aussi avait besoin de récupérer, bien que ce fût pour d'autres raisons.

— Alors ? demanda-t-il au bout de quelques minutes. Ça a donné quoi, cette rencontre avec Geneviève Morel ?

Kowan et Moldano se concertèrent du regard.

— Tu te charges de la mauvaise nouvelle, décréta Kowan, moi j'enchaînerai avec la bonne.

« J'ai une bonne et une mauvaise nouvelle. » Ferreira détestait ce genre de formule, mais il se garda d'en faire mention.

— La mauvaise nouvelle, attaqua Moldano, c'est que Morel n'est pas notre homme ! Ce n'est pas lui, le ravisseur d'Anna. Il a un alibi en béton. Au moment de l'enlèvement, il se trouvait, et se trouve toujours d'ailleurs, à Sainte-Anne, où il est interné sous écrou pour cause de grave pétage de plombs.

— La bonne nouvelle, enchaîna Kowan, c'est qu'il y a tout de même un lien avec cette histoire de… (Il hésita, ne sachant comment formuler la suite.) Cette histoire de croque-mitaine.

La mauvaise nouvelle n'en était pas une, et la bonne l'était réellement. Ferreira s'efforça cependant de feindre la surprise.

— Vous pouvez détailler ? demanda-t-il.

D'un geste de la main, Kowan engagea Moldano à répondre. Outre la fatigue, il avait l'air ébranlé. Ferreira n'eut aucun mal à deviner pourquoi. Geneviève Morel avait perdu une fillette de quatre ans, et Kowan était lui-même père d'une enfant de cet âge. Son témoignage avait dû le bouleverser.

— Bien, voici l'essentiel de notre entretien avec Geneviève Morel, attaqua Moldano. Quand Geneviève a rencontré Bernard, elle avait une vingtaine d'années. C'était une jeune prof d'éducation physique. Bernard, lui, était un comédien débutant en galère. En quête de boulot, il n'en trouvait pas, à part quelques jours de tournage dans de mauvais films, des synchros, des pubs radiophoniques, ce genre de choses… Il n'avait même pas le nombre d'heures suffisant pour prétendre au statut d'intermittent du spectacle et toucher un peu de blé. Le couple ne vivait donc que sur un salaire, d'amour et d'eau fraîche, comme on dit. Et puis un jour, voilà que la chance est enfin au rendez-vous. Bernard décroche un contrat juteux pour une série télé. Avant même de commencer le tournage, il touche une somme très rondelette qui lui permet d'acheter une grande maison qu'il aménage lui-même, avec goût et originalité. Il commence ensuite le tournage, qui ne lui prend pas beaucoup de temps, une semaine à tout casser pendant laquelle il travaille de nuit. Par la suite, le tournage est interrompu, reporté à une date inconnue, mais peu importe, avec le salaire de Geneviève et l'argent qui désormais garnit le compte en banque de Bernard, le couple est à l'abri du besoin. Les amoureux se marient et, dans la foulée, ils font un bébé. Pendant quatre ans, c'est le bonheur total. La petite Maïté est élevée dans des conditions idéales. Le métier de Geneviève lui laisse du temps pour s'occuper d'elle. Quant à son père, il est encore plus disponible. Il se fiche pas mal que le tournage de la série ait été finalement abandonné, son argent est bien placé, il est propriétaire de son logement et il adore rester auprès de sa fille. Un vrai papa poule. Malheureusement, comme tu le sais, la petite Maïté décède d'une crise d'asthme. À partir de ce moment, tout bascule. Bernard perd les boulons. Geneviève ne peut même pas se consacrer à son deuil, à son chagrin, tant elle est préoccupée par la santé mentale de son mari. En réalité, Bernard a commencé à déconner avant la mort de sa fille. L'élément déclencheur a été un vulgaire cauchemar que la petite a fait une nuit. Elle s'est réveillée en sursaut, en pleurant, en criant qu'il y avait un monstre dans son placard, le genre de truc que font tous les gosses.

Moldano s'interrompit pour, du regard, demander à Kowan confirmation sur ce point.

— Sauf que Morel, reprit-il, en dépit des conseils de sa femme qui s'évertue à lui faire entendre raison, prend ça au pied de la lettre. Il surveille la chambre de sa fille, la nuit, prétextant que quelqu'un pourrait s'y introduire. Ça devient obsessionnel. Après la mort de Maïté, c'est pire. Il répète sans cesse qu'il est puni, que c'est à cause de lui que Maïté est morte, que, je cite, « la malédiction du croque-mitaine a tué son enfant », ce genre de propos, totalement décousus. Geneviève tente encore de le raisonner. Rien à faire. Non content de ressasser cette litanie, il devient violent. Violent en paroles, puis violent tout court. Geneviève décide de le quitter. Elle loue un studio. Bernard, lui, échoue dans la rue. Quelque temps après, la police appelle un matin Geneviève pour lui annoncer que son mari a été arrêté. Armé d'un rasoir, il a agressé un homme qu'il a salement amoché, il a failli lui crever un œil, rien que ça. À l'issue de sa garde à vue, Morel est inculpé de tentative d'assassinat, mais suite aux expertises psychiatriques il est déclaré irresponsable et interné à Sainte-Anne, où il se trouve toujours. Aux dernières nouvelles, il y est prostré, ne dit pas un mot, ne bouge pas. Un légume, quoi !

Kowan prit le relais.

— On a contacté son psy. Selon lui, Morel n'a pas supporté la culpabilité liée à la mort de sa fille. Il est normal d'éprouver de la culpabilité quand on perd un être cher, *a fortiori* un enfant. Mais pour Morel, cette culpabilité est devenue pathologique.

Un silence ponctua les explications des deux hommes qui attendaient les conclusions de Ferreira.

— J'aimerais revenir sur quelques points, dit celui-ci, situer un peu mieux tout ça dans le temps. Le moment où Morel a subitement gagné de l'argent, c'était en quelle année ? Geneviève vous l'a dit ?

— On le lui a pas demandé, mais le calcul est simple, répondit Moldano. C'était avant qu'ils fassent un bébé. La petite est morte en 2011, elle avait quatre ans, elle est donc née en 2007, Morel a dû acheter sa maison peut-être un ou deux ans avant, ce qui nous mène aux environs de 2005/2006. Pourquoi ?

Ferreira eut un geste de la main pour signifier qu'il s'expliquerait plus tard.

2006. L'année du meurtre de Mathias. Une grosse somme d'argent qui tombe du ciel alors que Morel n'avait, à l'évidence, jamais tourné cette fameuse série télé. Mensonge destiné à sa femme pour justifier la provenance de l'argent. Il avait donc été complice du meurtrier. Ferreira eut une pensée pour Anna, en bas, dans la voiture, et jeta un bref regard en direction de la fenêtre, comme s'il cherchait à établir un lien télépathique avec elle. Comment allait-elle réagir à cette information, avec son syndrome de Stockholm virtuel dont les effets s'exprimaient dans la réalité ? Mal. Très mal, à coup sûr.

Restait aussi à savoir si l'argent que Morel avait touché avait bien un rapport avec… le contenu de sa poche. Question date, ça concordait également, puisque le braquage avait eu lieu en 2003.

— Morel a tourné sa prétendue série télé une semaine, pas plus, de nuit, c'est bien ce que tu m'as dit ?

— Oui, c'est bien ça.

Il ne tournait pas. Il allait chez Mathias.

— Et tu dis que Morel a commencé à déjanter avant la mort de la petite, soit avant 2006, c'est ça ?

Moldano acquiesça.

La culpabilité le rongeait donc déjà à ce moment-là, se dit Ferreira. La culpabilité liée au meurtre de Mathias ? Pourtant… Il songea à la façon dont l'avatar de Morel s'était offusqué lorsque Anna, dans la réalité virtuelle, l'avait accusé du meurtre de son père. L'avatar avait juré qu'il n'était pas coupable. Le coupable, c'était l'agresseur aperçu dans le miroir. Lui se trouvait dans le placard de la chambre d'Anna. Le placard où était caché le butin du braquage de la bijouterie Winston.

S'il confrontait les informations rassemblées par ses collègues ainsi que les articles de journaux qu'il venait de lire, à celles de la réalité virtuelle, Ferreira en arrivait au scénario suivant :

Morel, jeune comédien au chômage, est engagé sous le manteau par un membre du gang des Pink Panthers. Il est grassement payé pour, plusieurs nuits durant, endosser le rôle du croque-mitaine et faire peur à Anna. Le but de la manœuvre : chasser la petite de la maison, écourter sa semaine de vacances chez son père. Ce dernier, le gang s'en débarrassera plus tard. Mais ça ne marche pas. Mathias est patient avec sa fille, il la rassure lorsqu'elle lui dit avoir peur du croque-mitaine, il fait tout pour la garder chez lui. Deuxième échec dans le plan : la petite Anna trouve les bijoux et en retire les boucles d'oreilles… Au bout d'une semaine, Morel s'en va, il a rempli sa part du contrat. Ensuite, il vit sa vie et profite de son argent. Naissance de Maïté. Tout va pour le mieux. Mais lorsque celle-ci commence à se réveiller la nuit, lorsqu'elle est effrayée par « le monstre dans le placard », il pense à Anna, l'enfant qu'il a lui-même terrorisée en jouant au croque-mitaine. Il culpabilise, se ronge les sangs. Puis le couperet tombe : sa fille meurt. Il est ainsi puni, se dit maudit et sombre dans la folie. Une folie qui le pousse à commettre une violente agression.

Il y avait des manques dans ce scénario, des points qui demandaient à être précisés, Ferreira en avait conscience, toutefois, il se sentait proche du but.

Il se raidit soudain. Dans la réalité virtuelle, l'avatar de Morel avait dit qu'il était revenu voir l'assassin de Mathias après la mort de sa fille.

— Qui Morel a-t-il agressé ? demanda Ferreira avec plus de vivacité et de tension qu'il n'aurait voulu. On connaît l'identité du bonhomme ?

— Geneviève n'a pas pu nous le dire, mais on comptait se renseigner à ce sujet.

— Oui, oui, il le faut absolument ! approuva Ferreira. Le plus vite possible ! C'est d'une importance capitale !

Ferreira avait déjà une idée sur l'identité de cette mystérieuse victime. Elle lui était venue tout à l'heure, en lisant les articles relatant le braquage. Mais il n'était pas tout à fait sûr de lui. Non, pas à 100 %. Pas encore.

— Pourquoi est-ce si important ? demanda Moldano.

— Vu que Morel n'avait plus toute sa tête, moi je pencherais plutôt pour un individu *lambda* pris au hasard dans la rue, non ? Tu crois pas ? renchérit Kowan.

Ferreira garda le silence. Ses collègues perçurent son embarras. De fait, il ne prenait plus vraiment la peine de le dissimuler.

— Écoute Matteo, reprit Kowan avec une douceur qui n'annonçait rien de bon, c'est pas pour te mettre la pression, mais on a atteint un seuil critique. On te l'a pas encore dit, parce qu'on espérait que t'aurais du nouveau, mais comme apparemment c'est pas le cas, il faut bien qu'on lâche le morceau. Ça commence à se fâcher méchamment en haut lieu. Le grand chef peste en disant que tu t'y es pris comme un manche, et d'ailleurs il va te le faire savoir entre quat'z'yeux, t'es convoqué dans son bureau aujourd'hui même. Quant aux médias, c'est le déchaînement. Ils crient au scandale, jamais on les a autant écartés d'une affaire, ils menacent de dire que la police porte atteinte au droit à l'information. Bref, c'est la merde… Alors, mon vieux, qu'est-ce que t'as à répondre aux uns et aux autres ?

On y était.

Il était temps pour Ferreira de s'expliquer.

— Eh bien… J'ai une bonne et une mauvaise nouvelle, moi aussi, répondit-il. La bonne, c'est que j'ai de quoi calmer le grand chef et les médias. La mauvaise, c'est que… (Il prit une inspiration avant de poursuivre.) Je vous ai menti.

Et je vais continuer, j'y suis contraint. Pas le choix.

Kowan et Moldano échangèrent un regard. Moldano

allait répliquer – vivement, à l'évidence – mais Kowan l'en empêcha.

— Quand je me suis rendu ce matin à l'hôpital Pitié-Salpêtrière, c'était pour arrêter un certain docteur Fournier, le psychiatre d'Anna. Tous les indices, toutes les pistes relatives à ce mystérieux individu déguisé en croque-mitaine que nous recherchions comme ravisseur, je les tenais de lui. Ça a fini par me paraître suspect. Quand j'ai su que Jérémy Mercier était un patient à lui, j'en ai conclu que c'était Fournier, le ravisseur. Mais je me suis trompé. Lorsque je suis arrivé à l'hôpital ce matin, dans le service de psychiatrie, je suis tombé sur… Anna.

Ferreira s'interrompit afin de laisser à ses coéquipiers le temps de digérer le scoop. Quant à lui, il devait prendre de l'assurance pour développer le mensonge amorcé.

— La gosse a fugué, rien de plus banal que ça ! Toute cette mise en scène, la chaussure rouge rapportée par Mercier, l'achat des chaussures sur Internet, elle l'a montée avec ses copains, Mercier et les jumeaux « black& white ». Quand elle a voulu arrêter, elle a eu la trouille de retourner chez sa mère et elle a trouvé refuge auprès de son psy, Fournier.

Ferreira marqua une nouvelle pause. « Jusque-là, tout va à peu près bien », se dit-il. Il avait élaboré un mensonge en accommodant certains éléments de la vérité, certains seulement, car il était hors de question pour l'instant de révéler le programme de réalité virtuelle. Ça ne passerait pas. Il s'empressa de poursuivre avant que Moldano ne prenne la parole.

— Anna a fait ça dans un but bien précis. Elle voulait qu'on rouvre l'enquête sur la disparition de son père. Depuis sa prime enfance, elle a toujours été persuadée que ce dernier avait été assassiné. On ne l'a jamais crue. Maintenant c'est une ado, allez savoir ce qui lui est passé par la tête… Bref, elle n'a trouvé que ce moyen pour qu'on enquête sur la mort de son père. Elle veut trouver le coupable. Et moi aussi. Parce que, comme vous le savez, je connais Anna. J'étais là la nuit où son père a été assassiné. L'enquête a été bâclée à l'époque et cette gosse, à cinq ans, a vécu un traumatisme dont elle ne s'est jamais remise.

À dessein, Ferreira porta son regard sur Kowan.

— Imagine, tu es seul avec ta môme. Quelqu'un t'agresse chez toi et te tue. Ta fille assiste à la scène, elle en est l'unique témoin. Sous prétexte que tu t'es montré dépressif quelque temps avant, on conclut que tu es parti de ton plein gré, abandonnant femme et enfants. Tu mesures les dégâts ?

Kowan fronça les sourcils, prit le temps d'imaginer la scène décrite par Ferreira et, la mine grave, il hocha la tête en guise d'assentiment. Ferreira eut la sensation que la partie était presque gagnée et laissa cette fois le silence se prolonger.

— Si je peux me permettre, intervint Moldano, la bonne nouvelle, elle est où, dans tout ça ?

— J'y viens ! Je vais faire bref : au vu de ce que vous me rapportez de votre entretien avec Geneviève, Bernard Morel a été impliqué dans le meurtre de Mathias Lefaure, le père d'Anna. À mon avis, ça reste encore à prouver, mais je crois qu'il ne savait pas que Mathias serait assassiné. Il a menti à sa femme, jamais il n'a décroché de contrat juteux. Il a été payé pour jouer un rôle peu glorieux, celui du croque-mitaine qui, la nuit, surgissait du placard d'Anna pour lui faire peur. Parce que, dans ce placard, il y avait des bijoux d'une valeur de plus de quinze millions d'euros. C'était le butin d'un braquage commis en 2003 chez le joaillier Harry Winston, avenue Montaigne. Vous avez entendu parler de cette affaire ?

CHAPITRE 31

Ses interlocuteurs ne réfléchirent qu'un très bref instant.

— Évidemment ! La BRB était sur les dents ! rétorqua Moldano. Mais je ne vois pas où est la bonne nouvelle dans tout ça. D'une, cette affaire ne nous concerne pas, elle est du ressort de la BRB justement, et de deux, en admettant qu'on leur refile le bébé, pour l'instant, le seul témoin qu'on ait, c'est un type qui a perdu la boule.

— Si, pourtant, contra Ferreira, il y a bien une bonne nouvelle. Une très bonne, même. C'est qu'aujourd'hui la pièce maîtresse du butin a refait surface.

Il mit la main à sa poche.

— La voilà !

L'effet escompté se produisit.

— Putain de merde ! s'écrièrent Kowan et Moldano de concert en découvrant la paire de boucles d'oreilles.

— Je ne vous le fais pas dire ! Et je pense que les collègues de la BRB, lorsque vous leur donnerez ce bijou, en diront autant.

— Mais… Mais…

Au tour de Moldano d'être bouleversé et de rester sans voix. Son goût pour le luxe était largement titillé par la vue du joyau. S'imaginait-il offrant cette merveille à sa fiancée, s'il en avait une ? Ce fut donc Kowan qui posa la question.

— Où t'as déniché ça, bon sang ?

— Dans le vieil ours en peluche d'Anna. La petite l'avait piqué dans le placard de sa chambre, à l'époque. Coup de chance, sa mère l'avait gardé.

— Quoi, elle savait que…

— Non, bien sûr que non, le coupa Ferreira, la mère n'était au courant de rien. Et la gosse elle-même l'avait oublié. Comme il me fallait quelque chose, une piste concrète, j'ai interrogé Anna, ça n'a rien donné. Alors Fournier, son psy, a eu recours à l'hypnose, et c'est comme ça qu'on a su pour l'ours… Bon, encore une fois je passe sur les détails, j'y suis contraint parce que je voudrais éclaircir certains points avant de me faire engueuler par le big boss. Vous, en attendant, vous donnez ça aux collègues de la BRB.

Moldano tendait déjà la main pour s'emparer des boucles d'oreilles, mais Ferreira préféra les confier à Kowan.

— Et vous leur précisez que le suspect qu'ils recherchent est le même que celui après qui nous courons, nous devons dorénavant bosser en étroite collaboration. Ce suspect, c'est le type qu'a agressé Morel. La BRB va rouvrir l'enquête. Dès que les collègues ont du nouveau, ils nous préviennent, vous insistez bien là-dessus. Je veux qu'ils vous communiquent tout ce qu'ils savent du vigile de la boutique Winston, arrêté à l'époque, ce type qu'on a retrouvé pendu dans sa cellule. Est-ce qu'il avait de la famille, qui venait lui rendre visite en prison, à qui il téléphonait, à qui il écrivait, à quelle heure il allait pisser. Je veux tout, absolument tout savoir sur lui. C'est capital… Quant à moi, je pense avoir du nouveau dans pas longtemps, une fois que… (Il regarda sa montre.) Une fois que j'en aurai terminé avec le rendez-vous que j'ai dans une demi-heure… Je file !

Ferreira se leva – il se sentait plus léger sans les boucles d'oreilles dans sa poche – et gagna la porte.

— Sans rancune, les gars ? lança-t-il avant de partir.

CHAPITRE 32

Non, non pas ça ! Pas eux ! Pas maintenant !

Ferreira se dirigeait vers sa voiture. À l'intérieur, il venait d'apercevoir les jumeaux.

Black, assis sur le siège passager. White, sur la banquette arrière. Ferreira devina à leur attitude que, ordinateurs portables sur les genoux, les virtuoses du clavier pianotaient allègrement. Levant la tête à intervalles réguliers, ils gesticulaient, s'adonnant probablement à une de leurs sempiternelles disputes. S'ils avaient laissé une vitre ouverte, ils n'allaient pas tarder à attirer l'attention. À moins que ce ne fût déjà fait. En outre, Black se retournait très souvent et, en suivant son regard, on comprenait qu'il s'adressait à une tierce personne. Anna. Toujours allongée sous la couverture. White, lui aussi, se penchait régulièrement vers elle pour lui parler.

Bon Dieu ! Il ne manquait plus que ça !

Ferreira avait l'impression de sentir l'œil de Kowan ou de Moldano rivé dans son dos. Il imaginait ses coéquipiers postés à la fenêtre, ayant repéré les intrus. Si jamais ils descendaient et lui demandaient de qui il s'agissait, que répondrait-il ? Tout le monde savait qu'il n'avait pas d'enfants. Des neveux ? Il n'avait ni frères ni sœurs.

Il accéléra la cadence et s'engouffra dans la voiture dont il s'empressa de relever les vitres.

— Qu'est-ce que vous foutez là, tous les deux ? s'écria-t-il en prenant garde toutefois que sa colère ne se lise pas sur son visage, au cas où un collègue viendrait à passer.

— Ben c'est que… on était inquiets pour Anna, répondit White. Comme on l'a pas vue depuis qu'elle est tombée dans les pommes et que P'tit Four nous a dit qu'elle était partie avec vous, on l'a appelée sur son portable pour savoir comment elle allait et on lui a proposé de la rejoindre. Elle nous a tout raconté. C'est une sacrée découverte, les boucles d'oreilles ! Alors, ça y est, vous avez trouvé l'assassin ?

— Peut-être, j'en sais rien, ça dépend de…

Ferreira s'interrompit pour, dans le rétroviseur, jeter un regard sur la couverture à l'arrière. Il avait l'impression d'entendre le cœur d'Anna battre à coups redoublés sous la couverture. Il reporta son regard sur White.

— Une enquête dans la réalité, ça ne va pas aussi vite que dans un jeu vidéo, figure-toi. Et vous me mettez en retard, ajouta-t-il en mettant la clé sur le contact. Je vais vous déposer à la bouche de métro la plus proche, vous rentrez au laboratoire.

— Rentrer au labo en métro ? Avec tout ce matériel ? Vous n'y pensez pas ! rétorqua White. On va se faire racketter !

— Et vous êtes venus comment ? En hélicoptère ? En soucoupe volante sécurisée ? Vous vous êtes téléportés ?

Ferreira avait de plus en plus de mal à maîtriser son agacement.

— Jeremy nous a déposés en voiture.

CHAPITRE 32

— Bon, je vois pas où est le problème, vous pouvez très bien rentrer en métro, vous n'avez jamais que deux ordin…

Ferreira s'aperçut à ce moment-là qu'en plus des deux portables sur lesquels les jumeaux travaillaient il y en avait plusieurs autres, ainsi que des consoles, des microcaméras, le tout relié par un réseau de câbles qui couraient dans l'habitacle tels les fils d'une toile d'araignée. Dans la boîte à gants, ouverte, des disques durs externes et une multitude de clés USB, jetées en vrac à l'intérieur d'un sac en plastique, comme s'il s'agissait de bonbons. La voiture s'était transformée en une annexe du laboratoire.

— Mais qu'est-ce que c'est que ce bordel ? explosa-t-il.

— On est en train de mettre au point la suite du programme de RV et du jeu.

— Vous trouvez que c'est le moment ? L'endroit, surtout, pour le faire ?

Ferreira se tourna vers Black. Le garçon n'avait pas encore dit un mot. Pâle, les traits tirés, il était tendu à l'extrême, on le sentait au bord des larmes. Il allait lui demander ce qui n'allait pas, mais Anna le prit de vitesse.

— Alors, ça va mieux ? Est-ce qu'il récupère ? demanda-t-elle.

— Non, non ! répondit Black, sans cesser de pianoter. Y a vraiment quelque chose qui déconne.

— C'est Morel, expliqua White. On est très inquiets pour lui. Impossible de rétablir ses paramètres. Au départ on a conçu son squelette en fibres de carbone, il est composé de segments télescopiques. Avec des nano-moteurs, on a réglé sa taille et sa stature. Sa musculature, elle, est constituée de fibres synthétiques qui…

— Pas de langage technique ! J'en ai ma claque de ce charabia !

— En clair, intervint Black, Morel n'est plus qu'une marionnette, ses signes vitaux sont tous à zéro. En plus clair encore : il est en train de mourir !

— On a lancé une simulation de la suite du jeu, poursuivit White. Le retour d'Anna chez lui. On s'est calés sur le scénario suivant : Anna retourne dans la maison, elle est guérie, elle n'a plus peur et elle prononce enfin la formule magique en rapport avec *La Belle et la Bête* : « Oui, je veux être votre fille », et là, normalement, le monstre ôte son masque et révèle son visage, la malédiction est levée. Mais ça ne marche pas…

— Ça ne marche pas, parce qu'on ne sait pas encore quel rôle exact Morel a joué dans le meurtre de Mathias. Il a sans doute été complice de l'assassin. Alors l'avatar que vous avez créé ne peut pas ôter son masque et recevoir l'absolution d'un coup de baguette magique. C'est votre référence au conte de fée qui ne fonctionne pas.

— Mais de là à avoir la tête qui explose ! le contra Black.

— Comment ça, la tête qui explose ?

— Comme s'il avait reçu une balle dans le crâne.

— C'est dû à ton influence dans le scénario ! C'est le genre de détail que tu apprécies, toi, non ?

— Je les apprécie quand c'est moi qui en suis l'auteur.

— Commandant ! intervint Anna. Ce que les jumeaux sont en train de vous dire, c'est que quelqu'un veut tuer Morel !

— Bon Dieu, arrêtez tous les trois à la fin ! Il ne s'agit que de son avatar !

— Mais les deux sont liés, vous le savez bien !

Ferreira s'efforça de maîtriser son énervement. Il perdait du temps.

— Je sais où se trouve Morel, le vrai. Et je vous assure qu'il y est en sécurité.

CHAPITRE 32

— Où ?

La question qu'il redoutait. Et comme de juste, c'était Anna qui la posait.

Le policier hésita à révéler la vérité. Mais il le fallait. Il n'avait pas le choix s'il ne voulait pas perdre davantage de temps. Sa réponse fut suivie d'un long silence auquel il mit un terme en démarrant. Il allait, conclut-il, mettre Anna et les jumeaux dans un taxi. Destination : le laboratoire.

Mais Anna refusa. Net. Il eut beau la rassurer, lui promettre qu'il la mettrait au courant de l'issue de l'enquête dès qu'il en aurait terminé avec son rendez-vous, rien à faire. Elle persista dans son refus. Elle entendait bien être là, à ses côtés, jusqu'au bout. Obstinée, la jeune fille rejeta la couverture qui la dissimulait et s'assit sur la banquette. Droite comme un « i ». Butée. Bornée.

Exaspérante.

Ferreira commençait à désespérer lorsque, voulant fermer la boîte à gants d'un geste rageur, une idée lui vint.

— Elles servent à quoi toutes ces clés, au juste ?

— La plupart sont des copies du film de la RV, répondit White, les autres, ce sont, enfin, des trucs divers…

Embarrassé, il n'alla pas au bout de sa phrase.

Ferreira se tourna vers Black :

— Les autres, c'est quoi, exactement ? insista-t-il.

La réponse fut bien celle qu'il escomptait. Il demeura silencieux un long moment, le temps de laisser l'idée qu'il avait eue faire son chemin dans son esprit, pesant le pour et le contre. Il décida de tenter le coup.

— Très bien, dit-il en coupant le moteur, vous restez avec moi tous les trois. Je vais vous dire ce que vous allez faire et vous suivrez mes instructions à la lettre ! Sans dévier d'un pouce, compris ? COMPRIS ?

Hochement de tête pour dire oui. Multiplié par trois.

— Mais d'abord, j'aimerais vérifier quelque chose…

Ferreira plongea la main dans le sac contenant les clés USB et en piocha une au hasard.

— Ça, c'est une copie du film ? demanda-t-il.

Les jumeaux acquiescèrent.

— Repassez-moi l'épisode du miroir !

CHAPITRE 33

— Il est bon, ce chocolat ? C'est un vrai, avec du chocolat fondu, ou une vulgaire poudre diluée dans de l'eau chaude ?

Sans attendre la réponse d'Anna, Ferreira saisit la cuiller posée sur la sous-tasse qui accompagnait son café et la plongea dans la boisson de la jeune fille.

— Et voilà ! C'est bien ce que je pensais ! C'est un vulgaire Nesquik ! Bon sang, plus personne ne sait faire de vrai chocolat dans ce pays ou quoi !

Il leva le bras dans l'intention de héler le garçon et de rouspéter, mais Anna l'en empêcha.

— Il est très bon, je vous assure, vous voulez goûter ?

Ferreira déclina l'offre.

— Est-ce que ça te dirait un morceau de tarte au citron ? demanda-t-il aussitôt après. Elle a l'air pas mal du tout.

— Non, merci.

— Alors autre chose ? Ils ont du…

Ferreira se retourna pour jeter un coup d'œil à l'assortiment de pâtisseries présentées à l'intérieur de la brasserie.

— Du fondant au chocolat, de la tarte Tatin et...

Le rire d'Anna mit un terme à l'énumération qu'il avait entamée.

— J'ai l'air idiot, c'est ça ?

— Non, du tout ! Enfin, si, un peu ! Même ma mère ne se comporte plus comme ça avec moi, rétorqua la jeune fille.

Sa mère, avait-elle dit. Lui qui pensait se comporter plutôt comme... Un grand frère. Mais il s'y prenait comme un manche, c'est vrai, admit Ferreira. Et encore ! Anna ignorait que, en passant devant une boutique qui vendait tout un fatras de gadgets destinés aux touristes qui visitaient le quartier, il avait eu envie d'acheter un ours en peluche afin de remplacer le vieux, usé jusqu'à la corde et désormais éventré par ses soins.

Il était décidément trop nerveux. Il avait pourtant décidé de cette pause précisément pour se détendre. Apparemment, c'était raté.

Après avoir visionné l'épisode du miroir sur le film de la RV, il avait soudain décidé de décaler son rendez-vous d'une demi-heure. Qu'est-ce que ça changerait, une demi-heure de plus ou de moins ? Après onze ans d'attente. Au contraire, ça laisserait le temps à ses coéquipiers de lui fournir les informations qui lui manquaient. L'enquête touchait à sa fin et il avait besoin de faire un break, de souffler. Les événements s'étaient enchaînés trop rapidement depuis son séjour au laboratoire. Il y avait eu la découverte du bijou, son lien avec le braquage commis en 2003, ce que ses collègues lui avaient appris de Morel. Sans oublier le cœur de cette fichue enquête : la réalité virtuelle.

Il voulait aussi – surtout – s'assurer qu'Anna allait bien et qu'elle était en mesure d'assumer la suite. Car il n'était pas sûr d'aboutir à une issue positive. Non, pas sûr du tout. Il allait tenter un coup de poker. Au fond de lui, il espérait encore convaincre Anna de rentrer chez elle et d'attendre qu'il lui donne des nouvelles.

Il avait donc quitté le quai des Orfèvres pour un quartier qu'il affectionnait, où il prenait plaisir à se promener lorsqu'il en avait le temps – c'est-à-dire très rarement – les environs du centre Pompidou. Là, il avait proposé à Anna d'aller boire un verre. La jeune fille avait accepté tout de suite et, fort heureusement, aucun des deux jumeaux n'avait voulu se joindre à eux. Ils étaient restés dans la voiture, le nez sur leurs écrans, comme d'habitude. La voiture était garée non loin du café situé en face de l'esplanade du centre Georges-Pompidou où Anna et le policier étaient installés en terrasse. Ferreira pouvait ainsi les surveiller – ce qu'il ne manquait pas de faire régulièrement.

— Ils sont sympas, vous savez, dit Anna en suivant son regard. Je les aime beaucoup, même Black ! Sous ses dehors bourrus, il est super gentil. Vous savez, même si l'assassin de mon père n'est pas démasqué, ce que je viens de vivre m'aura fait beaucoup de bien. À commencer par eux. Ce sont des amis. Et Jérémy aussi. Je sais que je les reverrai et c'est important pour moi. Je n'avais pas vraiment d'amis avant. Des vrais, je ne parle pas des contacts sur Facebook. J'étais plutôt… (elle chercha le mot un instant) coincée.

— Tant mieux, Anna, tant mieux !

— Même P'tit Four, je ne le considère plus seulement comme un médecin maintenant, mais plutôt comme…

— Un grand-père ?

— Oui ! Il y a un peu de ça. J'ai perdu un père et j'ai gagné un grand-père. Je le trouve génial ! Il a une telle pêche ! Je me demande même si je ne vais pas me diriger plus tard vers des études de psychiatrie, pourquoi pas ?… Sauf que, bon, faudra que je m'améliore en maths, parce qu'il paraît que les premières années de médecine sont très dures, or pour l'instant le passage en première S, c'est pas vraiment dans la poche…

Elle parlait, parlait beaucoup, sans retenue. Ferreira avait craint un moment que ce tête-à-tête ne soit un moment embarrassant pour elle, mais ce n'était visiblement pas le cas. Et cela contribuait à le rassurer, à envisager la suite de manière plus sereine.

— Dites ? reprit Anna. Vous ne m'en voulez pas trop pour ce qui s'est passé au labo ce matin ?

— Le fait que tu m'aies menacé avec le revolver ?

— Oui, je ne sais pas ce qui m'a pris…

— Sur le moment, pour être franc, je t'aurais bien collé une bonne fessée, mais d'un autre côté, c'est vrai que si tu ne m'avais pas mis la pression, je n'aurais sans doute pas continué l'enquête.

Il y eut un bref silence pendant lequel Anna sirota son chocolat. Elle racla le fond de la tasse à l'aide de sa cuiller qu'elle lécha avec application et gourmandise, démentant ainsi ce que Ferreira avait supposé à propos de la mauvaise qualité de la boisson.

— C'est quand même vachement agréable de savoir enfin que je ne suis pas folle ! s'exclama-t-elle. Pendant toute mon enfance on m'a seriné que mon père était parti, qu'il nous avait quittées maman et moi, or moi je savais que c'était faux ! Alors, même si vous n'arrêtez pas son meurtrier, au moins, grâce à vous et au docteur Fournier, je vais enfin pouvoir dormir sans avoir peur.

— Tant mieux, Anna, tant mieux !

Ferreira s'en voulut de la platitude de sa réponse. *Tant*

mieux ! Tant mieux ! Il se bornait à répéter ces mots idiots et creux, sans pouvoir en trouver d'autres, mais il pressentait que, s'il en disait plus, son émotion serait trop évidente.

— Vous êtes marié, commandant ? demanda soudain Anna, sautant du coq à l'âne, comme l'avait fait *Anna Petite* dans la RV.

Ferreira ne s'attendait pas à cette question. Mais Anna semblait décidément en forme et il n'allait pas réprimer sa spontanéité.

— Non, je ne suis pas marié.

— Mais vous avez bien quelqu'un dans votre vie ?

— Pas de manière fixe, non.

— Je suis indiscrète ?

— Oui.

Anna eut un petit rire et Ferreira l'imita.

— Je peux vous demander autre chose ? Ça ne concerne pas votre vie privée, s'empressa d'ajouter Anna.

— Vas-y, je t'écoute !

— J'aimerais bien retrouver Samir.

Comme Ferreira ne voyait pas de qui Anna voulait parler, elle précisa ses paroles.

— Dans la RV, vous vous rappelez les moments où j'apparais enfant ? Anna Petite m'a parlé d'un petit garçon dont j'étais amoureuse en CP. J'aimerais bien le retrouver.

— Tu comptes me coller cette nouvelle recherche sur les bras ? Pas question, Anna, j'en ai bien assez fait comme ça en matière de recherche de disparus ! Pour cette enquête-là, tu te débrouilleras toute seule ! Mais bon, je te donnerai quelques tuyaux sur la manière de procéder. On verra ça plus tard, parce que maintenant…

Il jeta un œil sur sa montre.

— Il est temps d'y aller. Écoute… (Il décida de se lancer. Même s'il était sûr d'échouer, il lui fallait au moins essayer.) Tu n'es pas obligée de m'accompagner. J'ai besoin des jumeaux, mais ta présence n'est pas indispensable. Je te promets que je te tiendrai au courant de tout.

— Pas question ! Je viens ! affirma Anna.

Quelle tête de mule, cette gosse, décidément !

— Seulement…

Gênée, Anna hésita à poursuivre.

— Seulement quoi ?

Tout n'était peut-être pas perdu. Ferreira se prit à espérer qu'elle allait enfin lui avouer qu'elle flanchait.

— J'ai changé d'avis…

— Parfait ! Dans ce cas, je te raccompagne !

— J'ai changé d'avis sur le fondant au chocolat. Je peux en emporter un morceau avant de partir ?

CHAPITRE 34

— Merci de me recevoir ! Je vous en suis très reconnaissant.

— Mais je vous en prie ! Vous aviez l'air si tendu au téléphone, j'avoue que ça m'a inquiété.

D'un geste, Perrin convia Ferreira à prendre place sur un fauteuil, face à son bureau. Après avoir donné congé à sa secrétaire, il s'assit à son tour et alluma une cigarette. Ferreira nota que le cendrier posé sur le bureau débordait déjà de mégots. Remarquant son regard, Perrin le vida dans une corbeille et se leva pour ouvrir la fenêtre.

— Je ne respecte pas les lois antitabac, dit-il, devinant les pensées du policier. Je les juge sans fondement et, par ailleurs, j'en fais respecter d'autres, des lois, bien plus importantes. Maintenant, si la fumée vous incommode, je veux bien essayer de m'abstenir, disons… cinq minutes environ.

— La fumée ne me dérange pas, s'empressa d'affirmer Ferreira. La dernière fois, nous étions enfermés dans ma voiture, c'était différent. Aujourd'hui, j'ai besoin de votre aide et vous interdire de fumer ne contribuerait qu'à vous rendre nerveux. En plus, cette fenêtre ouverte sur le Champ de Mars, c'est tout simplement splendide ! Quel point de vue !

Le bureau de Christophe Perrin était en effet situé place du Trocadéro, en face de la tour Eiffel, pièce maîtresse du paysage sur lequel les fenêtres donnaient. Quartier huppé, locaux luxueux. Le cabinet de l'avocat était aménagé dans un ancien hôtel particulier. Hall en marbre. Volée de marches couvertes d'un tapis rouge. Mobilier design et ambiance feutrée dans laquelle Ferreira éprouva soudain un léger malaise. Il se faisait l'effet d'un SDF accueilli par miracle dans un foyer cossu. Mal fagoté, il avait l'impression que son jean allait salir le magnifique cuir blanc du fauteuil sur lequel il avait pris place et que ses baskets laisseraient des traces indélébiles sur la moquette beige immaculée. Il eut une pensée pour Moldano et ses goûts de luxe. Ce dernier s'intégrerait parfaitement dans le décor, il adorerait travailler dans un cadre pareil. Ferreira jeta machinalement un œil sur l'écran de son portable. Pas de message. Ni de Moldano ni de quiconque. Bien sûr, c'était encore trop tôt. Il devait se montrer patient.

— Vous avez besoin de mon aide ? répéta l'avocat. Pourtant vous m'avez dit au téléphone qu'Anna était saine et sauve, que cette histoire d'enlèvement, elle l'avait montée de toutes pièces avec des copains, qu'elle avait simplement fait une fugue, ce n'est pas le cas ?

— Oh ! Si, si, bien sûr !

— Une fugue, une simple fugue ! s'exclama Perrin en revenant s'asseoir. Alors que tout le monde imaginait déjà le pire, moi y compris. Au fait, désolé de vous avoir ainsi bombardé de SMS, mais comme je n'avais plus de nouvelles depuis la nuit que nous avons passée ensemble… Enfin, si je puis dire, ajouta-t-il en souriant, je m'inquiétais. Vous ne pouvez pas savoir comme j'ai été soulagé ! Une fugue ! répéta-t-il à nouveau en secouant la tête. Je ne sais pas comment j'aurais réagi, moi, si l'un de mes enfants m'avait fait ce coup-là. Ah ! Les ados ! Allez savoir ce qui leur passe par la tête !

Ferreira se fit la réflexion qu'il avait, presque mot pour mot, prononcé la même phrase à l'intention de ses collègues. Le mensonge qu'il leur avait servi – ainsi qu'à Perrin – était passé sans problèmes. En revanche, s'il avait dit la vérité, s'il avait révélé l'existence du traitement par réalité virtuelle et ses implications, personne ne l'aurait cru. Pourquoi le mensonge est-il souvent plus crédible que la vérité ? Il n'avait guère le temps de se pencher sur le problème.

— Alors ? En quoi puis-je vous être utile, puisque tout est terminé ? s'enquit l'avocat.

— C'est loin d'être terminé. De fait, ça commence à peine.

Ne comprenant pas ce que Ferreira voulait dire, Perrin fronça les sourcils.

— Vous êtes le seul témoin des instants qui ont suivi le meurtre du père d'Anna.

Perrin alluma une deuxième cigarette, oubliant que la première se consumait encore sur le bord du cendrier.

— Vous remettez cette histoire de meurtre sur le tapis ? remarqua-t-il avec une incrédulité teintée d'agacement.

— Oui, Anna n'a fugué que pour nous contraindre à rouvrir l'enquête sur la mort de son père. Et elle a eu raison.

— Mais enfin ! Un meurtre ! Ça ne tient pas la route, on en a déjà parlé, non ?

— Si, maintenant, ça se tient. Car depuis notre dernière discussion il y a eu du nouveau.

Ferreira fit une courte pause avant de poursuivre.

— Vous m'avez déjà beaucoup aidé sans le savoir et je suis certain que vous allez m'éclairer davantage. Vous vous souvenez lorsque, dans la voiture, nous surveillions la fête donnée par votre fils, vous m'aviez parlé de squatteurs qui rôdaient autour de la maison de Mathias et de la vôtre ?

— En effet, oui.

— J'avais alors émis l'hypothèse que l'un d'eux s'était introduit chez Mathias pour y voler quelque chose... Eh bien, j'avais vu juste. Le mobile du meurtre de Mathias, c'était bien le vol. Et je ne parle pas du vol d'une centaine d'euros planqués dans la boîte à café, de l'écran plat HD dans le salon ou de l'ordinateur portable. Je parle d'une grosse, une très grosse prise.

— Vous m'intriguez ! dit Perrin en tirant nerveusement sur sa cigarette. Quoi ? Mathias avait gagné au loto sans me le dire ? ironisa-t-il.

— Mieux que ça.

Sans plus attendre, Ferreira évoqua le célèbre casse commis en 2003 dans la bijouterie Winston, dont Perrin, bien évidemment, avait entendu parler. L'un des auteurs du braquage, précisa le policier, n'était autre qu'un des squatteurs. Un Slave, membre du gang des Pink Panthers. En s'introduisant dans la maison de Mathias, il voulait reprendre son dû, le butin du casse, une somme astronomique en liquide et des bijoux d'une grande valeur.

— Ça alors ! s'exclama Perrin. Je dois avouer que, là, vous m'en bouchez un coin ! Et... vous avez arrêté ce type ? Vous avez récupéré l'argent et les bijoux ?

— La réponse à votre première question est non, pas encore. La réponse à la deuxième est oui, en partie.

Ferreira raconta à l'avocat comment la précieuse paire

de boucles d'oreilles en diamant avait été retrouvée dans le vieil ours en peluche d'Anna. (Là encore, il mentit, comme il l'avait fait avec ses collègues, alléguant que l'hypnose avait aidé Anna à se souvenir de l'endroit où, à l'âge de cinq ans, elle avait caché les boucles d'oreilles.)

— Le bijou a été remis à la BRB, conclut Ferreira. À l'heure qu'il est, les officiers de la brigade sont repartis sur les traces de ce prétendu squatteur. Ils ne devraient pas tarder à l'identifier car on sait qu'il a été victime d'une agression en pleine rue, en 2011. Je serai informé dès qu'il y aura du nouveau…

Ferreira fut interrompu par la sonnerie de son téléphone. Il s'en empara avec une telle précipitation qu'il fit tomber par terre une partie du contenu de sa poche, un paquet de chewing-gums, un Kleenex usagé qu'il ne prit pas la peine de ramasser… Nouvelle déception : l'appel ne venait ni de ses coéquipiers ni des collègues de la BRB, mais de Black. Il le rejeta et attendit le signal sonore l'avisant de la réception d'un message vocal. S'excusant auprès de son interlocuteur, il l'écouta, puis posa son téléphone sur l'accoudoir du fauteuil qu'il déplaça pour se rapprocher du bureau.

— Excusez ma nervosité, dit-il, nous sommes dans un moment clé de l'enquête, je dois rester en contact avec mes collègues, alors à chaque appel j'espère qu'on va m'annoncer ce que j'attends.

— Et alors ? demanda Perrin avec un regard en direction du téléphone.

— Alors rien pour l'instant, malheureusement… Revenons-en à notre squatteur ! Il a donc tué Mathias pour récupérer les bijoux. Dans quelles circonstances exactement, je l'ignore. Est-ce parce qu'il s'était rendu compte que le butin était incomplet, que les boucles d'oreilles n'y étaient plus ?

Probablement. Peu importe pour le moment. Ce qui compte, c'est que nous avons le mobile du meurtre. Maintenant, nous devons connaître l'arme du crime. Et c'est sur ce point précis que j'ai besoin de vous.

— Attendez ! Attendez, j'ai bien peur de ne plus vous suivre. Comment pourrais-je vous aider à identifier l'arme du crime, puisque je n'ai pas assisté à ce crime ?

— Vous n'y avez pas assisté, mais vous êtes arrivé juste après. Et le commissaire Vidal et moi-même, quelques instants après vous. Le commissaire Vidal est mort. Il ne reste donc plus que vous. J'aimerais confronter vos souvenirs aux miens. J'y ai beaucoup réfléchi et je suis certain qu'ensemble nous arriverons à mettre le doigt sur quelque chose, un détail insignifiant *a priori*, mais qui pourrait s'avérer capital. Je vous demande d'essayer de visualiser au mieux les lieux, notamment la pièce au rez-de-chaussée de la maison, là où Mathias avait installé son bureau. Parce que c'est là, à l'évidence, que le meurtre a été commis. Essayez de vous remémorer l'état dans lequel vous avez trouvé cette pièce lorsque vous êtes arrivé.

— Bon Dieu, mais c'est sacrément loin, tout ça ! s'exclama Perrin. Il faudrait me soumettre à l'hypnose, moi aussi, ajouta-t-il en riant.

Un rire légèrement forcé, nota Ferreira.

— Pas besoin d'hypnose. Prenez donc une autre cigarette et détendez-vous !

Perrin s'exécuta, non sans plaisanter sur le fait que le policier nuisait à sa santé en le poussant ainsi à la consommation. Il tira trois bouffées d'affilée, regarda les volutes dessiner des figures aléatoires dans l'air avant de se dissiper, puis revint sur Ferreira.

— Ce n'est que du tabac, pas de la drogue. Désolé, mais

pour l'instant je bloque, je n'ai aucune vision !

— Mes propres souvenirs vont vous mettre sur la voie, répondit Ferreira, sans faire cas de l'ironie de l'avocat. La petite Anna boitait cette nuit-là, vous avez dû le remarquer ?

Perrin haussa les épaules en soupirant.

— Peut-être, oui, si vous le dites ! Pour ma part, onze ans après, je suis dans l'incapacité totale de l'affirmer.

— Peu importe ! Moi, j'en suis certain, trancha Ferreira d'un ton un peu plus sec qu'il n'aurait voulu. Lorsque Vidal m'a ordonné de raccompagner Anna et Audrey chez elles, Audrey a habillé sa fille avant de partir et, lorsqu'elle a voulu la chausser, elle a pris peur en voyant du sang. En examinant le pied d'Anna, elle a constaté qu'un minuscule morceau de verre s'était fiché dans le talon. Elle s'était d'ailleurs mise à pester contre la pagaille qui régnait dans la pièce, contre la négligence de son mari.

Ferreira s'interrompit, attendant la réaction de Perrin.

— Désolé, mais tout ça ne me dit rien. Moi, ce dont je me souviens précisément, c'est l'état de la gosse, ses cris tout d'abord, puis son mutisme suite à l'état de choc. Qu'elle boitait et que sa mère ait découvert un bout de verre dans son talon, j'avoue que ça m'a échappé.

— Ce n'est pas grave, concéda Ferreira, continuons, ça ne mange pas de pain d'essayer ! En y réfléchissant plus avant, je me suis dit que ce n'était pas un bout de verre qui avait blessé la petite, mais plutôt… l'éclat d'un miroir brisé.

Ferreira s'interrompit. Le miroir, pièce maîtresse du puzzle, enfoui aussi bien dans sa propre mémoire que dans celle d'Anna. Révélé par l'hypnose en ce qui le concernait dès son premier entretien avec Fournier, pour Anna par le biais de la réalité virtuelle. Il se garda bien de préciser ce point.

— Dans la pièce principale, chez Mathias, poursuivit-il, il y avait un grand cadre en bois. Je l'avais remarqué parce que je l'avais trouvé insolite. De fait, il n'encadrait rien, pas de peinture, pas de photos pêle-mêle, absolument rien. Alors maintenant, je me dis qu'à l'intérieur de ce cadre il y avait peut-être un miroir.

Le lien entre le miroir, dans la maison de Mathias, et celui de la réalité virtuelle, Ferreira en avait eu confirmation avant de venir lorsque, en voiture, il avait demandé aux jumeaux de visionner une nouvelle fois « l'épisode du miroir », dans le film de la RV.

— Moi je n'ai passé qu'une heure à peine dans la maison de Mathias, reprit-il, mais vous, vous en tant que voisin, en tant qu'ami surtout, vous y alliez très souvent. Alors, je me disais que vous pourriez peut-être me confirmer l'existence de ce miroir ?

Il y eut un long silence. Ferreira s'en réjouit. Perrin n'avait plus l'air de se braquer. Mieux, il prenait la peine de réfléchir et de rassembler ses souvenirs. Il écrasa sa cigarette dans le cendrier qu'il fixa comme si, quelque part sous les cendres et les mégots, il visualisait la pièce que le policier lui demandait de se remémorer. Il cligna plusieurs fois des yeux, ouvrit la bouche pour parler, mais s'en abstint. Ferreira était certain qu'il allait allumer une autre cigarette. Non. Perrin continua d'observer le cendrier tout en se grattant machinalement le sourcil, à l'endroit où se trouvait la cicatrice que Ferreira avait remarquée lors de leur dernière rencontre. L'avocat répéta ce geste pendant quelques minutes et Ferreira nota alors que son index était légèrement taché de noir. Il comprit que Perrin avait pris soin de masquer le trou creusé par la cicatrice dans la pilosité du sourcil avec un crayon de maquillage, probablement emprunté à sa femme. Amusé par cette marque de coquetterie, il esquissa un sourire.

— Oui ! s'exclama enfin l'avocat en levant les yeux sur lui. Oui, oui, c'est vrai, je me souviens de ce miroir. Il était… sur le mur de gauche, dans le couloir qui menait à la porte d'entrée.

— Exactement ! Or, quand vous êtes arrivé, puis quand nous sommes arrivés peu après, Vidal et moi, plus de miroir, juste le cadre en bois !

— Bon sang, comment est-ce que ça a pu m'échapper sur le coup ?

— C'est normal, votre attention était portée sur la petite Anna.

— Ce qui voudrait dire, si je suis votre raisonnement, que… (Tendu à l'extrême, soucieux d'aider le policier, Perrin se gratta à nouveau le sourcil, un peu plus vivement cette fois. Son geste – presque un tic – semblait l'aider à réfléchir.) Ça voudrait dire que ce miroir a été brisé et ensuite, quoi ?… Je n'arrive pas à imaginer la suite.

— C'est pourtant simple. Le Slave avait les clés de la maison, puisque le butin du braquage y était caché, le gang l'y avait placé en sûreté, sans savoir que la maison serait vendue à Mathias. Quand les Pink Panthers veulent récupérer leur bien, ils envoient notre homme qui, auparavant, s'est fait passer pour un squatteur. Il s'introduit dans la maison sans effraction. Il s'empare du butin, mais au dernier moment, il s'aperçoit qu'il manque la pièce la plus coûteuse, les boucles d'oreilles. Au lieu de partir sur la pointe des pieds comme n'importe quel cambrioleur, il se montre et interroge Mathias. Celui-ci nie avoir pris les boucles d'oreilles, et il est sincère, puisqu'il ne sait pas qu'Anna les a cachées. Le ton monte, les deux hommes en viennent aux mains, ils luttent, l'un deux heurte le miroir qu'il fait voler en éclats, et le Slave utilise un bout de miroir pour tuer Mathias. C'est une arme aussi tranchante qu'un couteau. Ensuite, il balaie, nettoie les traces de sang au sol, emporte le corps de Mathias dont, avec le gang, il se débarrassera plus tard. Il ne laisse derrière lui qu'un minuscule bout de miroir qui ira se ficher dans le pied d'Anna.

Perrin demeura silencieux. Cette fois, il alluma une cigarette – la quatrième depuis le début de l'entretien – et prit le temps d'en fumer une bonne moitié avant de livrer ses impressions.

— C'est vrai que ça se tient, mais…

Il laissa sa phrase en suspens.

— Mais ?

— Il y a un point sur lequel j'achoppe. Et nous l'avions déjà évoqué ensemble la dernière fois…

— Oui, je sais, le devança Ferreira, le bruit. Le bruit de la lutte entre le Slave et Mathias, le bruit du miroir qui vole en éclats. Le bruit que vous n'avez pas entendu.

— Exact. Désolé de vous décevoir, mais c'est tout de même important, non ?

— Oui, je sais, je sais, moi aussi ça me tracasse, avoua Ferreira. J'ai eu beau tourner ça dans tous les sens, essayer de trouver ce qui pourrait expliquer cette faille, je n'y suis pas arrivé.

Il saisit son téléphone avec lequel il se mit à jouer machinalement, le faisant passer d'une main à l'autre, caressant l'écran des doigts.

— C'est vrai, ajouta-t-il, ça crée une sacrée faiblesse dans le scénario. Inutile que je vous demande si vous auriez pris cette nuit-là, je ne sais pas, un somnifère, qui vous aurait rendu sourd…

CHAPITRE 34

La question n'en était pas une, elle traduisait plutôt l'agacement du policier qui se remit à jouer nerveusement avec son portable.

— Si seulement on pouvait m'annoncer qu'on a enfin trouvé l'identité du type agressé par Morel ! ajouta-t-il sans lever les yeux, s'adressant davantage à lui-même qu'à son interlocuteur.

— Qui est ce… Morel ? demanda Perrin.

— Oh ! C'est vrai, je ne vous en ai pas encore parlé ! réalisa Ferreira.

Il poussa un soupir, comme si ce qu'il s'apprêtait à dire l'ennuyait ou qu'il considérait cette partie de l'enquête sans importance par rapport au problème auquel il continuait de réfléchir, cherchant à tout prix la solution.

— Lors de la fête costumée organisée par votre fils, nous guettions l'arrivée d'un individu qui se serait glissé parmi les invités, déguisé en croque-mitaine, vous vous en souvenez ?

— Oui, d'ailleurs, c'est justement le second point que je voulais évoquer. Je ne vois pas le rapport entre ce… mystérieux croque-mitaine et votre scénario concernant le soir du meurtre.

— J'y viens ! J'y viens ! Morel a été complice du meurtre. Il a été engagé par les Pink Panthers. À l'époque, c'était un jeune comédien au chômage, peut-être même était-il à la limite de la délinquance. Bref, les Pink Panthers l'ont grassement payé pour que, durant une semaine, il joue chaque nuit le rôle du croque-mitaine afin d'effrayer Anna et la chasser de la maison. Une fois la petite partie, ils avaient l'intention de se débarrasser de son père.

— Une minute ! Une minute ! Vous êtes en train de me dire qu'il y avait réellement quelqu'un dans le placard de la petite lorsque celle-ci hurlait au monstre ?

— Oui, c'est exactement ce que je suis en train de vous dire.

Ferreira demeura songeur un moment avant d'ajouter :

— Je n'ai pas d'enfants, mais mon expérience professionnelle m'a souvent prouvé que les parents devraient davantage croire leurs enfants lorsque ceux-ci affirment quelque chose, même si ça leur semble extravagant.

À son tour, Perrin ne dit plus rien et s'abîma dans ses pensées.

— Pour en revenir à Morel, reprit Ferreira, deux ans après le meurtre de Mathias, il a perdu sa fille et il a disjoncté. Il a agressé quelqu'un en pleine rue avant d'être interné à Sainte-Anne. Et ce quelqu'un, c'est le meurtrier de Mathias, l'homme qui l'avait engagé.

— Comment savez-vous qu'il s'agit de la même personne ?

— Parce que Morel me l'a dit.

Morel l'avatar. Pas le vrai. Mais tu n'as pas besoin de le savoir.

— Ça alors ! J'avoue que je suis… Je ne trouve même plus les mots, constata Perrin.

Il n'ajouta rien. Il défit le nœud de sa cravate, ouvrit le col de sa chemise et se laissa aller contre le siège de son fauteuil. En dépit de la fenêtre ouverte derrière lui, il semblait soudain avoir très chaud, la sueur perlait à son front, et en glissant les petites gouttes de transpiration eurent raison du dernier camouflage opéré par le crayon noir sur sa cicatrice.

— Sale histoire, hein ? commenta Ferreira.

Un long silence s'ensuivit. Il aurait pu se prolonger indéfiniment tant les deux hommes étaient absorbés par leurs pensées respectives. Mais l'alerte signalant l'arrivée d'un SMS sur le portable du policier finit par le rompre. Ce bruit, pourtant très faible, qui aurait dû se perdre dans l'ampleur de la pièce et le brouhaha incessant de la circulation dehors, que la fenêtre ouverte laissait entrer par vagues successives, fit sursauter les deux hommes aussi vivement qu'un violent coup frappé à la porte.

Le policier et l'avocat échangèrent un regard, puis Ferreira saisit son téléphone d'une main fébrile et afficha le message. Tandis qu'il le parcourait, Perrin scruta avec attention l'expression de son visage, comme s'il pouvait y lire le contenu du message.

Ce dernier était visiblement porteur d'une bonne nouvelle.

— Enfin ! s'exclama Ferreira, en affichant un sourire triomphant.

— Alors ? Qu'est-ce qui se passe ? Vous… Vous avez coincé le type, c'est ça ?

Aussi fatigué que s'il avait procédé lui-même à l'arrestation évoquée, Ferreira hocha la tête pour répondre par l'affirmative. À son tour, il se laissa aller contre le dossier de son fauteuil et allongea ses jambes pour se décontracter.

— C'est bien le Slave ? Vos collègues l'ont épinglé ? insista Perrin. C'est formidable ! On va fêter ça !

L'avocat se leva et se dirigea vers une desserte où se trouvaient divers alcools. Il prit une bouteille de bourbon et deux verres qu'il remplit en revenant s'asseoir.

— Trinquons à votre réussite ! dit-il en servant Ferreira.

Mais celui-ci ne prit pas le verre que l'avocat lui tendait. Il demeura immobile, les yeux rivés dans ceux de Perrin. Le sourire qu'il avait affiché l'instant d'avant, en lisant le message, avait disparu. Visage fermé, il serrait les lèvres pour s'astreindre au silence, et son effort était visiblement coûteux.

— Oh ! Allez ! insista Perrin, je sais bien que vous êtes en service, mais c'est comme pour les lois antitabac, il faut savoir transgresser l'interdit !

Sa proposition resta vaine. Embarrassé, l'avocat finit par reposer le verre sur son bureau, à côté du sien, auquel il ne toucha pas non plus.

— Je n'ai aucune envie de trinquer avec vous, déclara enfin le policier. L'arrestation n'a pas encore eu lieu. Je vous ai menti. Le type que nous recherchons n'est ni slave ni membre des Pink Panthers. Et ce ne sont pas mes collègues qui doivent l'appréhender. C'est moi qui vais m'en charger. Dans un tout petit instant.

— Vous voulez dire que… que vous devez partir ?

— Non, je n'ai aucune intention de partir. Cette arrestation, je vais y procéder ici même. Parce que c'est fini, Perrin, je vais vous boucler.

CHAPITRE 35

— Qu'est-ce que vous racontez, commandant ? Qu'est-ce qui vous prend ? Je ne comprends pas…

— Vous avez une tache noire sur l'index, le coupa Ferreira, sans faire cas de sa question.

— Pardon ?

— Votre index, répéta Ferreira, il est taché, et tout à l'heure, en desserrant votre cravate, vous avez également taché votre col de chemise.

Ne comprenant pas pourquoi le policier passait du coq à l'âne et s'attachait ainsi à un détail aussi futile, Perrin demeura perplexe pendant quelques secondes, regardant son index comme s'il s'agissait d'un objet échoué par miracle au bout de sa main. Il le frotta ensuite contre son pouce pour éliminer la tache que Ferreira venait de mentionner.

— Oh ! J'ai dû…

Il fit négligemment le geste de passer son doigt au-dessus de son sourcil.

— Oui, vous vous êtes gratté l'arcade sourcilière, confirma

Ferreira. Est-ce que ça a fait mal ? demanda-t-il aussitôt après.

— Je vous demande pardon ?

— Le coup de rasoir que vous avez reçu sur l'arcade sourcilière, est-ce que ça a été douloureux ?

— Je ne…

— Bien sûr que ça a été douloureux, ma question est idiote, un peu plus et Morel vous éborgnait !

— Mais qu'est-ce que… De quoi parlez-vous donc ? Je ne connais pas ce Morel… Comment aurait-il…

— Oh ! Mais ce n'est pas très brillant, ça, maître Perrin, comme défense ! J'espère que lorsque vous plaidez, vous ne bafouillez pas ainsi devant les jurés. On dit que le cordonnier est toujours le plus mal chaussé, est-ce que ça vaut également pour les avocats ? Vous n'arriveriez pas à assurer votre défense ?

Perrin voulut protester, mais il ne put qu'ouvrir la bouche sans proférer un son.

— Allez ça suffit, maintenant ! On arrête la comédie, Perrin ! déclara Ferreira d'un ton tranchant. Cette cicatrice, au-dessus du sourcil, elle est le résultat du coup de rasoir que Morel t'a donné. Parce que, il y a onze ans, c'est toi qui l'as engagé pour jouer le rôle du croque-mitaine et faire peur à Anna. Pas si fou que ça, Morel ! Le chagrin l'a fait disjoncter, c'est vrai, mais en partie seulement. Lorsque sa petite fille est morte, il n'a pas pu le supporter, il a culpabilisé, et il a pensé à cette autre enfant que, moyennant finances, il avait terrorisée durant une semaine en jouant les monstres dans le placard. Mais il était comédien de son métier et il s'est dit que, dans un spectacle, celui qui manie les ficelles, celui qui distribue les rôles, celui à qui reviennent tous les honneurs si le spectacle est réussi, c'est le metteur en scène. Or le metteur en scène, c'était toi ! Alors il t'a retrouvé et il a tenté de te tuer.

Ferreira s'interrompit brièvement et désigna du regard les deux verres de bourbon posés sur le bureau.

— Vas-y ! Bois un coup si tu veux ! Ça t'aidera à revenir onze ans en arrière un peu mieux que tu ne l'as fait tout à l'heure, en me débitant mensonge sur mensonge… Non ? Ça te dit rien ? T'as plus soif ? Une clope, alors ? Non plus ?… Très bien, alors je continue, ajouta-t-il tandis que Perrin, livide, demeurait pétrifié sur son siège, incapable de proférer la moindre protestation. Je tiens d'abord à te rassurer, ce n'est pas simplement la tache sur ton index qui m'a permis de comprendre que c'était toi que Morel avait agressé. J'avais déjà remarqué ta cicatrice la dernière fois que nous nous sommes vus, sans m'y attarder plus que ça. Mais dès que mes coéquipiers m'ont parlé de l'agression commise par Morel, ça a fait tilt, j'ai pensé à toi. Ça faisait d'ailleurs un bon bout de temps que tu occupais mes pensées, tu sais, mais j'attendais l'info qui me permettrait d'être sûr de mon fait. Et cette info, elle est tombée il y a deux minutes.

Ferreira balança son portable sur le bureau, sous le nez de Perrin qui recula aussi vivement que s'il s'était agi d'un revolver dont le coup allait partir.

— Avant de venir ici, j'ai demandé à mes collègues de se renseigner sur le vigile qui a été complice du braquage chez Winston. Or, dans le message que je viens de recevoir, devine un peu ce que j'ai lu ?

Ferreira feignit d'attendre la réponse, comme s'il avait posé une simple devinette.

— Tu donnes ta langue au chat ? J'ai lu que notre homme avait reçu plusieurs visites du commissaire Vidal. Bon, ça, ça ne m'a pas vraiment surpris, puisque, à l'époque Vidal bossait à la BRB, il a demandé sa mutation peu de temps après… Ce que j'ai lu avec beaucoup d'intérêt dans ce message, c'est que le vigile avait pour avocat un certain… maître Perrin ! Ça, c'était un vrai scoop !

Une nouvelle fois Perrin ouvrit la bouche, mais alors que Ferreira semblait décidé à le laisser parler, il n'en fit rien et se contenta de fixer le téléphone du policier d'un regard incrédule, comme s'il refusait d'admettre que le message dont il était question, celui qui le dénonçait, figurait dans la mémoire de ce petit objet.

— Finalement, je reviens sur ma décision, décréta soudain Ferreira d'un ton faussement négligent, je vais me laisser tenter par un doigt de bourbon. Ça donne soif de parler comme ça, tout seul !

Il se pencha et saisit l'un des deux verres. Il sirota lentement plusieurs gorgées d'alcool, puis joua quelques instants avec son verre avant de le vider et de le reposer.

— Ça fait du bien ! s'exclama-t-il. Tu sais, je n'ai pas arrêté de me poser des questions à ton sujet. Même à l'époque où je n'étais qu'un vulgaire stagiaire. Par exemple, je me suis demandé pourquoi, sous prétexte d'une séparation momentanée d'avec sa femme, un avocat réputé, dont les affaires marchaient très bien, qui habitait dans le 16e arrondissement, avait décidé de louer une baraque aussi pourrie que celle où tu avais élu domicile, qui plus est dans une banlieue aussi minable qu'Aubervilliers. « Il en faut toujours plus, quand on a des enfants ! » C'est ce que tu m'as dit l'autre nuit, pendant la fête de ton fils. C'était donc ça ta motivation : le fric, toujours plus de fric, quitte à passer du côté des criminels ! Remarque, tu l'as bien placé, ton argent. Le montant du butin t'a permis d'acheter ta maison avec piscine dans le 14e arrondissement, la maison des Lambert dans un quartier très prisé, et enfin ces bureaux, ici, en face de la tour Eiffel. Ce sont d'excellents placements ! Bravo !

Ferreira fit le geste d'applaudir des deux mains.

— Sauf que maintenant, reprit-il, fini le luxe, parce que la prison c'est pas vraiment un hôtel cinq étoiles. Et en plus, va falloir faire attention à tes fesses ! Des fois qu'un compagnon de cellule serait payé pour te tuer, comme toi et Vidal vous avez payé un taulard pour éliminer le vigile, une fois qu'il vous avait rencardés sur l'endroit où se trouvaient les bijoux.

Ferreira se servit une autre rasade de bourbon avant de poursuivre.

— Tu nous as joué le coup du voisin attentionné. Mieux, de l'ami intime de Mathias, et tout le monde l'a gobé ! Le gentil tonton Christophe qui s'inquiétait tellement pour la petite Anna, hein ?

Ferreira siffla son verre d'une traite. Il le posa ensuite si brutalement sur le bureau que le cristal ne résista pas et se brisa.

— Maintenant, écoute-moi bien ! Tu vas m'éclairer sur les derniers points qui me posent problème dans cette putain d'affaire, d'accord ?... D'accord ? répéta-t-il en hurlant. J'ai pas entendu ta réponse !

Toujours muet, l'avocat hocha la tête en signe d'approbation. Un mouvement à peine perceptible, un tremblement.

— Vidal promet une remise de peine au vigile en échange de l'adresse de la maison à Aubervilliers. Mais les bijoux ne sont ni sous le paillasson ni dans le manteau de la cheminée, ils sont dans le placard d'une des chambres. Et pas simplement posés sur une étagère, pas vrai ? Pour les dénicher, il faut faire des travaux. Alors, dis-moi, où se trouvaient-ils exactement ?

Perrin ne répondit pas. Ferreira laissa le silence se prolonger quelques instants, puis il se leva. Il le fit si brusquement qu'il en éprouva un léger vertige, dont l'alcool, qu'il avait bu trop vite sur un estomac vide, était en partie responsable. Il dut s'appuyer des deux mains au bureau et se pencher en avant, de telle sorte que son visage frôla celui de Perrin. La menace de son attitude n'échappa guère à celui-ci qui, tout en reculant, leva les deux mains en signe de reddition, signifiant par là qu'il était décidé à parler.

— Les bijoux et l'argent se trouvaient dans une bouteille en plastique, dit-il d'une voix blanche. La bouteille, elle, était coulée dans du béton, derrière une bouche d'aération, au fond du placard.

D'où la poussière de chantier sur les boucles d'oreilles, lorsque Anna les a trouvées.

Ferreira se laissa tomber sur son fauteuil.

— Je vois, reprit-il. Et comment t'as fait ? T'as joué toi-même les maçons ? T'as retiré la robe d'avocat pour enfiler un bleu de travail ?

Perrin déglutit péniblement avant de s'expliquer.

— Comme Mathias voulait faire des travaux dans la chambre de sa fille, je lui ai recommandé un maçon que je connaissais. Je me débrouillais pour le surveiller tout en faisant mine de discuter avec lui. Pendant sa pause déjeuner ou quand il arrêtait en fin d'après-midi, ou encore quand Mathias sortait avec sa fille, j'allais y voir de plus près pour savoir si la bouteille contenant les bijoux était visible. Quand ça a été le cas, je m'en suis emparé.

— Mais manque de bol, la petite Anna avait déjà piqué les boucles d'oreilles. Alors la nuit du 31 octobre, tu te pointes fou furieux chez Mathias et tu lui sommes de te les rendre. Ce qu'il ne fait pas, on sait pourquoi. La discussion dégénère et tu le tues... Quoi ? Qu'est-ce qu'il y a ? demanda Ferreira, remarquant que Perrin niait de la tête, je me suis trompé quelque part ? Ce n'est pas comme ça que ça s'est passé ?

— La mort de Mathias était un accident. Je n'avais aucune intention de le tuer. Le ton a monté très vite, c'est vrai, il a voulu me flanquer dehors, j'ai résisté, je l'ai repoussé violemment, il a heurté le miroir qui s'est brisé et un éclat lui est entré dans la nuque. Ça a sectionné la moelle épinière. Il est mort sur le coup. Je... Je ne voulais pas le tuer, répéta Perrin. Jamais je n'en ai eu l'intention.

Ferreira observa le visage de l'avocat pendant un long moment avant de poursuivre. Est-ce qu'il mentait encore ? Pouvait-il lui accorder le bénéfice du doute ? Peut-être. Peut-être pas. Peu importait.

— J'aimerais maintenant savoir deux choses, reprit-il. La première : est-ce que Morel se trouvait là quand tu as tué Mathias ?

— Non. Dès lors que j'avais trouvé les bijoux, je n'avais plus besoin de lui. Je l'ai payé et il n'est plus revenu.

— La deuxième chose, continua Ferreira, qui s'interrompit aussitôt.

Cette question-là était plus douloureuse à formuler.

— Est-ce qu'Anna a vu son père mourir ?

— Non, elle s'est réveillée pendant notre dispute et la lutte qui s'en est suivie. Je l'ai entendue crier, appeler son père, mais la peur l'a sans doute contrainte à rester dans sa chambre. Elle ne s'est levée qu'une fois que j'avais traîné le corps à la cave, alors que j'étais en train de balayer les éclats de miroir. Elle s'est avancée vers moi et elle a vu... (Perrin baissa les yeux avant de poursuivre sa phrase.) Le sang, par terre. Je n'avais pas encore eu le temps de tout nettoyer. Alors... Alors elle m'a demandé en pleurant si c'était le croque-mitaine qui avait dévoré son père. Je lui ai répondu que oui et que…

— Que ?

— Que je devais vite laver le sang, qu'elle ne devait jamais parler de ce qu'elle avait vu et entendu, sinon le croque-mitaine reviendrait la chercher.

Mais elle n'a pas été dupe. Anna savait. Elle savait que Perrin avait tué son père. C'est sûrement ce qu'elle répétait lorsqu'elle était recroquevillée sous l'évier de la cuisine. En état de choc, elle le disait dans le langage incompréhensible de la glossolalie. Et elle me l'a répété lorsqu'elle s'est pendue à mon cou avant de rentrer chez elle avec sa mère.

Elle me l'a dit. Depuis le début, elle me l'a dit. À moi.

Ferreira, qui tenait fermement les accoudoirs de son fauteuil pour s'empêcher à tout prix de se lever et de laisser libre cours à sa colère – il avait envie de saisir l'avocat par le col de sa chemise et de l'étrangler avec sa cravate – les serra si violemment que les os de ses phalanges saillirent, comme prêts à transpercer la peau.

— Et après, tu as appelé Vidal, ton complice depuis le début, conclut-il. Maintenant, dis-moi ce que vous avez fait du corps une fois que moi, le jeune stagiaire novice et naïf, j'avais débarrassé le plancher en compagnie de la mère et de la fille ? Vous avez refilé le bébé aux Pink Panthers ? Vous aviez passé un accord avec eux ?

Perrin acquiesça.

— Je devine la suite, poursuivit Ferreira. Si la BRB n'a jamais pu remonter la filière, c'est parce que les Pink Panthers ont disparu, eux aussi. À l'occasion d'un prétendu règlement de compte entre voyous, orchestré par Vidal et toi… Pratique ! Il n'y avait ainsi plus personne, plus aucun témoin embarrassant. Et la folie dans laquelle Morel a sombré lui a finalement sauvé la vie, sans quoi lui aussi aurait dégagé.

Ferreira fixa son interlocuteur d'un œil vide et froid. Tout était dit. Il n'y avait plus rien à ajouter. Il laissa ensuite son regard dériver vers la fenêtre. La nuit était tombée. Dans quelques instants, la tour Eiffel scintillerait de mille feux, revêtant son habit de fêtes. Chaque année, les décors de Noël étaient mis en place un peu plus tôt. Comme si on grignotait sur le temps, comme si on cherchait à raccourcir les ans. Pour Ferreira, c'était une année de plus qui s'achevait depuis cet instant où... Il fit barrage au souvenir.

Voilà. Terminé.

Le film de la nuit du 31 octobre 2006 était désormais reconstitué. Il retraçait les événements tels qu'ils s'étaient déroulés dans la réalité. La vraie. Ferreira songea à l'autre film, celui de la RV. Il s'était cru bouleversé lorsqu'il l'avait visionné le matin même au laboratoire. Mais ses sentiments n'avaient rien à voir avec ceux qu'il éprouvait maintenant. Maintenant qu'une nouvelle image s'ajoutait aux autres. Celle de Mathias, un éclat de miroir tranchant comme un poignard fiché dans la nuque. L'expression de son visage, lors de ses derniers instants, son incrédulité – c'était tellement stupide de mourir ainsi ! – sa dernière pensée pour sa fille qu'il laissait seule, livrée à un assassin. La peur incommensurable qu'il avait dû éprouver pour elle, juste avant d'expirer.

Ferreira ferma les yeux afin de chasser cette vision. Il les rouvrit brusquement quelques instants plus tard.

La tour Eiffel. Allumée. Scintillante. Aveuglante, presque. C'était trop, cette débauche de lumières. Il la rendit responsable des larmes qui lui montaient aux yeux et qu'il se sentait incapable de refouler. Mais qu'il eût les yeux ouverts ou fermés, cela ne faisait aucune différence, il savait que jamais il ne parviendrait à se débarrasser de ce nouveau fantôme. Qui lui en rappelait un autre. Toujours le même… Encore de nombreuses nuits d'insomnie en perspective.

Il songea à Anna.

Mission accomplie. Elle avait enfin les réponses qu'elle attendait.

Le croque-mitaine avait retiré son masque et révélé son vrai visage. Un visage banal au possible. Celui de monsieur-tout-le-monde. Pire, celui d'un notable, d'un homme respectable, un avocat. Ferreira eut malgré lui un petit rire, qui lui laissa un goût amer dans la bouche. Après tout, c'était ça, son métier de policier, courir après des monstres. Des monstres qui n'en avaient pas l'apparence et qui ne prenaient pas la peine de se cacher dans un placard, mais qui déambulaient en toute liberté, en toute impunité.

Ferreira se sentait vidé, déprimé, découragé. Alors que, quelques instants auparavant, il avait dû lutter contre la colère et l'envie de faire justice lui-même, il n'éprouvait à présent plus rien. Comme si ses sens étaient anesthésiés, toutes ses facultés réduites à néant.

Une odeur de fumée l'extirpa de ses pensées. Elle lui creusa l'estomac, provoquant une légère nausée. La tête lui tournait. Il sut que la fumée n'en était pas seule responsable, c'était aussi un des effets de l'alcool qu'il avait bu tout à l'heure pour passer ses nerfs. Le bourbon lui était monté à la tête en lui coupant les jambes. Détachant avec peine ses yeux de la tour Eiffel, il les promena dans la pièce et aperçut en premier lieu les volutes de fumée qui dansaient dans l'air avant de se dissiper. Ensuite seulement, il baissa son regard sur Perrin. Plongé dans ses réflexions, Ferreira en avait presque oublié l'endroit où il se trouvait et la présence de l'avocat.

Ce dernier venait d'allumer une cigarette, alors qu'il s'en était abstenu lorsque Ferreira l'interrogeait. La nicotine avait-elle un effet dopant aussi rapide ? Il paraissait beaucoup moins abattu que tout à l'heure. Il avait, sans que Ferreira s'en aperçoive, reboutonné le col de sa chemise et renoué sa cravate. Mieux, il avait enfilé un gilet en soie grise et une veste noire. Élégant dans son costume hors de prix, il semblait prêt à se rendre à quelque cocktail prévu de longue date. Un petit sourire flottait au coin de ses lèvres, qui s'élargit lorsqu'il tira plus longuement sur sa cigarette. S'aidant d'une carte de visite qu'il avait prise dans une boîte posée sur un coin du bureau, il poussa les morceaux du verre que Ferreira avait brisé, les rassembla et les fit tomber dans la corbeille. Le commandant pensa aussitôt aux morceaux de miroir que l'avocat, onze ans auparavant, avait également rassemblés pour les faire disparaître. Cette association d'idées augmenta sa nausée. Perrin, lui, se cala confortablement dans son fauteuil, joua pendant quelques instants à le faire pivoter, puis, se saisissant du verre qu'il s'était servi et auquel, contrairement à Ferreira, il n'avait pas touché, en but une gorgée.

— Laissez-moi vous dire quelque chose, commandant ! Devant un jury, quel qu'il soit, si toutefois nous allons jusqu'au procès, ce dont je doute fort, votre affaire ne tiendra pas. Elle repose sur une somme de détails nébuleux : votre prodigieuse mémoire se souvenant d'un éclat de miroir qui aurait blessé Anna, alors qu'il y a onze ans, vous n'avez passé qu'une demi-heure dans la maison de Mathias, la paire de boucles d'oreilles retrouvée grâce à une séance d'hypnose à laquelle se prête Anna, une gosse de seize ans, une ado perturbée qui vient de fuguer et de feindre un enlèvement, autrement dit une fieffée menteuse… Enfin votre unique témoin à charge, qui est-ce, déjà ? Un pauvre fou enfermé à Sainte-Anne.

Ferreira voulut répliquer, mais l'avocat le prit de vitesse.

— J'allais oublier ! Vous accusez le commissaire Vidal de complicité. Vous allez donc lancer les bœufs carottes après lui ? Alors qu'il est mort ? Vous allez souiller la mémoire d'un grand flic ? À l'époque, si vous aviez choisi de faire votre stage avec lui, c'est bien parce qu'il était considéré comme un super flic, non ?… Et moi, vous allez me coller la BRB sur le dos pour enquêter sur mes biens immobiliers ? Mais vous oubliez que j'ai des relations, commandant, beaucoup de relations très haut placées.

Il marqua une pause et poussa un soupir exagérément long tout en secouant la tête d'un air désabusé.

— Oh ! Et puis tenez, ça me fatigue ! Je n'ai même plus envie de faire l'inventaire de toutes les failles de votre enquête. Vous voulez que je vous dise, Ferreira ? Même après onze ans, tout commandant que vous êtes, vous demeurez aussi naïf qu'un bleu, un vulgaire bleu ! conclut-il en affichant une moue de dédain.

En ayant terminé, il saisit le téléphone du policier, resté sur son bureau, et le manipula négligemment, appuyant sur telle ou telle touche, comme pour en découvrir le fonctionnement et le comparer avec le sien qu'il venait de sortir de sa poche.

— Vous n'avez même pas pensé à activer le dictaphone, constata-t-il en le jetant sur le bureau. À qui allez-vous faire croire maintenant que je vous ai avoué quoi que ce soit ?

Les rôles s'étaient inversés. Ferreira en était parfaitement conscient. Il avait sous-estimé les forces de son adversaire. Après le déguisement du croque-mitaine, il avait enfilé à nouveau la robe de l'avocat. Un redoutable avocat, qui lui donnait un petit échantillon de son talent. Qui lui démontrait que, sans preuves tangibles, il serait très vite remis en liberté.

Espèce de salopard !

Ferreira se leva brusquement, saisit les mains de Perrin et lui passa les menottes, pensant ainsi le faire taire. Il le fit avec violence. Du moins le crut-il, car Perrin n'ébaucha pas l'ombre d'une grimace, son arrogance et sa suffisance parurent au contraire s'accroître. Il contempla un instant les menottes comme si elles étaient un accessoire destiné à parfaire son élégance, au même titre qu'une épingle sur sa cravate.

Il se contenta d'un rire méprisant avant d'ajouter :

— Allons ! Arrêtez vos enfantillages ! Il est temps pour vous de jeter l'éponge, Ferreira. Soyez raisonnable et enlevez-moi ça !

Mains tendues, il attendit que le policier lui retire les menottes. Voyant que ce dernier demeurait immobile, il eut un haussement d'épaules.

— Bon, quand vous aurez dégagé le plancher, j'appellerai un ami à moi qui m'en débarrassera.

Après quoi, sans paraître gêné le moins du monde, il commença à ranger son bureau. Il déplaça un dossier vers la droite, jeta un stylo dans un pot à crayons, se leva ensuite pour poser sur la desserte son verre vide ainsi que la bouteille de bourbon. Il eut un regard pour le Kleenex, par terre, tombé de la poche de Ferreira, mais n'alla pas jusqu'à le ramasser. Il n'avait pas l'habitude de mettre ainsi de l'ordre dans la pièce, c'était évident, cette tache revenait à sa secrétaire. Il ne s'y attelait que pour agacer le policier, enfoncer le clou et entériner sa victoire. Accomplir ces gestes tout en étant menotté ajoutait encore à son arrogance. Il lui signifiait par là qu'il n'existait plus à ses yeux. Il n'était qu'un caillou sur son chemin. Un caillou qui l'avait, certes, agacé quelque temps, mais qu'il avait réussi à balayer, comme onze ans auparavant il avait balayé les éclats du miroir brisé.

— Vous voulez bien…

Du menton, il indiqua la porte. Ferreira était congédié. Comme un vulgaire domestique.

CHAPITRE 36

Ferreira se dirigea vers la porte. Du moins il tenta de le faire. Mais dut s'y reprendre à deux fois avant de parvenir à mettre un pied devant l'autre. Le malaise qui s'était amorcé tout à l'heure s'intensifiait. L'alcool. Ses effets ne s'étaient pas dissipés. Au contraire. Ajoutés à la déception et à un sentiment d'impuissance totale, ils s'étaient décuplés.

Il avait l'impression d'être en équilibre sur un fil tendu au-dessus du vide. Un fil tiré depuis le dernier étage de la tour Eiffel. Il avait sans doute trop regardé cette dernière après l'interrogatoire de Perrin. Il ne put s'empêcher d'ailleurs d'y jeter un ultime coup d'œil. La tour de fer lui apparut démesurément proche. Énorme. Monstrueuse. Inclinée, de surcroît, comme si elle cherchait à se tordre pour briser la fenêtre.

Il eut une violente nausée. Son estomac lui faisait l'effet d'un sac. Un sac trop lourd. Trop plein. Bon Dieu, combien de verres de bourbon avait-il donc avalés pour se retrouver dans cet état ? Il tenta de l'estimer en jaugeant le niveau du liquide resté dans la bouteille que Perrin avait rangée sur la desserte. Mais il n'arrivait pas à la voir distinctement. Sa vue aussi était altérée. Les objets étaient déformés. Tous, bureau, ordinateur, fauteuil, étaient troubles. Perrin n'échappait pas non plus à cette déformation, sa silhouette grossissait, comme prête à se dédoubler. Ferreira cligna des yeux plusieurs fois et frotta ses paupières. Ça s'arrangea. Un peu. Suffisamment pour discerner le regard méprisant que lui jeta Perrin.

— Vous êtes pâle comme un mort, dit celui-ci. À l'évidence, vous ne tenez pas l'alcool. Allez vomir ailleurs, si ça ne vous dérange pas ! Je n'ai pas envie d'appeler la femme de ménage à cette heure-ci.

— Si, tu ferais mieux de l'appeler, ta femme de ménage. Mais c'est pas des taches de bile qu'elle aura à nettoyer sur ta belle moquette beige.

Ferreira eut peine à reconnaître la voix qui venait de prononcer cette phrase comme étant la sienne. C'était une voix dure, métallique. Aviné, le timbre en était rauque, la sonorité puissante. Ferreira se surprit à aimer cette nouvelle voix. Elle lui redonnait l'assurance qui lui avait fait défaut.

L'alcool l'avait affaibli un moment, mais c'était fini maintenant. Au contraire, il le déshinibait. Comme un torrent qui briserait un barrage en quelques secondes. Il s'était laissé impressionner bien trop facilement lorsque l'avocat avait démonté ses arguments. Impossible que cette affaire se solde par un zéro pointé. Impossible que toutes ces morts, celles de Mathias, du vigile et des membres des Pink Panthers, demeurent impunies. Sans parler de la folie dans laquelle avait sombré Morel. Du traumatisme vécu onze ans durant par Anna.

Non. Cette enquête ne finirait pas sur un échec. Oh ! Que

non ! Bon Dieu, ce que Ferreira éprouvait était si fort tout à coup ! Quel panel d'émotions ! Toutes plus intenses les unes que les autres, elles avaient effacé la déception et le doute.

Force. Puissance. Jouissance. Vengeance.

Vengeance.

Ce mot lui martelait le crâne. À lui donner le vertige.

Perrin, qui lui tournait le dos, fit brusquement volte-face. En une fraction de seconde, il comprit. Il lui suffit de croiser le regard du policier. La détermination féroce et cruelle qu'il y lut était sans appel. De fait, il avait déjà compris, au seul son de sa voix, ce qui l'attendait.

— Qu'est-ce que vous avez l'intention de f…

La réponse, que l'avocat connaissait par avance, bien qu'il tentât de se persuader du contraire, fut immédiate.

Ferreira dégaina son revolver. Aussi vivement qu'Anna lorsque, le matin même, elle s'était emparée de l'arme. Entre ses mains, celle-ci paraissait énorme et lourde. Ferreira au contraire avait l'impression de manipuler un jouet. Jamais son revolver ne lui avait paru aussi léger. Ça semblait tellement évident de presser la détente ! Ce n'était que le prolongement de son doigt. Un mouvement aussi furtif et anodin qu'un clic sur une souris, l'effleurement des touches d'un clavier, d'une télécommande ou d'un téléphone.

L'avocat se laissa tomber sur son fauteuil. Gêné par les menottes, ne quittant pas le policier des yeux, il faillit le manquer et se rattrapa *in extremis* à l'accoudoir pour ne pas tomber. Finie la superbe qu'il avait affichée quelques instants auparavant. La peur déformait son visage. Ferreira eut une pensée pour Fournier. Oh ! Si seulement il avait été là pour constater et analyser, sur quelqu'un d'autre que sa jeune patiente, les effets de la peur. Perrin en faisait une démonstration stupéfiante. Le sang avait quitté son visage, ses lèvres n'étaient plus rouges, mais bleues, tandis que des cernes de la même couleur se creusaient sous ses yeux. Il respirait si difficilement, si fort que ses joues avaient l'air de gonfler, rétrécissant sa bouche qui se réduisait peu à peu à un trait.

Il tenta néanmoins de se reprendre.

— Pensez à… à votre carrière, commandant !

La peur modulait aussi sa voix. À l'inverse du timbre grave et rauque de Ferreira, le sien grimpait dans l'aigu. Ce n'était plus une voix, c'était une sorte de hoquet. Et le ton mielleux qu'il s'efforçait d'adopter ne faisait qu'en accentuer la bouffonnerie.

— Vous êtes un excellent policier. Le concours de commissaire est pour bientôt, il ne devrait pas vous poser de problème, vous n'allez pas tout gâcher maintenant…

Il s'interrompit, essayant de mesurer l'effet de ses propos sur son interlocuteur. Le résultat escompté n'y était pas. Au contraire. Sourire cynique et cruel aux lèvres, Ferreira semblait plus déterminé que jamais.

Et la peur de continuer la transformation amorcée. La veste que Perrin avait enfilée alors qu'il congédiait le policier semblait s'être allongée, comme s'il avait tout à coup rétréci, perdu une bonne vingtaine de centimètres. Ce n'était plus une veste, c'était un trois-quarts. Gilet et chemise blanche lui donnaient l'air d'un pingouin. Ses doigts tremblants cherchèrent une cigarette, sans parvenir à l'attraper. Elle lui filait entre les doigts, comme si tout à coup son index et son majeur étaient collés l'un à l'autre.

Des doigts palmés. Des doigts de monstre.

Il se rabattit sur un cigare qu'il piocha dans une boîte et porta à ses lèvres. Les menottes le gênaient pour l'allumer et il dut s'y reprendre à plusieurs fois. La fumée, l'odeur âcre du cigare provoquèrent un nouveau haut-le-cœur chez Ferreira. Ce n'était pas une odeur de tabac qui envahissait la pièce, c'était une odeur animale. Et elle émanait de Perrin.

Le Pingouin, créature mi-homme mi-volatile, l'ennemi de Batman. Voilà à qui Perrin lui faisait penser.

Vas-y ! Continue ! Plus tu as peur, plus tu ressembles à ce que tu es réellement à l'intérieur. Un monstre.

— Si vous me tuez, reprit Perrin, ce sera un meurtre de sang-froid, pas une simple bavure policière. (Il exhiba ses menottes en guise de preuve.) En plus, je… Je suis un homme influent. Ça fera beaucoup de bruit.

— Si tu savais comme je m'en tape ! rétorqua Ferreira. (Jamais il ne s'était senti aussi calme, aussi décontracté.) Je ne suis plus un élève policier, tu l'as dit toi-même, je suis en passe de devenir commissaire, alors les règles, j'en ai plus rien à carrer ! Et j'ai été à bonne école avec Vidal, question flic pourri. Y a toujours moyen de maquiller un meurtre en suicide. Tu l'as bien fait, toi, avec le vigile ? Il est temps que justice soit faite. Pour Anna.

— Elle n'aimerait pas vous voir faire ça.

Ces mots firent tressaillir Ferreira. Faiblement, mais cela n'échappa guère à l'avocat. Croyant avoir marqué un point, ce dernier reprit un peu d'assurance et grimaça un sourire découvrant des dents noires, comme si la couleur de ses lèvres avait déteint sur elles.

— Tu crois ça ? interrogea Ferreira. Si on le lui demandait ?

— Comment… Que voulez-v…

— Anna était en bas, dans ma voiture, depuis le début de notre entretien, et elle a tout entendu… Grâce à ça !

Ferreira balaya d'un coup de pied le Kleenex tombé de

sa poche. Dessous se trouvait une clé USB appartenant aux jumeaux. Il la ramassa et la brandit sous le nez de Perrin, sans cesser de le tenir en joue.

— Technologie de pointe. Un simple bouton marche/arrêt la distingue d'une clé USB standard. Un micro incorporé y est dissimulé ainsi que l'objectif d'une caméra miniature, qui a fait un enregistrement vidéo. Cette petite merveille est connectée en wifi. Tout a déjà été envoyé sur le téléphone portable d'un de mes coéquipiers. Tes aveux ont bel et bien été enregistrés, Perrin.

Il fallut un temps à l'avocat pour comprendre ce qu'il venait d'entendre. Les yeux rivés sur la clé USB, il secouait la tête, refusant de croire à la description que le policier lui en avait faite.

— Eh bien… Dans ce cas… Justement, reprit-il enfin, puisque vous avez mes aveux, inutile de me tuer !

— C'est à Anna d'en décider. Elle est à côté, dans le bureau de ta secrétaire.

— Co… Comment aurait-elle pu entrer ?

— Je lui ai donné un passe… Viens, Anna ! enchaîna Ferreira.

La jeune fille ouvrit aussitôt la porte.

Pour Perrin, ce fut l'apparition d'un fantôme. Il ne voyait pas Anna telle qu'elle était aujourd'hui, dressée devant lui du haut de son mètre soixante-dix, mais l'enfant de cinq ans. Tassé sur son siège, épaules voûtées, Perrin tira sur son cigare plusieurs fois de suite, comme si c'était le seul moyen pour lui de respirer, de happer l'air qui lui manquait, et ses lèvres noires faisaient un horrible bruit de succion.

— Je suis désolé pour ce que j'ai fait, Anna ! Je… Je ne voulais pas tuer ton père, je te jure que c'était un accident. Je t'en supplie, raisonne le commandant ! Fais quelque chose !

Mais la jeune fille demeurait muette. Froide. Dure. Se bornant à l'observer. Elle avait enfin en face d'elle celui qui l'avait terrorisée jusqu'à la mise en place du traitement par réalité virtuelle. Celui qui avait hanté ses souvenirs d'enfant et que sa mémoire traumatisée avait gommé. Jamais il n'était apparu dans la RV. Et maintenant il était là, devant elle. Or elle trouvait qu'il n'avait rien d'effrayant. Il n'était que minable, pitoyable. Grotesque.

Lorsque enfin elle le quitta des yeux, Anna fit quelques pas vers le policier et mit un bras sur le sien dans un geste d'apaisement.

— C'est bon, Matteo, dit-elle. Je sais tout, ça suffit maintenant.

— Non, Anna. Non, c'est loin d'être suffisant ! Tu ne comprends pas ? Tout à l'heure, toi et les jumeaux, vous étiez inquiets pour Morel, vous pensiez qu'il était en danger, que quelqu'un voulait le tuer. À un moment, j'ai pensé que le T+ de la réalité virtuelle était à nouveau en cause, qu'il s'agissait d'une forme de prédiction. Mais non. Il y avait simplement erreur sur la personne. C'est lui qui doit mourir en prenant une balle ! précisa-t-il en désignant Perrin. C'est ça, la fin du jeu ! Le croque-mitaine, le vrai, doit mourir !

Perrin écarquilla les yeux. Il ne comprenait rien aux paroles du policier. Des propos incohérents lui prouvant que Ferreira était devenu fou et qui ne faisaient qu'accroître sa terreur.

— Non, non, Matteo ! contra Anna. Vous ne savez plus ce que vous dites ! Vous mélangez tout ! Quel rapport avec le jeu ? Si… Si vous tuez cet homme devant moi, vous… Vous allez reproduire exactement ce qu'il a fait il y a onze ans !

Ferreira tourna brusquement la tête vers Anna. Son

dernier argument avait fait mouche. Il n'avait pas l'intention de traumatiser la jeune fille à son tour. Oh ! Non ! Surtout pas ! Il ne se le pardonnerait jamais ! Revenant peu à peu à lui, il baissa son arme.

Perrin, de son côté, poussa un soupir de soulagement, tandis que ses lèvres grimaçantes ébauchèrent un sourire.

Un de trop.

Ferreira tira.

Un coup. Un seul. Qui atteignit sa cible en plein cœur. Et tout s'éteignit dans la pièce. Y compris les feux de la tour Eiffel.

Ce fut une explosion d'étincelles avant le noir. Complet.

CHAPITRE 37

Le noir se dissipa rapidement. Ferreira ouvrit les yeux sur le visage d'Anna, penchée au-dessus de lui.

— Je l'ai fait ? balbutia-t-il. Je l'ai abattu ?

Dis-moi que non !

Mais la réponse fut positive.

Bon Dieu, qu'est-ce que j'ai fait ? Qu'est-ce qui m'a pris ?

— Vous l'avez flingué ! Et vous avez rudement bien fait ! s'écria Anna. Quel pied de le voir crever, cette enflure ! renchérit-elle, tandis qu'un sourire cruel fendait son visage.

Non ! Non ! Ce n'est pas possible ! Ce n'est pas vrai ! Je n'ai pas pu abattre un suspect menotté !

Ferreira se sentait prêt à fondre en larmes. Il se faisait horreur.

— Virtuellement ! corrigea alors une voix dont Ferreira ne put discerner la provenance, tant il avait du mal à tourner la tête, tant sa nuque était raide. (Allongé au sol, il se sentait incapable de se redresser.) Vous n'avez tué Perrin que virtuellement !

Fournier. C'était sa voix. Après avoir réussi à bouger les yeux d'un centimètre ou deux – non sans éprouver la sensation que des aiguilles s'enfonçaient dans ses globes oculaires – Ferreira reconnut le visage du psychiatre. Il entendit ensuite la voix de Black, puis celle de White, mais leurs paroles se mêlaient dans une cacophonie où nulle phrase audible ne perçait.

Fournier et White, soutenant chacun Ferreira par un bras, l'aidèrent à se lever et ne le lâchèrent que lorsqu'il parvint à tenir à peu près debout.

— Comment vous sentez-vous ? s'enquit Fournier.

— J'ai l'impression d'être sur le pont du *Titanic* avant le naufrage.

— J'aurais dû vous donner une double dose d'hyoscine hydrobromide. Matteo, vous êtes un sujet fantastique ! s'enthousiasma le médecin. Comme Anna, vous avez atteint très rapidement un degré maximal d'immersion… Ça tourne encore ? demanda-t-il, remarquant que le policier, voulant faire quelques pas, titubait dangereusement. Venez ! Venez !

Il le guida jusqu'à la table de conférence, tira une chaise et l'aida à s'asseoir. Voyant que les jeunes les avaient suivis et entouraient le policier, il les écarta.

— Laissez-le respirer, bon sang ! On dirait un essaim de mouches… Anna ! Va lui chercher un verre d'eau s'il te plaît !

La jeune fille obtempéra. Ferreira lui arracha quasiment le verre des mains lorsqu'elle revint. Il avait tellement soif ! Sa bouche était aussi sèche que s'il venait de traverser un désert.

— Je suis paumé ! avoua-t-il après quelques secondes. Je… Je ne sais plus du tout…

Il secoua la tête, incapable de poursuivre, tout en promenant un regard effaré autour de lui, prenant conscience à grand-peine qu'il se trouvait dans le laboratoire.

— Vous ne savez plus ce qui est vrai et ce qui est virtuel ?

devina le psychiatre.

Ferreira acquiesça.

— C'est normal, rassurez-vous ! affirma Fournier. Vous l'avez coincé ! Vous avez arrêté Perrin ! Vous avez remis l'enregistrement de ses aveux au juge d'instruction. À l'heure où nous parlons, cette ordure est en prison. Ça, c'est vrai, ça s'est réellement passé, précisa-t-il en insistant bien sur les mots. Il n'y a que la « partie vengeance », si je puis dire, que vous venez de vivre dans le cube immersif.

Il attendit quelques secondes avant de poursuivre, le temps de vérifier, à l'expression de Ferreira, que la mémoire des événements lui revenait peu à peu.

— Vous l'avez appréciée, cette vengeance virtuelle, n'est-ce pas ?

— Oui, beaucoup. Ça m'a fait un bien fou, mais…

— Mais quoi ?

— C'est dangereux, votre truc, tout de même ! Allez savoir, si je prenais goût à ce genre de pratique par la suite ?

Fournier allait le rassurer, mais il n'en eut pas le temps. Les jeunes, qui avaient à l'évidence fait de gros efforts pour ne pas intervenir, assaillirent le policier d'un feu battant de questions. Black le premier.

— Vous en pensez quoi de l'avatar de Perrin inspiré du Pingouin de *Batman* ? Ça déchire, non ? Bon, y a encore beaucoup de boulot, la vidéo enregistrée par la caméra de la clé USB était de mauvaise qualité, j'ai dû faire avec. C'était juste un premier jet, un brouillon. Maintenant, on va peaufiner tout ça !

— Il faut changer l'attitude de mon avatar ! intervint Anna. À partir de maintenant, on arrête les bons sentiments !

— Comment ça, qu'est-ce que tu veux dire ? demanda White.

— Mon avatar ne doit plus être une gentille petite fille raisonnable. J'en ai marre ! Tu corriges ! Tu me fais dire que j'encourage le lieutenant à flinguer Perrin.

— Ah, je ne sais pas si ça se tient, répondit White, peu convaincu. Ça colle pas bien avec le personnage.

— Ou… Ou alors, poursuivit Anna sans tenir compte de sa remarque, pourquoi je m'en chargerais pas directement ?

— Ça, c'est une super idée ! s'exclama Black. Tu prends le flingue des mains du flic…

— … et je lui mets une balle en pleine tête ! continua Anna. Et le sang gicle ! On voit des morceaux de cervelle se coller sur les murs…

— Non, j'ai mieux ! Tu le rates une première fois, il pisse le sang, il te supplie de l'épargner, et toi tu fais une série de tirs pour lui trouer la peau jusqu'à en faire un morceau de gruyère !

— Stop ! Stop ! ordonna Fournier, non sans jeter un regard ahuri (tout comme Ferreira) sur Anna. Arrêtez ce délire ! Ah ! Et puis… Sortez, tiens ! Sortez tous du laboratoire ! Vous êtes trop bruyants ! Je dois parler au commandant !

Il fit taire les protestations naissantes d'un geste impérieux de la main en désignant la porte.

— Déguerpissez !

Le silence se fit enfin sur le laboratoire après le départ des jeunes. Fournier prépara un café au policier. Ce dernier le but, en réclama aussitôt un autre, avant de se sentir enfin en mesure de parler.

— Eh bien, la métamorphose d'Anna est stupéfiante ! remarqua-t-il avec un regard en direction de la porte. Où est passée la petite jeune fille timide et craintive ?

CHAPITRE 37

— Oui, Anna va beaucoup mieux. Cette vengeance, toute virtuelle qu'elle soit, l'a soulagée elle aussi. Je n'en reviens pas, d'ailleurs, de ce qu'elle a demandé aux jumeaux pour le jeu vidéo ! Elle est vraiment sortie de sa coquille. Je vais continuer à la voir en consultation. Je vais l'aider à poursuivre et achever son travail de deuil. Ce sera l'affaire de quelques séances, guère plus. Ensuite, elle pourra définitivement tourner la page.

— Et Morel ? s'informa Ferreira. Vous avez des nouvelles ?

— J'ai rendez-vous après-demain avec mon confrère, à Sainte-Anne. Je vais l'informer de toute l'affaire, dans les moindres détails. Ça l'aidera, il va sans doute mettre en place une nouvelle thérapie. Bien sûr, il ne faut pas s'attendre à ce que le pauvre homme retrouve sa santé mentale en un claquement de doigts. Les dégâts sont lourds en ce qui le concerne. Mais il y a de l'espoir.

— Je crains tout de même que Perrin ne fasse jouer ses relations pour s'en tirer à bon compte, conclut Ferreira. Ça m'inquiète.

— Faisons confiance à la justice !

Fournier leva les bras dans un geste fataliste, l'air de dire : « On verra bien ! »

Comme le psychiatre n'ajoutait rien, Ferreira balaya la pièce du regard, s'arrêta sur le cube immersif et fit en sorte de détourner aussitôt les yeux, comme si la pièce vitrée exerçait sur lui une attraction à laquelle il lui était difficile de résister.

— Vous en avez parlé à votre hiérarchie ? demanda Fournier.

— Non, pas encore. Pour l'instant, j'en suis resté à la fugue d'Anna et à l'histoire des boucles d'oreilles retrouvées grâce à l'hypnose. C'est la version que j'ai donnée à mes coéquipiers, ainsi qu'à la presse, qui s'en est régalée, d'ailleurs. Mais dès demain, je dois m'atteler à la paperasse, fournir des rapports détaillés en haut lieu. Je ne pourrai pas continuer à mentir. Et franchement, je ne sais pas du tout comment je vais m'y prendre pour parler de… de tout ça ! conclut-il, désignant l'ensemble du laboratoire d'un geste de la main.

— Vous pouvez compter sur moi. Je prends sur moi toute la responsabilité de cette affaire. J'ai beaucoup réfléchi et j'en suis venu à la conclusion que la réalité virtuelle pourrait être un outil extraordinaire pour la police. Votre enquête en a fait la preuve magistrale, Matteo. J'en ai longuement discuté au CNRS, ainsi qu'avec les chercheurs de Berkeley. Ils sont d'accord pour se joindre à moi afin de présenter le projet et d'obtenir l'aval des autorités. Si nous l'emportons, nous mettrons au point une formation destinée aux psychologues de la police afin qu'ils puissent utiliser la réalité virtuelle dans le cadre d'affaires criminelles.

Le regard de Ferreira s'éclaira. S'il avait envisagé, lui aussi, les opportunités qu'offrait la réalité virtuelle, il n'avait pas vu le projet sous cet angle. Il s'imaginait avoir à présenter et défendre seul cette découverte, qui plus est, à des hommes de terrain. Or ce n'était pas l'affaire des hommes de terrain, c'était celle du département comportemental de la police. Et si Fournier, avec l'appui du CNRS et de ses collègues américains, se chargeait de défendre le projet, le succès serait certainement au rendez-vous.

— Vous passerez le concours de commissaire les doigts dans le nez, Matteo, c'est moi qui vous le dis, conclut le psychiatre.

— Oh !

Ferreira accompagna son exclamation d'un geste fatigué signifiant que c'était le cadet de ses soucis.

CHAPITRE 37

Fournier l'observa avec attention. Quelque chose n'allait pas. Depuis sa sortie du cube immersif, excepté sa perte momentanée de mémoire, quelque chose clochait dans le comportement du commandant. Sachant par avance que son interlocuteur ne se confierait pas de lui-même, le médecin passa à l'offensive sans détour.

— J'ai une question à vous poser, Matteo. Une question importante.

— Allez-y !

— Pourquoi le jeune homme de vingt et un ans que vous étiez en 2006, si honnête, si scrupuleux fût-il, a-t-il été à ce point marqué par une enfant de cinq ans, croisée une nuit, l'espace d'une heure à peine ?

Pas de réponse.

— Lorsque nous nous sommes rencontrés la première fois, vous avez cédé à l'hypnose avec une facilité peu commune et vous m'avez restitué une image d'Anna enfant d'une netteté absolue… J'ai aussi remarqué votre émotion, ici même, lorsque vous l'avez revue. Et Anna m'a parlé de ce moment de connivence que vous avez partagé avec elle avant d'aller chez Perrin. Pourquoi tant de sollicitude ?

Le mutisme du policier, ce mur de silence auquel il se heurtait, ne découragea pas le psychiatre.

— Il s'est forcément passé quelque chose, ajouta-t-il d'une voix plus basse, rivant ses yeux dans ceux du commandant. Cette…

Ses yeux remontèrent sur le crâne de Ferreira où ils s'attardèrent un instant avant de revenir sur lui.

— Cette calvitie est une cicatrice. Le résultat d'une blessure. Une blessure très profonde. Vous avez dû souffrir de trichomanie suite à un traumatisme. Je me trompe ?

Le silence se prolongea. Le regard de Ferreira dériva vers l'écran géant, comme si celui-ci allait mettre en images ce qu'il était incapable, lui, de mettre en mots.

— Ça a dû se passer bien avant que vous n'alliez chez Mathias avec Vidal, n'est-ce pas ? Bien avant, insista Fournier. Pendant votre enfance ou votre adolescence.

Ferreira hocha la tête. Aussi spontanément qu'involontairement. Presque malgré lui.

— L'autre jour, je vous ai demandé si vous souffriez d'une phobie particulière. Vous n'avez pas voulu me répondre. Durant les vingt minutes que vous avez passées dans le cube immersif, j'ai cru la cerner, mais les indices sont trop minces, je ne suis sûr de rien.

Toujours muet, Ferreira se leva et se dirigea vers le cube immersif. Il hésita avant d'y entrer, craintif de nouveau, se remémorant l'expérience qu'il venait d'y vivre. Il regarda longuement les écrans. Noirs. Éteints.

En attente.

Les vingt minutes d'immersion qu'il y avait passées n'étaient qu'un avant-goût. Un baptême.

Avant d'en arriver au cœur du problème.

— Il faut la soigner, cette blessure, reprit Fournier. Est-ce que vous voulez au moins me dire de quoi il s'agit ?

— Ma sœur, répondit Ferreira avec une rapidité qui étonna le psychiatre lui-même. J'ai eu une sœur. Elle est morte à l'âge qu'avait Anna lorsque je l'ai rencontrée pour la première fois. Cinq ans, elle n'avait que cinq ans ! J'en avais sept de plus. Sa mort a été jugée accidentelle à l'époque et…

Il refoula les larmes qui embuaient ses yeux et prit une profonde inspiration.

— On verra ça une autre fois, docteur. Ce n'est pas encore

le moment, conclut-il en essayant d'ébaucher un sourire.

Il tendit la main au psychiatre pour prendre congé.

— Faites-moi signe lorsque vous serez prêt, répondit Fournier en lui serrant la main et en la gardant un instant entre les siennes dans un geste d'amitié et de réconfort. Je suis à votre disposition. Mais ne tardez pas trop, je me fais vieux, vous savez !

— Bah ! Peut-être qu'entre-temps Anna aura obtenu son diplôme ? Vous avez éveillé chez elle une vocation, vous le saviez ?

NOTE DE L'AUTEURE

Le « CLICC », « Clinique d'investigation des comportements et des cognitions » existe. Il s'agit d'une unité de soins au sein du service de psychiatrie adulte de l'hôpital Pitié-Salpêtrière à Paris. Outre les missions classiques d'un service de psychiatrie, le CLICC est spécialisé dans le développement de thérapies innovantes et des travaux de recherche sur les troubles anxieux et phobiques. Cette unité travaille en étroite collaboration avec le « Centre Émotion » du CNRS, comme je le précise dans le roman.

On y traite bien des patients souffrant d'angoisses et de phobies par le biais de « thérapies virtuelles ». Si ces dernières sont de plus en plus scénarisées, j'ai pris des libertés en imaginant qu'elles puissent l'être autant que dans mon roman. De même, si j'ai situé une partie de mon intrigue à l'hôpital Pitié-Salpêtrière, la description des lieux n'est qu'en partie fidèle à la réalité.

M'appuyant sur une réalité scientifique – toute « virtuelle » qu'elle soit – j'en ai fait une réalité fictive, pour les besoins de mon histoire.

J'ajouterai enfin quelques précisions sur le « casse de la joaillerie Winston ». Il a bien eu lieu, en décembre 2008 et non en 2003. Le butin, plus de vingt millions d'euros, en liquide et en bijoux, a été retrouvé dans un pavillon de banlieue, dissimulé dans une bouteille en plastique coulée dans le béton d'un égout de récupération des eaux fluviales. Cependant, j'ai « résolu l'affaire à ma manière », tout autrement que ne l'a fait la police à l'époque.

BIBLIOGRAPHIE

FUCHS Philippe et MOREAU Guillaume (dir.) *et al.*, *Le Traité de la réalité virtuelle*, volume 1 : Fondements et interfaces comportementales, Paris, Presses de l'École des Mines de Paris, coll. « Sciences mathématiques et informatique », 2006.

COTTRAUX Jean (dir.) *et al.*, *Thérapie cognitive et émotions : La troisième vague*, Issy-les-Moulineaux, Elsevier Masson, 2007.

L'AUTEURE

Sarah Cohen-Scali est née en 1958 et vit à Paris. Elle a suivi des études de lettres, d'art dramatique et de philosophie. De son apprentissage de comédienne, il lui reste un appétit insatiable pour le cinéma, essentiel pour nourrir l'écriture à laquelle elle se consacre à plein temps depuis 1989.

Elle a écrit une quarantaine de romans et nouvelles, pour tous les âges, depuis l'album illustré destiné aux tout jeunes lecteurs, jusqu'au roman policier pour adultes.

La majorité de ses titres s'adressent aux adolescents et aux jeunes adultes. Son dernier roman, *Max*, publié aux éditions Gallimard, a remporté le prix Sorcières 2013.

Reproduit et achevé d'imprimer en août 2016
par Skleniarz, Pologne
pour le compte de Gulf stream éditeur,
31 rue Alfred Riom, 44100 Nantes
www.gulfstream.fr
Dépôt légal 1re édition : février 2017